细读大秦七百年

郑文州　著

華文出版社
SINO-CULTURE PRESS

图书在版编目（CIP）数据

细读大秦七百年 / 郑文州著. -- 北京 : 华文出版社, 2020.9

ISBN 978-7-5075-5305-5

Ⅰ. ①细… Ⅱ. ①郑… Ⅲ. ①中国历史—秦代—通俗读物 Ⅳ. ①K233.09

中国版本图书馆CIP数据核字（2020）第133798号

细读大秦七百年

XIDU DAQIN QIBAI NIAN

著　　者：郑文州

出版策划：品　雅

责任编辑：张　轶

出版发行：华文出版社

社　　址：北京市西城区广安门外大街305号8区2号楼

邮政编码：100055

网　　址：http://www.hwcbs.com.cn

电　　话：总 编 室 010-58336239　　发 行 部 010-58336267　58336230

责任编辑 010-58336195

经　　销：新华书店

印　　刷：水印书香（唐山）印刷有限公司

开　　本：710 × 960　1/16

印　　张：18.5

字　　数：296千字

版　　次：2020年9月第1版

印　　次：2020年9月第1次印刷

书　　号：ISBN 978-7-5075-5305-5

定　　价：49.80元

目录

第一编　崛　起

第二编　对　峙

第三编 腾 飞

第四编　扩　张

第五编 统 一

第六编　崩　溃

第一编

崛起

其始也简：秦之开国史

“其作始也简，其将毕也必巨。”

这是《庄子》里的一句话。

任何伟大的事业，追溯起始，总是起于微小；任何伟大的帝国，亦不是一蹴而就的。当周孝王封给非子一块巴掌大的土地为附庸国时，秦只是非常不起眼的小国，毫无存在感可言。当时没人预想得到，几百年后，秦竟然一跃成为最强大的诸侯，打遍天下无敌手，非但成为周王室的掘墓人，还灭了所有对手，建立起史无前例的庞大帝国。

这一切梦幻般的改变，是如何发生的呢？何以弱不禁风的秦国，会发展成为猛虎啸谷、百兽震惶的超级强国呢？秦国人代代相承的铁血文化、不屈不挠的奋斗精神，又是从何而来的？大秦帝国崛起之路，遇到过哪些沉浮、曲折、坎坷、艰辛呢？这本书，试着为您解开这些答案。

首先，我们先探究一下秦国先祖的家族谱系。

据说，秦之先祖可以上溯到远古时代的颛顼大帝。颛顼大帝是黄帝的孙子，赫赫有名的“三皇五帝”之一，是非常有作为的明君。不过，过于久远的传闻，总有不实之处，不可当作信史看。接下来的故事，就违背了我们的历史唯物史观，听起来仿佛神话故事。

从颛顼大帝往下传了几代后，出了个女子唤作女修。不可思议的事情发生了，女修吞了一枚玄鸟蛋，生下儿子大业。这怎么可能呢？这不科学啊！当然，这种不科学的故事，在人类历史上发生过不止一次。倘若以古代观念而言，族谱应该以男丁相传，大业的母亲固然是颛顼大帝的后人，但父亲是谁，还真弄不清楚。因此，大业才真正算是秦的先祖，同时也是赵的先祖。

大业在历史上不是很有名，但他的儿子就很有名了，其子名为大费，还有一个广为人知的名字叫伯益。读过《尚书》的人对伯益不会陌生，他做了一件很重要的事情：与大禹一同治水。大禹很谦虚，在序定治水功绩时说："非予能成，亦大费为辅。"不是我一个人的功劳，大费的协助很关键。

帝舜让大费去管理山林鸟兽，大约算是林业局局长吧。担任林业局局长期间，大费管理有方，森林茂盛，枝叶成荫，故而被称为"柏翳"，后来读着读着就变成"伯益"了。由于政绩突出，帝舜就赐给他一个姓，这个姓大家非常熟悉，就是"嬴"姓。说到嬴姓，我们总是想到秦国，其实赵国也是嬴姓。

大禹去世后，把帝位传给了伯益（大费）。但是，大禹的儿子夏启最终夺得政权，建立了夏王朝。有两种说法，一种是孟子的说法，称夏启得到人民的拥护，人民最终选择他为君王；另一种是韩非子的说法，称"启与友党攻益而夺之天下"，夏启及其党羽攻击伯益，从他手里夺得天下。后一种说法得到《竹书纪年》的印证，《竹书纪年》称"益干启位，启杀之""益为启所诛"。

伯益的后代，在夏、商时期出过不少名人，这里单说晚商纣王时代的蜚廉。蜚廉又称为飞廉，是一个很重要的人物，他力大无比，勇猛过人。蜚廉有两个儿子，一个名恶来，一个名季胜。秦国源于恶来一族，赵国则源于季胜一族。

恶来似乎得到父亲的遗传，《史记》称"恶来有力"，他与父亲一样，"力角犀兕，勇搏熊虎"，有赤手空拳与猛兽搏斗的本事。同样，他也效忠于商纣王，在史书中是以反派人物的面目出现的。《史记》说"恶来善毁谗，诸侯以此益疏"，显然是把他当作奸臣，认为他助纣为虐。后来商朝被周武王推翻后，恶来作为战犯被诛杀。不过，西周政治文明程度比较高，不像后世动辄采取"诛三族"或"诛九族"的手段，作为反动派的恶来，其子孙并没有受到株连。恶来死后，经女防、旁皋、太几、大骆四代，至五世孙非子，终于受封于秦，成为秦国的开国之君。

再说说蜚廉的另一个儿子季胜，季胜这一支衍生为后来的赵国王族。季胜的四世孙造父，是个了不起的人物。造父是当时天下最好的车手，早年曾拜著名车手泰豆氏为师，表现出罕见的御车天赋。造父的时代，正是西周最鼎盛的周穆王时代。周穆王喜欢出游，便以造父为御车夫。有一回，周穆王西游，行至半途，突然传来徐国叛乱的消息。徐国乘天子西行之机，纠集九夷，突袭周都镐京。关键时刻，造父以精湛的驾驭技术，仅用了一天的工夫便把周穆王送回镐京，及时挫败了徐国的阴谋。为了表彰造父的出色表现，周穆王把赵城赏赐给他。由是，造父这一族便以"赵"为氏。

秦的开国者非子，便是造父的族侄。

造父的成功，显然对非子产生了巨大的影响。西周时代，马匹对于战争的重要性，从周穆王平乱一事可以看出。周穆王能及时赶回首都，除了造父驾术高超之外，还有一个重要原因，他的两辆御马车配备了最好的八匹宝马。这八匹宝马都是有名称的，分别叫骅骝、騄駬、赤骥、白牺、渠黄、逾轮、盗骊、山子。

明白了马匹的重要性，非子便潜心养马。

当时已是周孝王时代，也是西周由盛而衰的开始。由于多次遭到戎人的进攻，战争频发，马匹作为特殊的战略资源，重要性可见一斑。周孝王想找个养马能手管理牧场，有人就推荐说，非子特别会养马。天子便派非子去管理汧河、渭河之间的牧场。非子不负所望，在他的悉心管理下，牧场的马匹大量繁殖。

鉴于非子为国家做出特别的贡献，周孝王封了一小块地给他，这块地就叫秦。秦开国的时间，说法不一，大约是在公元前905年至公元前870年之间。秦国的历史，由是拉开序幕。不过，此时的秦国并不是一个诸侯国，而是西周的附庸国。依照西周礼制，附庸国的面积，方圆不超过五十里。谁能想得到，就是这个巴掌大的小国，日后会演变成为令人胆战心惊的大秦帝国呢?

其始也简，将毕也巨。

这就是历史的魅力。

秦仲亡国与秦庄公复国

非子成了秦国第一任国君，荣耀的背后意味着更多的责任。

尽管秦只是不起眼的附庸国，却肩负着周王室的重任：安抚西戎蛮族部落。

这里简单说一下当时西周面临的外患。周孝王上台前，西周屡屡遭到戎狄入侵，《汉书》称“王室遂衰，戎狄交侵，暴虐中国”。周孝王五年，西周与戎人达成和解，西戎向周王室献上良马，双方的战争暂时告一段落。刚刚开国的秦国作为周王室的马前卒，任务就是安抚西戎。

跟西戎打交道不是件容易的事，甚至可以说是很危险的。到周厉王时，发生了一件事。非子有个哥哥，名字叫成，其家族遭到西戎的进攻，全族几乎被屠灭。中国古代是很讲究血缘的，西戎屠灭秦之亲族，就与秦结下了不共戴天之仇。这个仇，是非报不可的。

公元前827年，周宣王即位。他是周朝历史上的一位中兴名君，力图重振周王室的辉煌。上台伊始，周宣王便频频用兵，先是讨伐北方的猃狁（西北黄土高原上的戎狄部落），继而南征淮夷。

此时秦国已历经四代，第四任君主秦仲在周宣王中兴事业的感召下，主动请缨讨伐西戎，欲报亲族被灭之仇。志在中兴的周宣王遂任命秦仲为大夫，率军讨伐西戎。秦仲拼命三郎的精神值得点赞，但他的这种行为确实不明智。西戎非常强大，连周王室都打不赢，何况秦国这个弱小的附庸国呢？要知道这时的秦军，基本上就是一群乌合之众。

这注定是一场鸡蛋碰石头的战争，在西戎人凶猛的反扑下，秦军节节败退。周宣王六年（前822），西戎攻入秦国，杀死秦仲，整个秦国都沦陷了。刚刚立国数十年的秦国，就这样悲壮地灭亡了。

如果故事就这么结束，这本书就不用写了，后人也会忘掉曾经有一个叫“秦”的小国。幸好，故事峰回路转了，历史有时比小说更跌宕起伏。

秦仲死后，他的五个儿子狼狈地逃到周都镐京。他们已经一无所有，唯一的希望只能寄托在伟大的周宣王身上。

周宣王念及秦仲的忠勇，又被其五个儿子的复仇精神所感动，遂借出一支七千人的军队，交给秦仲长子，勉励他英勇奋战，收复家园。西周的军制是这样的：周王室拥有六个军的兵力，每个军整编人数是一万两千五百人，六个军是七万五千人。周宣王一下子借给秦仲儿子们七千人，相当于中央军十分之一的兵力。考虑到秦只是个附庸国，周宣王的出手着实大方。借军队与借钱是不同的，打仗是要死人的，死了人你怎么还呢？在后来很长的一段时间里，秦国对此感恩戴德。即便到了春秋时期，周天子的地位一落千丈，秦国仍有过几次勤王的义举，究其原因，就是对周宣王慷慨借兵的回报。

秦仲的长子，史称秦庄公，是秦国历史上一位划时代的君主。秦庄公这个名称我们要说一下，当时秦国只是附庸国，不在"公侯伯子男"五等爵位之内，国君不应当称为"公"，这显然是后世追赠的尊号。

凭着七千精锐王师，秦庄公打败西戎，重新夺回土地。西戎是周室最危险的敌人，由于秦庄公在反击西戎的战斗中表现出色，周宣王更加倚重他以阻止戎人东进。为此，周宣王扩大秦国的地盘，把秦之先祖大骆的封地大丘也划给秦国，并封秦庄公为西陲大夫。显然，中兴之君希望秦国能成为捍卫周室、抵御西戎的铜墙铁壁。

收复失地，对秦庄公只是开始，远非结束。七千王师撤走后，秦国只能依靠自己的力量与强大的戎人搏斗。此时的秦国，土地狭小，人口不多，怎么办呢？只能撸起袖子自己干，国君亲自出马，身先士卒。这一干就是四十四年！

天晓得这是一场多么实力悬殊的战争。在这四十几年的时间里，别说秦国，就是精锐的周王师都被戎人打得七零八落。

公元前797年，周宣王伐太原之戎，不克；公元前792年，周宣王伐条戎、奔戎，王师败绩。公元前790年，戎人发动报复式进攻，灭掉姜侯之邑。一连串的军事失败，令周宣王的老脸挂不住了。公元前789年，周宣王召集南方诸侯的军队，拼凑起一支联军，称为"南国之师"，讨伐姜戎。在千亩之战中，周军大败，这支“南国之师”几乎全军覆没。此后，周宣王再也无力发动对西戎的新一轮攻势，中兴事业就此结束。周宣王死后，继位的周幽王命伯士为统帅，率领六个师的兵力，于公元前779年大举讨伐六济之戎，此役王师依然惨败，连统帅伯士都战死沙场。

通过周与西戎战争的历史背景，可以看出弱小的秦国处境是何等艰难，简直可以说是在夹缝中生存。幸运的是，秦国有一个强有力的领袖，这人便是秦庄公。

“打虎亲兄弟，上阵父子兵”，为了全身心投入与西戎的战争，秦庄公索性把政务交给弟弟，自己带着三个儿子，常年奋战在第一线。后世秦人以尚武而著称，这种尚武精神正是从秦庄公开始的。秦庄公把坚忍不拔、百折不回的精神灌注到军队中，使之成为秦国之血脉精魂。

以古代嫡长子继承制的传统，秦庄公去世后，其长子世父应该继承君位。但世父是天生的武士，除了复仇，别无他想。他曾经立下誓言：“戎杀我大父仲，我非杀戎王则不敢入邑。”就是说，戎人杀了我祖父秦仲，我若不手刃西戎之王，绝不敢踏入城邑半步。因此，世父把君位让给弟弟，自己接过父亲的大旗，继续与西戎血战。

从附庸国到诸侯国的转变

公元前778年，秦襄公继位，他是秦庄公的次子，世父的弟弟。这时秦国面临的国际形势极其严峻。此前一年（前779），周幽王以六个师的兵力讨伐戎人，遭遇惨败，统帅战死。戎人势力如日中天，对西周政权已构成严重威胁。作为西周王室的附庸国，秦国的责任是在西线阻止戎人的进逼，军事压力之大，可想而知。

襄公二年（前777），秦国遭到沉重一击。戎人挟战败王师之余威，大举进攻犬丘。襄公的哥哥、一心想报仇雪恨的世父率军迎战，被打得大败，沦为戎人的俘虏。不过，戎人并没有杀害世父，关押了世父一年多后，把他释放回秦国。世父一心想要杀死西戎王以报祖父之仇，为什么戎人会释放他，史书语焉不详。也许是戎人敬重勇士，更可能的一个原因，是戎人希望与秦国缓和关系，秦国虽小，秦人之悍勇也是令戎人头疼的。

此后几年，秦国与西戎的关系似乎有所缓和，双方没有爆发大规模的冲突。然而，秦国的主子、西周的统治者周幽王就没那么幸运了。

周幽王是西周末代天子，也是中国历史上有名的昏君。他最有名的故事，就是为了博美人一笑而“烽火戏诸侯”。不仅如此，周幽王还废掉王后（申后，申侯的女儿）与太子宜臼，改立褒姒为王后，其子伯服为太子。申侯闻讯勃然大怒，引犬戎（西戎的一支）军队进攻镐京。由于周幽王倒行逆施，诸侯们都拒绝出兵勤王。

不在诸侯之列的秦国却出兵相救。《史记》载：“秦襄公将兵救周，战甚力。”当年秦仲被戎人所杀，秦土沦陷，若非周宣王出手相救，秦国早就从地图上消失了。周王室的恩德，没齿难忘。然而，单凭秦国的力量，还是无法拯救周天子。镐京最终被犬戎军队攻陷，周幽王被杀于骊山脚下。这就是历史上著名的“骊山之变”。

骊山之变后，前太子宜臼登上周天子的王位，是为周平王。由于首都镐京经历浩劫，破败不堪，新的周王开始漫漫东迁之路，从镐京迁都到洛邑，这意味着中国历史上的西周时代结束，东周时代开始，这一年是公元前770年。

这是周王朝历史的转折点。

在此之前，周王室是天下之共主，经骊山之役后，元气大伤的周王地位大降，完全丧失领袖的地位。躲于幕后的诸侯们则是群雄并起，你方唱罢我登场，城头变换大王旗，纵横捭阖，争雄斗霸。至此历史为之一变，天子成了配角，诸侯成了主角，中国由是进入波澜壮阔的春秋战国时代。

一向重义气的秦人又充当勤王先锋，护送周平王东迁。

放眼天下，那么多诸侯王公，只有秦国是最卖力、最忠诚的。对于秦襄公的义举，周天子当然要给予回报。然而，此时周平王实在囊中羞涩，拿不出几样值钱的东西来赏赐，怎么办呢？天子毕竟是天子，灵机一动，计上心头。

首先，周天子大笔一挥，册封秦君为诸侯。周平王虽然落魄，名义上仍是至尊无上的天子，搞点虚名的权力还是有的。在此之前，秦不过是个附庸国，政治地位低下。为回报秦襄公的勤王义举，周天子封他为诸侯。这样，秦的政治地位大大提升，与东方诸侯们平起平坐。不要小看这个虚名，正所谓“名不正则言不顺，言不顺则事不成”，有了诸侯之名，就可以成就诸侯之业。

其次，周天子把岐山以西的土地赏赐给秦国。表面上看，秦襄公获益颇丰，然细究之后，我们就可发现，周天子的“赏赐”不过是一张空头支票罢了。来看看周平王是怎么说的：“戎无道，侵夺我岐、丰之地，秦能攻逐戎，即有其地。”原来封赏给秦国的岐西之地，早已落入戎人之手。能不能得到这块土地，那得看你秦国是不是有本事抢回来。这算是赏赐吗？

不管怎么说，秦国有了新的方向与奋斗的目标。公元前767年，秦襄公讨伐戎人，在岐山前线病亡，夺取岐西的历史重担，落到其子秦文公身上。

秦国的处境是比较尴尬的，虽有诸侯国之名，却无与之匹配的土地。要从强大的西戎人手中夺取岐西，无异于虎口拔牙。秦襄公死后，秦文公继位，秦与西戎的战争仍迟迟未能取得实质性进展。直到秦文公十六年，即公元前750年，秦军才取得重大胜利。是年，秦文公大举伐戎，终于击败戎人，收复岐山以西的地盘。

依照与周天子的约定，秦文公把岐山以东的土地归还周室，岐山以西则归属秦国。这是秦国历史上的第一次大扩张，不仅土地面积大大增加，还得到大量的人口。这些新的人口，主要是“周余民”，就是未跟随平王东迁的周人。在那个战乱时代，无论对于经济还是军事，人口都是极其重要的。同时，文明程度较高的“周余民”并入秦国，也大大提高了秦人的文化水平。

除了开疆拓土之外，秦文公还初步奠定了秦国的制度基础。在秦襄公之前，秦国只是周的附庸，就是个小地主而已，谈不上什么制度建设。秦襄公被册封为诸侯后，没几年就死了，来不及制定国家的规章制度。长期以来，秦国在文化上极其落后。非子开国后，秦的任务就是养马，秦的君主相当于农场主。自秦仲死后，秦在之后七十多年时间里，为生存而战斗，加上地狭人少，只需简单管理就行了。正式成为诸侯后，秦国就必须在内政上多下点功夫了。

秦文公十三年，即公元前753年，秦国设立史官以记录史事。在周代，各诸侯国都有记史的传统。秦国显然不愿被视为毫无文化的诸侯，不过，由于秦国周边为戎狄势力所包围，因而其文明程度，是远远不如东方诸侯的，秦文公制定的律法，较其他诸侯国更有野蛮、残酷的色彩。公元前746年，秦文公制定诛三族的法律。所谓诛三族，有不同的说法，有些认为是父母、兄弟、妻子为三族，有些则认为是父族、母族、妻族为三族。不管怎么说，秦国的法律是相当野蛮的。秦文公采取严刑峻法，原因在于秦的生存环境十分恶劣，强敌环伺，非以严厉手段不足以自保。以前当附庸国时，秦还有周王室可倚为靠山，如今周室衰微，秦只能单打独斗，稍有不慎，就有可能亡国。

尽管秦文公的制度建设是粗糙且野蛮的，但毕竟是从无到有，功不可没。因此，在秦文公去世后，他的谥号是“文”，这是对他文治成就的肯定。

秦文公统治秦国长达五十年，有半个世纪之久。这既使秦国有一段比较长的政治稳定期，同时也埋下了后患。因为他把太子给熬死了，只能把君位传给嫡长孙。公元前716年，秦文公去世，嫡长孙秦宪公坐上国君宝座时，年仅十岁。一个十岁的孩子，如何有能力治理一个国家呢？因此，国家的权力实际上落入权臣大庶长弗忌、三父等人之手。

自秦军于公元前750年夺取岐西后，秦与西戎的战争告一段落，直到秦文公去世，三十六年间没有爆发过大规模的战事。秦宪公上台后，在大庶长弗忌等权臣的主导下，秦国开始了新一轮的战争。

宪公三年（前714），秦军大举进攻戎人的一个聚居点荡社，其首领号称“亳王”。次年，秦军铲平荡社，亳王落荒而逃。宪公十二年（前705），秦军进攻荡氏，消灭这支戎人部落。

尽管秦国由于文化落后，被华夏诸侯们视为异类，但其在西方的战斗，对捍卫中原华夏文明起到了重要作用。当时戎人的势力分布极广，与华夏诸侯的势力犬牙交错。当时各诸侯国中，攘夷成就唯一能与秦国相媲美的只有郑国。因此，倘若不是秦国英勇抗击，西戎的势力或许早就深入中原了。

秦军在伐戎战争上取得了令人瞩目的成就，国内政坛却暗流涌动。

公元前704年，秦宪公去世，年仅二十二岁。当时秦宪公的长子已被立为太子，但执掌权柄的弗忌、三父等人发动政变，废黜太子，立宪公幼子出子为国君。由于史料所述甚略，我们对这一政变的内情知之甚少。有历史学家结合考古资料，认为太子是鲁姬所生，而出子是王姬所生，因此政变的背后显然涉及后宫之争。

出子被立为国君时，年仅五岁。六年后，三父等人又一次发动政变，派人伪装为强盗，把出子杀了。三父为什么要杀出子，史书同样没有给出答案。不过，就当时的历史背景而言，弑君是春秋初期的一道血腥风景线。

春秋时代的一个特点就是权力下移。周天子失势，权力下移到诸侯；诸侯失势，权力下移到大夫。因此，孔子才把这个乱世称为“礼崩乐坏”的时代。在出子被弑之前，卫国的州吁弑杀了卫桓公；鲁国的子翚弑杀了鲁隐公；宋国的华父督弑杀了宋殇公；后来的霸主晋国更是陷入半个世纪的内战，好几任晋侯都死于反政府军之手。在这样一种历史背景下，秦国爆发弑君事件，实在不足为奇。

三父弑杀秦君出子后，不知出于什么考虑，又把被废黜的前太子扶为国君，史称秦武公。秦武公的父亲秦宪公死时只有二十二岁，后来出子又当了六年国君，可以推断武公继位时年龄也不过十几岁。三父显然把武公视为可以摆弄的傀儡，但经历过浮沉的武公在心智上较同龄人要成熟得多。他不动声色地培植自己的势力，终于在上台后的第三年（前695）反戈一击，把三父等弑君者一网打尽，并采取了最严厉的惩罚：诛三族。

从秦武公的谥号可以看出，这是一位武功赫赫的君主。武公元年（前697），秦军讨伐彭戏氏（西戎的一支），进抵华山脚下；武公十年（前688），秦军伐邽、冀之戎，占领其土地，并第一次置县，这也是中国历史上第一次设立县治。次年，秦武公又在杜、郑二地置县，同时灭掉小虢。这时的秦国，土地西起甘肃中部，东至华山，关中的渭水流域基本上为秦所控制。

应该说，秦武公是一位比较有作为的君主，他在位时间二十年，开疆拓土，并设立县一级行政区，为后来秦的郡县制奠定了基础。不过，在他死后，秦又暴露出文化野蛮的一面，竟然以六十六个活人为其殉葬。

从秦庄公向周王室借兵复国，到秦武公去世，秦国奋斗了将近一百五十年，终于从一个不起眼的附庸国，崛起成为西部的一大势力。

五张羊皮换一个百里奚

武公去世时，也就三十多岁，他有一个儿子，年龄比较小。鉴于幼主容易被权臣操控，为避免出子悲剧的重现，武公把君位传给弟弟，是为秦德公。经过几代君主前仆后继的努力，秦国的军事力量愈加雄厚，周边梁、芮等小国纷纷来朝。秦德公只当了两年国君就死了，其子秦宣公继位。

不知道为什么，秦文公之后的几位秦国君主都不长命，秦宪公、出子、秦武公、秦德公等，没有一个活过四十岁。秦宣公同样短命，他当了十二年的君主，死时大概不到三十岁。

在古代，选择接班人对一个国家来说是极其重要的一件事。一般的传统就是嫡长子继承，然而一旦遇到国君英年早逝，就不可避免遇到非常棘手的问题：嫡长子还只是小孩子，能胜任统治一个国家吗？出于对国家的责任感，国君们就不能死守传统，而必须有所变通，在嫡长子因年龄问题无法胜任时，宁可传位给年长的弟弟。秦宣公虽然有九个儿子，但个个年幼，于是他临死前，传位给弟弟秦成公。

秦成公依然没能逃脱早死的魔咒，只当了四年的君主就死了。秦成公有七个儿子，同样年幼，于是他仿效哥哥秦宣公，把国君宝座传给了弟弟，这便是秦国上历史最伟大的君主之一——秦穆公。

秦穆公上台时，作为秦国宿敌的戎人已经衰落，但另一股力量正悄然兴起，并成为秦国数百年的劲敌，这便是晋国。

公元前672年，晋国伐骊戎，灭其君；公元前661年，晋国灭耿、霍、魏三国；公元前660年，晋国伐皋落氏（赤狄之一支）。强邻崛起，如何处理与晋国的关系，成为秦穆公上台后的首要任务。

秦穆公主动与晋国交好，并以政治婚姻的方式缔结“秦晋之好”。公元前654年，他迎娶晋献公之女，史称“穆姬”。这起政治婚姻让秦穆公有了一个意外的收获，得到了一位治国之才，此人便是被称为“五羖大夫”的百里奚。

百里奚本是虞国大夫，以贤良著称，可惜虞国国君昏庸，英雄遂无用武之地。当时晋国有一劲敌虢国，虢国的军事力量特别强大，曾多次进攻晋国，一直被晋人视为眼中钉。为了消灭虢国，晋国制定了一个非常有名的作战方案，称为“假道伐虢”，就是借道虞国，出其不意闪击虢国。

晋国以厚礼贿赂虞国国君，见钱眼开的虞国君主答应让晋国军队通过国境。百里奚力谏不可，晋国虎狼之国，若是灭了虢国，虞国还能幸免吗？果然不出百里奚所料，晋国灭掉虢国后，顺手牵羊把虞国也解决了。

虞国灭亡后，百里奚从大夫沦为亡国奴。晋献公觉得这个老头没什么用处，就把他打发到秦国，充当女儿穆姬的奴仆。百里奚怎肯受此奇耻大辱呢？他半途逃跑，逃到了楚国。以《史记》的说法，此时百里奚已经七十岁。这个说法相当可疑，后来他又活了三十几年，去世时岂非一百多岁？再说了，一个七十岁的老翁能独自一人逃跑到楚国，也是不太可能的事。

不过，百里奚运气实在很差，他逃到楚国后，在边境线上被楚人逮住，刚跳出一个火坑，又掉入一个火坑。那么百里奚是怎么逃离这个火坑的呢？有不同的说法。

《史记》的说法是，秦穆公得知百里奚很贤明，便打算以重金赎回。不过他转念一想，若是出价太高，反倒会引起楚人的怀疑，不如开出低价，才会令楚人相信百里奚不过是个无足轻重的人物。于是秦穆公派人前往楚国，告知楚人百里奚乃是秦国逃跑的奴隶，秦国愿意以五张羊皮交换。楚人看百里奚一大把年龄，是个无用之人，遂很乐意地与秦国交换。

还有另一种说法，见于《吕氏春秋》。百里奚逃到楚国后，确实是秦人以五张羊皮换回的，但并不是秦穆公的主意。秦人赎买百里奚后，让他去放牛，百里奚是个养牧能手，把牛养得又肥又壮。是谁把百里奚推荐给秦穆公的呢？这个人名唤公孙枝。公孙枝是秦国政坛的重要人物，他是秦国公族，早年曾游历晋国，因博学多闻被秦穆公尊为老师。不过，当他举荐百里奚时，秦穆公却不以为然地说："买之五羊之皮而属事焉，无乃为天下笑乎？"百里奚就是个只值五张羊皮的奴隶，我要是任用他，岂非让天下人笑话吗？公孙枝正色道："彼信贤，境内将服，敌国且畏，夫谁暇笑哉？"在他看来，百里奚是个贤臣，要是能把国内治理得井井有条，让敌国闻风丧胆，谁还会笑话？于是秦穆公听其建议，召见百里奚。

秦穆公向百里奚询问国家大事，百里奚道："臣亡国之臣，何足问？"穆公说："虞君不用子，故亡，非子罪也。"于是百里奚知无不言，言无不尽，这一聊，聊了三天。长期以来，秦国虽然凭恃勇武闯出一片天地，但论政治文化，着实只是半蛮夷的水平，国家管理很粗放。在国家规模还小时，这个问题还不大，随着土地扩张与人口增加，对执政者的能力就有更高的要求。百里奚曾是虞国大夫，在治理国家上有丰富的经验，同时人品高尚，有远见卓识，令秦穆公非常佩服。

百里奚无疑是个幸运的人，他的人生大起大落，从虞国大夫到亡国奴，从楚人的阶下囚到五张羊皮换回的奴隶，当他从人生的高峰跌落到人生的谷底时，谁能料想得到，枯木还会迎来新生呢？在与秦穆公会晤后几天，百里奚一跃成为秦国上卿，一人之下，万人之上。秦穆公改变了百里奚的人生，作为回报，百里奚改变了秦国的历史。

百里奚是秦穆公得到的第一个重要人才，由于他是用五张羊皮换来的，后来也被称为"五羖大夫"。他的到来，全面提升了秦国的政治治理水平，成绩斐然。秦国开始大规模招揽人才，通过百里奚，秦穆公又得到一个重量级人物，这个人就是蹇叔。

蹇叔是百里奚的好朋友，也是一位智者。百里奚早年热衷于功名，经常游走于各诸侯国，希望以自己的聪明才智博取功名。与百里奚相反，蹇叔为人低调，深居简出，随遇而安，淡泊名利。三国名臣诸葛亮说过一句名言："非淡泊无以明志，非宁静无以致远。"正因为淡泊，蹇叔以旁观者的眼光看待时局，看得更透彻、更深远。百里奚好几次想搞政治投机，都被蹇叔劝阻，避免了血光之灾。

比如说公元前675年，周惠王的弟弟子颓发动政变，驱走周天子，自己篡位。百里奚想去投靠子颓，蹇叔认为子颓的政变不可能成功。后来，周惠王果然复辟，子颓的跟随者大多被诛杀，百里奚得蹇叔的阻止而幸免于难。

百里奚终究是有政治抱负的人，不能像蹇叔那般过着闲云野鹤的生活，最终他决定前往虞国。蹇叔警告他说，虞君昏庸无道，听不进大臣的劝告，这样的君主不值得跟从。壮志在胸的百里奚，终究听不进朋友的劝告，结果虞国被晋国所灭，自己沦为阶下囚。

回想往事，百里奚感慨万千，他向秦穆公举荐蹇叔，认为蹇叔的聪明才智在自己之上。秦穆公求贤若渴，当即以重金礼聘蹇叔前来秦国，并拜为上大夫。

百里奚是秦国历史上的名相，虽身居高位，却保持平民之本色。史书载："五羖大夫之相秦也，劳不坐乘，暑不张盖，行于国中，不从车乘，不操干戈，功名藏于府库，德行施于后世。"及至百里奚病逝时，"秦国男女流涕，童子不歌谣，舂者不相杵"。由此可以看出，百里奚是多么受百姓的爱戴。

秦穆公以五张羊皮换来的不只是一个百里奚，还得到了蹇叔，以及他们出色的儿子。百里奚的儿子孟明视，蹇叔的儿子西乞术，后来都是秦国重要的将领。秦穆公时代，秦有三大将领，除孟明视与西乞术外，还有一位白乙丙，有一种说法认为白乙丙也是蹇叔的儿子。当秦穆公以低贱之价从楚人手中赎回百里奚时可曾想到，五张羊皮撑起了秦国人才的半壁江山，也撑起了秦国的未来。

秦国与晋国的恩恩怨怨

秦穆公即位时，晋国强势崛起。在此之前，秦国百余年对外战略，西戎一直排在第一位，随着晋国的崛起，秦晋关系的重要性超越了秦戎关系。

晋献公统治期间，晋国迈入大扩张时代，先后灭掉骊戎，以及耿、霍、魏、虢、虞等国，跃居一等强国之列。不过，晋献公年老昏庸，宠幸骊姬。骊姬希望自己的儿子奚齐能成为接班人，遂设计陷害晋国太子申生及公子重耳、公子夷吾。在这场政变阴谋中，太子申生自杀身亡，公子重耳与公子夷吾分别逃往狄国与梁国。

公元前651年，晋献公去世，晋国马上陷入内乱。在晋献公生前，骊姬恃宠呼风唤雨，并成功让儿子奚齐成为接班人。然而，骊姬陷害太子及两位公子的恶行，让她无法得到大臣们的支持。晋献公尸骨未寒，晋国大夫里克便发动政变，杀死奚齐，紧接着又杀掉了骊姬及她的另一个儿子。

晋国的内乱，给了秦穆公一个绝佳的机会。

此时的秦国，历经百年奋斗，业已崛起为西陲之一大势力。然而，西陲毕竟是蛮荒之地，中原才是中国政治的重心。秦穆公上台后，一直想把势力向中原渗透，但是横亘在秦与中原之间的是一头猛虎，这便是晋国。如果秦穆公能趁晋国内乱之机，扶植一位亲秦的晋国君主，那么中原的大门岂不是就打开了吗？

要扶植谁呢？当时晋国公子重耳在狄，公子夷吾在梁国，重耳远而夷吾近，秦穆公当然选择公子夷吾。很快，秦穆公与公子夷吾达成一项秘密协定：秦国以武力护送夷吾返回晋国，夷吾登上国君宝座后，割让五座城池给秦国作为酬谢。

对秦穆公来说，这是稳赚不赔的买卖。

然而，秦穆公错了，因为晋国人真的很不讲信用。

夷吾在秦军的支持下，返回晋国当上国君，是为晋惠公。按照约定，晋惠公应该割五城给秦国，但他很快就反悔了。他以大臣们不同意为理由，拒绝履行承诺。晋惠公敢违背承诺，是因为有底气，晋国兵强马壮，不服来干！

秦穆公白忙活了一场，到头来落得个两手空空，内心之沮丧，可想而知。本来还想扶植个亲秦的晋政权，谁知两国关系急速恶化了。

也算老天有眼，晋国的报应来了。公元前647年，晋国遭遇天灾，陷入大饥荒。晋惠公不愧是厚黑学大师，厚着脸皮来向秦国请求粮食援助。

要不要援助晋国呢？秦国大臣有两种意见。一种意见认为晋国忘恩负义，不仅不应该提供援助，还应乘机出兵攻打晋国，强行索取五城。公孙枝、百里奚则提出另一种意见，认为天灾流行，是各国都难免发生的事情，救灾恤邻，是符合道义的，多做善事，必有善报。

秦穆公毕竟是政治家，没那么小家子气，他认同公孙枝与百里奚的意见，尽管晋惠公十分可恶，但晋国百姓是无罪的。秦国不是救助晋惠公，而是救助晋国百姓。于是，救急的粮食从秦的雍城到晋的绛城，通过水路源源不断输送到灾区。这次大规模的粮食运输，又被称为“泛舟之役”。

这件事秦穆公做得很漂亮，也为秦国赢得了良好的口碑。然而，这并没有感动晋惠公，不久后，晋惠公又一次表现出其流氓之本色。

“泛舟之役”次年，即公元前646年，轮到秦国闹饥荒了。秦穆公当然首先想到晋国，上一年秦国帮了晋国，这回晋国总会回报吧。没想到晋惠公就是这么无赖，竟然一口回绝了秦国的要求。遇到这种邻居，秦穆公也算倒了八辈子霉。

面对如此流氓的国家，秦穆公的愤怒终于如火山喷发了。

公元前645年，度过灾年的秦国大举发兵，进攻晋国。秦军同仇敌忾，上下一心，三战三捷，兵临韩原。

面对秦军的进攻，晋惠公并不当一回事，自恃兵力雄厚，优哉游哉地亲自率部迎击。然而，晋军从将领到士兵，无不士气低落，他们认为正是因为晋惠公背信弃义才导致秦军入侵，在道义上，晋国已先输了。

秦、晋两国都以尚武而闻名天下，说实话，两支军队的战斗力在伯仲之间。韩原之战，双方打得难解难分。关键时刻，突然冒出来第三支队伍，打破了战场的僵持局面。

这支队伍的出现，是谁都没料到的，来了三百个力大无比的野人（指生活在郊野的人），手执兵刃，加入秦军一方。这三百个野人是从哪里冒出来的呢？

有果必有因。几年前，秦穆公一匹心爱的马丢了，后来发现是被岐山下的一伙野人给宰了吃掉了。官府便派人把这些野人抓住，打算处死。秦穆公没同意，认为不能因为牲畜的缘故而伤害人的性命。不仅如此，秦穆公还说，不能光吃马肉，还得有酒才行。这些野人不仅未受惩罚，还得到秦穆公赐酒。野人们虽然粗鄙没有文化，知恩图报的道理还是晓得的，光这一点，就比晋惠公要强。他们听说秦穆公出兵攻打晋国，觉得报恩的机会来了，于是便抄起家伙，赶来助阵。

三百野人如猛虎下山，冲入晋军阵列之中，以一当十，把晋军杀得人仰马翻。这支奇兵的出现，扭转了战局，最终晋军大败，晋惠公沦为秦军的阶下囚。

如何处置晋惠公呢？

对于这个忘恩负义的家伙，秦穆公打算杀之而后快。当他要把晋惠公押回都城时，一件意想不到的事情发生了。

秦穆公的夫人穆姬，是晋惠公的姐姐。当她得知弟弟被俘，还将被押回都城处决时，如何能坐视不救呢？她决心以死抗争。她让人用干柴搭起一座火刑台，自己光着脚，披着麻衣黑巾走上高台，还带着两个儿子与两个女儿。穆姬派人传话给秦穆公，若是晋惠公被押回都城，她将与四个子女一起自焚！

面对如此刚烈的夫人，秦穆公傻眼了，不知怎么办才好。公孙枝提出一个妥协的方案：释放晋惠公，但有两个条件，其一晋国太子必须入秦国当人质；其二晋国要履行割地的承诺。秦穆公觉得这个方案不错，便与晋国谈判。由于晋国国君已沦为俘虏，执政大臣吕甥作为代表，赴秦国谈判，并同意了秦穆公开出的条件。

被俘三个月后，晋惠公终于被释放回晋国。晋国太子圉入质秦国，同时晋国割让河西、河东之地。

韩原之战，是秦国历史上非常重要的一场战役。这是秦、晋两个大国之间的第一次大战，以秦国的胜利而告终。在此之前，秦国虽然列位诸侯国，但其重心是与西戎争夺土地，又僻居西陲，在华夏诸侯国中政治影响力十分有限。韩原之战，让东方诸侯第一次感受到秦国军事力量之强大，同时也大大提升了秦穆公的威望。

尽管赢得了韩原之战的胜利，秦穆公心里明白，这一战的胜利实有侥幸的成分。如果以国力来论，秦国与晋国还是有一定差距的。因此，秦穆公仍寄希望于同晋国保持友好关系，只有这样，秦国才能绕过晋国，向中原腹地扩张。

问题是，就晋惠公那德行，谁能期望秦晋亲密无间呢？因此，秦穆公决定搞一笔长线投资，晋国太子圉不是在秦国当人质吗？太子是下一任国君，只要从他身上下手，培养他对秦国的感情，等到以后继位，秦晋关系一定会进入蜜月期吧。后来的事实证明，这又是秦穆公的一厢情愿罢了。

为了拉拢晋太子圉，秦穆公非但没有把他当作人质，还把最疼爱的女儿嫁给他，同时把河东之地作为嫁妆，归还晋国。可是，这样仍然难消晋太子圉内心的怨气，堂堂晋国太子居然沦为人质，实是奇耻大辱。

公元前641年，秦国灭掉梁国。对太子圉来说，这是旧怨添新仇，因为他的母亲便是梁国公主。太子圉在秦国当了六年人质，尽管待遇不错，但他总盘算着逃离这个牢笼。

公元前638年，太子圉获悉父亲晋惠公病危的消息，决定潜逃回国。秦穆公把太子圉当作女婿，并不是像囚犯那样严格看管，故而太子圉得以找到机会，逃回晋国。太子圉抛弃妻子，让秦穆公通过政治联姻手段强化秦晋之好的努力化为泡影。不久后，晋惠公病逝，太子圉继位，史称晋怀公。

六年人质生涯，是晋怀公内心抹不去的阴影。晋怀公继位之后，非但对秦穆公没有一丁点儿的感激之心，反倒充满厌恶与憎恨。秦、晋两国的关系又一次陷入冰点。

秦穆公一世雄君，岂能吃这样的哑巴亏？于是他开始盘算一个新的计划：扶植流亡在外的晋国公子重耳，取代晋怀公。

武装干涉晋国内政

在秦穆公看来，晋怀公与其父晋惠公一样，都是忘恩负义之徒。鉴于晋怀公对秦国的仇视，想要与晋国缓和关系几乎是不可能的。只要晋国是敌人，秦国军队就无法踏入中原。晋怀公即位时，还不满二十岁，这就意味着在未来很长一段时间，秦国在中原难有作为。当然，还有一个办法，就是把晋怀公推翻，物色一个人选取而代之。

有没有推翻晋怀公的可能？有。因为晋怀公上台后，就倒行逆施，残暴杀戮异己，大失人心。更重要的是，晋怀公当了六年人质，在国内的根基并不深厚，没有庞大的亲信集团。

有没有取而代之的人选？有。当年被迫流亡在外的公子重耳，在国内依然有众多的支持者。

分析时局后，一个大胆的想法出现在秦穆公的脑海里：扶植公子重耳上位，干掉晋怀公！这的确是一盘大赌局，秦穆公把赌注押在公子重耳身上。

此时，晋国公子重耳已经在外流亡了十九年，他究竟经历了什么？

公子重耳是晋献公的儿子，素有贤名，吸引很多人才前来投奔。晋献公晚年宠幸骊姬，骊姬设计害死太子申生，公子重耳与夷吾逃得快，才躲过一劫。晋献公死后，骊姬死于政变，夷吾在秦穆公的武力支持下夺取政权，成了晋惠公。晋惠公就是个流氓人物，担心重耳回来跟他争夺权力，便不顾兄弟之情，派杀手潜入狄国，试图刺杀重耳。

面对晋惠公的步步紧逼，重耳只得离开狄国，逃往齐国。在齐国，重耳受到霸主齐桓公的礼遇。他本想借助齐桓公之力，重返晋国，岂料人算不如天算，齐桓公竟意外死于奸臣之手，齐国的霸业戛然而止。不得已之下，重耳及其跟随者又先后流亡到曹国、宋国、郑国、楚国。在流亡途中，重耳的一帮跟随者表现出罕见的忠诚，自始至终不离不弃。

经过十九年的流亡，重耳已经年过六旬，垂垂老矣。正当他认为此生再无机会重返晋国时，机遇从天而降。

秦穆公派人前往楚国，诚邀重耳入秦，重耳通往晋国权力巅峰的第一道门打开了。

为了表示诚意，秦穆公又使出政治婚姻的手段，把最疼爱的女儿嫁给重耳。这个女儿就是先前太子圉的妻子，后来成了晋文公重耳的夫人，史称文嬴。

这桩政治婚姻对重耳来说，是人生的转机。他不仅是晋国的公子，也是秦穆公的女婿，关系就非常密切了。不过，有件事颇为可笑。重耳的姐姐穆姬是秦穆公的夫人，现在他又成了秦穆公的女婿，不晓得重耳管秦穆公叫“姐夫”呢，还是叫“岳父”？

既然是亲上加亲，秦穆公也不藏着掖着，明确表态，愿意以武力手段帮助重耳回国夺取大权。此时晋国的国内形势，对重耳也十分有利。晋怀公上台后，在国内镇压异己势力，大失人心。表面上看，晋怀公气势汹汹，实则晋国政坛暗流涌动。

由于晋怀公长期在秦国当人质，在国内缺乏稳固的根基，只得到晋惠公的旧臣吕甥、郤芮等少数人支持；而以大夫栾枝、郤縠为首的另一派政治势力，对晋怀公深为不满，暗中策划迎回重耳。作为晋献公九个儿子中硕果仅存的一个，重耳自然成为栾枝、郤縠等人眼中最合适的国君人选。

在秦穆公紧锣密鼓为重耳武力夺权做最后准备时，栾枝、郤縠也派人秘抵秦国，商议里应外合之事宜。一切已是万事俱备，水到渠成。

公元前636年，秦穆公派遣大军护送重耳返回晋国。秦军渡过黄河，连续击败晋怀公的政府军，攻占令狐、桑泉、臼衰三座城邑。吕甥、郤芮率领晋国政府军驻扎于庐柳，秦穆公派公子縶前往晋军兵营，与吕、郤二人谈判，晓以利害。政府军阵前易帜倒戈，宣誓效忠重耳。晋国的局势陡然之间失衡，晋怀公大势去矣。

倒戈的军队势如破竹，直捣晋都，晋怀公仓皇出逃。在众人的拥护之下，重耳登上国君的宝座，是为晋文公。晋文公上台后，马上派人追上晋怀公，将其刺死。

这场政变，看上去颇为顺利，但还是有余波荡漾。

作为晋怀公的旧党，吕甥与郤芮担心晋文公秋后算账，遂决定铤而走险，密谋暗杀晋文公。晋文公获悉后，害怕遭遇不测，便秘密离开晋国，前往秦国求援。果然，吕甥、郤芮突袭晋文公的行宫，放火烧了宫殿，却发现晋文公根本不在。暗杀行动失败后，吕、郤二人匆匆逃往边境，最终被前来救援的秦军捕杀。

晋国的危机在秦军的援助下得以解决。秦穆公派遣三千名精兵，护送晋文公与文嬴返回国内。

这场策动晋国政变的大赌局，秦穆公赌赢了，晋怀公被干掉，女婿晋文公上位。不过，倘若秦穆公以为如此便可以左右晋国，那他真是大错特错了。

与晋惠公、晋怀公相比，晋文公无疑对秦穆公更有一份感激之心。但是别忘了，晋国是一个大国、强国，既然晋文公成了国君，在国家利益面前，个人感情只能放在第二位。很快，秦穆公就失落地发现，晋文公并非可以控制的傀儡，秦国通往中原之路，依然坎坷难行。

在晋文公入主晋国的这年，周王室又爆发一起政变，周襄王被弟弟王子带驱逐出首都洛邑。无奈之下，他只得向诸侯国发出勤王令。

秦国向来有勤王的传统，当年秦国死而复生，完全仰赖周宣王的鼎力相助。不过，秦穆公并不全出于公心，也暗藏私心。自从齐桓公、管仲打出“尊王攘夷”的口号后，“尊天子以令诸侯”便成为标准的称霸模式，打着天子的旗号，在政治上能讨得许多便宜。对周天子发出的勤王令，秦穆公反应神速，立即率领大军抵达黄河，打算渡河东进，以迎周天子。

在秦穆公看来，自己刚刚扶晋文公上位，晋国肯定不会阻挠他东进勤王。然而，他又打错了算盘。晋文公在外流亡十九年，岂是白活了？他也知道“尊王”的政治价值。勤王的功劳，绝对不能让给秦穆公。晋文公拒绝让秦国军队过境，同时亲自率军南下勤王。

在晋军的打击下，王子带的叛军毫无招架之力，很快沦为俘虏，最后被处死。晋文公把周天子迎回首都洛邑，成为再造王室的英雄。气急败坏的秦穆公只能眼睁睁地看着自己一手扶植起来的晋文公抢走勤王之功。凭借地缘优势，晋文公赢在了起跑线，在未来的中原争霸战中，秦穆公只能充当配角。

中原战场的配角

秦穆公渴望在中原逐鹿中充当主角，但晋文公近水楼台先得月，在勤王之役中拔得头筹，奠定了中原霸业的基础。看着自己的女婿春风得意，秦穆公显然有一种强烈的失落感。幸好晋文公与晋惠公、晋怀公有所不同，秦穆公之恩他是惦记的。也正因为如此，秦国才能在中原的舞台上崭露头角，尽管只是配角，只分到小小一杯羹。

除了秦、晋之外，当时最强大的诸侯国当属楚国。在众多诸侯国中，楚国是比较另类的。楚国崛起的时间比较早，在西周中后期便日益强大。进入春秋时代后，楚国以“乳虎啸谷、百兽震惶”的姿态出现在世人面前，成为幅员辽阔的南方霸主。在周代五等爵中，楚国原本是最低一等的“子爵”，这显然与其实力不相匹配。楚国的君主当然不甘心，要求周天子提升爵位，不料遭到周天子的一口拒绝。恼羞成怒之下，楚国君主索性自立为王，别的诸侯称“公侯”，而楚国则称“王”，与周王分庭抗礼。因此，楚国实际上已经脱离周天子主导下的政治框架，自成一系。

在经历楚武王、楚文王的开疆拓土后，到了楚成王时，楚国之国力如日中天，不断向北拓展，蚕食中原。面对楚国咄咄逼人的气势，只有两个国家可与之匹敌，这便是秦国与晋国。

公元前635年，秦国率先出击，进攻楚国的小喽啰鄀国。晋文公派出军队支援秦军，作为对秦穆公的报答。

鄀国把兵力集结在析城抵御秦军，同时向楚国求援。楚成王派斗克、屈御寇率部入援鄀国，协防都城商密。秦军采取极为大胆的战术，秘密绕过析城，直接兵临商密城下。这是极为冒险的做法，倘若不能迅速攻下商密，将面临腹背受敌的不利局面。

孙子兵法云：“不战而屈人之兵，善之善者也。”秦军以心理战打击鄀国的抵抗意志，故意让一部分人假扮为战俘，给商密守军造成析城已经战败沦陷的假象。入夜时分，秦军又在营地里燃起篝火，照得通明，让人假扮为楚人，一本正经搞起盟誓的仪式。鄀国人大骇，以为楚国将领斗克、屈御寇背着自己与秦国结盟，将出卖鄀国。

秦国的心理战术大获成功，鄀国君臣相信自己已被楚国抛弃，索性献城投降。秦军兵不血刃入城，不费吹灰之力生擒斗克、屈御寇，把城内的楚军一网打尽。这一战对所向无敌的楚国来说，不啻为沉重的打击。同时我们也可以看出，秦军不愧是一支劲旅，有勇有谋，战术灵活，实是可圈可点。

这是秦穆公与晋文公的第一次军事合作，秦国充当主角，而晋国充当配角。当初晋文公阻止秦穆公东进勤王，惹得秦国颇有怨言。鄀之战的胜利，让秦穆公心情大爽，秦晋之间的阴影也一扫而光。

不过，鄀之战只是一场小战役，接下来的城濮之战，才是关乎中原霸局的战略决战。

城濮之战是春秋时期划时代的一场战争。在此之前，楚国势力不断蚕食北方，大有雄霸中原之势。为了遏制楚国，晋文公将晋国的兵力扩充为三个军，按照周代的军制，一个军整编一万两千五百人，三个军是三万七千五百人。

公元前632年，城濮之战拉开序幕。

当时中原许多诸侯国都屈服于楚国，包括鲁国、曹国、卫国、陈国、蔡国、郑国、许国等。楚国得寸进尺，进攻宋国，宋国不敌，向晋文公求援。对于战胜楚国，晋文公并没有十足把握，于是采取“围魏救赵”之计，出兵攻打臣服于楚国的曹国、卫国，试图迫使楚国从宋国撤兵。

然而，晋国的计谋未能得逞，楚军并不撤兵，晋、楚大决战便不可避免了。晋文公的底气，来自秦、齐两国的参战。尽管当时许多中小诸侯都倒向楚国，但实力强大的秦、齐两国站在晋国一方。特别是秦国，其军队之强悍，是任何诸侯国都不能不忌惮的。秦穆公派小儿子慭率部增援晋文公，驻师于城濮。

在秦、齐两国的助阵下，晋军大破楚军于城濮，赢得春秋争霸战中关键的一役。在史书中，极力渲染晋军将领们的智谋与军队的勇敢，对秦军的表现只字不提。因为在当时，中原诸侯对秦国是有偏见的，不仅秦国立国（诸侯）时间晚，文化也落后，政治影响力不大。

尽管在城濮之战中，秦国只是充当配角，但对秦穆公来说，此役仍意义深远，毕竟秦国迈出了通往中原的第一步。

战后，秦国参加了晋国主持的温地会议。自从齐桓公开创霸业以来，诸侯会盟成为国际政治舞台的重头戏，有点类似于今天的“联合国大会”。在此之前，秦国从未参加过诸侯会盟，这是第一次。诸侯会盟，参与方基本上都是中原诸侯，秦国地处西陲，能够获得一张大会入场票，主要是因为参加了城濮之战。有了这张入场票，秦国便有了参与中原政务的权利，这对于提升秦国的政治影响力、获取中原利益至关重要。

温地会议达成一项决议，主张对不顺从盟主的国家实施军事打击，确立诸侯会盟在国际事务中扮演联合国的角色。盟主是谁呢？当然是晋国了。不过，由于秦国仍然与晋国处于蜜月期，多少还是能捞点好处的。

根据温地会议的精神，晋文公把军事打击的目标对准郑国。郑国是春秋时期很有影响力的诸侯国，属姬姓诸侯，由于紧挨着楚国，在强邻的不断打击下，只能臣服于楚国。如此一来，郑国便成了中原诸侯联盟的敌人。

公元前630年，晋文公拉上秦穆公，发动对郑国的战争。面对两个虎狼般的强国，郑国如何能抵挡？不过，长期在夹缝中生存的郑国，也的确有不一般的本事。老臣烛之武敏锐地发现秦国与晋国表面上是亲密的盟友，实际上却有不可调和的矛盾。晋文公靠秦穆公之力上位，但在国际大舞台上，晋文公大放光芒，秦穆公反而屈居其下。如此看来，秦穆公对晋文公肯定心有不满。只要秦与晋之间有裂缝，郑国就可以见缝插针，挑拨离间。

于是，烛之武临危受命，偷偷出城，潜入秦军兵营，会晤秦穆公。烛之武向秦穆公指出：郑国与秦国之间，隔了晋国，倘若郑国灭亡，只会被晋国吞并，秦国能得到什么呢？秦国出兵出力，最后只能坐视晋国更加强大，可谓损人而不利己。

烛之武的话，点中秦穆公的死穴。当初秦穆公力挺晋文公上位，如意算盘是借此控制晋国，把晋国当作进取中原的一块跳板。可是他低估了晋文公的能力，晋国势力扩张之迅猛，远远出乎自己的意料。晋文公非但不是可以随意操纵的傀儡，反倒成为众星拱月、受人景仰的中原霸主。

秦穆公沉默不语，烛之武放出更狠的话：晋国人向来无信义可言，当年晋惠公受您的恩惠夺得政权，承诺割地，最后食言了。不仅如此，秦国饥荒时，晋国拒绝援助。这些事，不都是您经历过的吗？

这是在秦穆公的伤口上撒盐。烛之武的话有没有道理呢？有道理。是不是事实呢？也是事实。就算秦国与晋国把郑国给灭了，好处还不都是让晋国独吞吗？

索性与晋文公分道扬镳，你走你的阳关道，我走我的独木桥。秦穆公做了一个决定：单独撤军。不仅撤军，秦穆公还留下一支军队，帮助郑国守城，这明摆着是跟晋文公干上了。

秦国突然倒戈，让晋文公大吃一惊。晋国的将军们异常愤怒，提议截击秦穆公，趁机歼灭秦军的主力。幸好晋文公不像前任惠公、怀公那样恩将仇报，不想与秦穆公撕破脸皮，遂拒绝将军们的提议。既然秦国留下军队帮助郑国，晋文公若继续进攻，势必直接与秦国为敌。为了不使秦、晋两国关系恶化，晋文公放弃攻郑，撤兵回国。

晋文公是晋国百年霸业的开创者，他在位八年，于公元前628年去世。晋文公死后，继任的晋襄公迅速转变对秦的政策。晋国与秦国的关系迅速恶化，两大军事强国势必要在战场上分出高低。

秦国远征军团的覆灭

晋文公去世的消息传到秦国，秦穆公反应冷淡，并没有派人前往吊唁。不仅如此，他还打算利用晋国国丧的机会，偷偷派出一支军队，远征郑国。

当初秦穆公撤离郑国时，留下一支军队，表面上是帮助郑国抵御晋国，实际上是打下一根楔子，为未来重返中原做准备。秦穆公与之前的历代秦国君主不同，他不是志在西戎，而是志在中原。驻留郑国的秦军统帅杞子发回密报，提议秦穆公偷袭郑国都城，他从内部接应，必可一战而胜。

秦国与郑国并不接壤，中间隔了好几个国，如何远征呢？这里就必须解释一下。春秋时代的诸侯国，人口主要聚集于几个城池及其附近，属于城邦型的国家，大部分的山林旷野，人烟实际上很稀少。因此，秦军要穿越晋国攻打东部的郑国，在理论上是可行的。

问题是，一支庞大的军队，穿越千里之地而不被发现是很难的。因此，远征郑国是一次非常冒险的军事行动，充满不可预知的风险。蹇叔旗帜鲜明地反对这次军事冒险计划，认为秦国距郑国遥远，出动大军远征，行踪不可能不暴露，出师不利的可能性非常大。百里奚的看法与蹇叔一致，认为秦国到郑国，中间要经过数个国家，千里行军，是无法做到保密的。

然而，秦穆公不为所动。他有自己的考虑：其一，秦国在郑国留有一支军队，可作为内应；其二，晋文公刚刚去世，晋国新君刚立，政权交接之际，大举用兵的可能性很小。这种考虑并非没有道理，但是他把军队的命运完全押在了两个不切实际的空想上：一是郑国对秦国的远征毫无察觉；二是晋国不会出兵截击。这显然不是缜密的判断，不过是一厢情愿的想法罢了。

秦穆公没有理会蹇叔、百里奚二老的意见，仍然坚持既定的作战计划。为了这次远征，秦国派出最强阵容，以孟明视为统帅，西乞术、白乙丙为副统帅。孟明视是百里奚的儿子，西乞术则是蹇叔的儿子。

远征军出发那天，秦军上下洋溢着一种兴奋和激动，普遍对远征持乐观态度，认为胜利唾手可得。但是人群中传来几声哭泣，与现场气氛极不协调。是谁在哭呢？正是年迈老朽的蹇叔与百里奚，他们的儿子都参加远征，这一去凶多吉少，两个老头怎么不悲戚呢？

秦穆公见状大怒，骂道："尔何知？中寿，尔墓之木拱矣！"你咋知道凶多吉少，老家伙，要是你死得早点，坟头的大树已经可以两手合抱了。

没办法，只能听天由命了。临别前，蹇叔对儿子说：晋国人必定会在险峻狭窄的崤山设伏，崤山有两座山陵，你必定会死于两座山陵之间，到时我去那儿收拾你的尸骨吧。

远征军出发了，一路上倒是很顺利，途经凶险的崤山，也没看到晋国人的影子。大家都放心了，认为蹇叔、百里奚多虑了。穿越晋国后，秦军途经周天子的领地，然后折向滑国。

正如蹇叔所预料，秦军如此大规模的军事行动，怎么可能做到密不透风呢？在周王领地，秦军的行迹已经暴露，进入滑国后，又与郑国商人弦高不期而遇。

弦高当时正赶着一群牛，要去东周都城做买卖，途经滑国时，遇上全副武装的秦军。作为商人，弦高有敏锐的洞察力，他发现这支秦军起码有三百辆战车。在春秋时代，战车的重要性如同第二次世界大战的坦克。在著名的城濮之战中，晋军倾巢而出，也不过只有七百辆战车。秦军怎么会突然出现在滑国呢？怎么还带来三百多辆战车呢？再看看秦军的行进方向，不是向郑国挺进吗？

直觉告诉他，秦军的目标就是郑国！对于秦军的入侵，郑国还浑然不知，怎么办？弦高毕竟是商人，脑瓜子特别灵，马上着手做两件事：一是派手下人赶回郑国，把这个重要情报传递给政府，做好应对秦军入侵的准备；二是想办法拖住秦军，争取时间。

怎么拖住秦军呢？弦高想到一个办法。他带上十二头牛与四张牛皮作为见面礼，求见秦军统帅孟明视，并编了一套胡话：国君听闻将军行军途经敝国，特命我前来犒劳贵军。敝国虽是个穷国，贵军若是要住下来，愿预备一日的供应；贵军若是要走，愿提供一晚的护卫。

话虽然说得客气，言下之意，郑国已经知道秦军的计划并做好了准备。

实际上，郑穆公对秦军的偷袭计划一无所知，幸好弦高及时通风报信，否则后果不堪设想。郑穆公当机立断，派军队调查驻扎在国内的秦军，发现他们已经全副武装，武器磨利了，马匹喂饱了，显然是打算与远征军里应外合，一举端掉郑国。事不宜迟，郑穆公马上下了逐客令，把这支充当内应的秦军打发走人。

消息传来，孟明视、西乞术等秦军将领认为计划已泄漏，里应外合夺取郑国的机会已经丧失，秦军孤军深入，没有后援，难以取胜，只能撤军。不过，千里远征，倘若两手空空回去，未免太丢面子。于是孟明视顺手牵羊，把滑国灭了，捞了些战利品，启程回国。

然而，孟明视没有想到，灭滑之战，给秦军带来了灾难性的后果。

秦军撤退回国的同时，晋国高层正展开一场大辩论，议题是要不要消灭这支秦国远征军。自从秦国与晋国分道扬镳以来，晋文公出于报恩心理，对秦国还是客客气气的。如今晋文公已经去世，新上台的晋襄公就没那么客气了。

晋国高层有两种意见：一种认为秦国对晋国有恩，应该保持晋文公的外交政策不变，不要与秦国兵戎相见；另一种则认为，晋文公去世后，秦国并没有表示哀悼，乘晋国国丧，企图偷袭郑国，还灭掉滑国，毫无道义可言。

晋国元帅、城濮之战的总指挥先轸力主与秦国开战，他是个现实主义者，认为这是一战歼灭秦国主力的良机，这种机会不是常有的，稍纵即逝。他还强调，倘若放过敌人，就是留给自己灾患。

先轸的意见，得到包括晋襄公在内的多数人的支持。于是晋国全军动员，把伏击秦军的地点选择在地势险峻且狭隘的崤山，这是秦军回国必经之地。这一地段的选择，与蹇叔的预见不谋而合。

崤山，又称殽山，东起新安，西至潼关，这一带多有涧谷，深险如函，故称为函谷，又常称“崤函”。这是山高谷深之险地，在军事上可称之为绝地，倘若军队在此遭到伏击，必定是灾难性的后果。

秦穆公犯了一个巨大的错误，他显然认为晋国在国丧期间不会大举用兵。的确，以华夏的观念，国丧期间是不适宜动武的，故而中国长期以来奉行“不伐有丧之国”的传统。然而，事情终究有例外。晋襄公铁了心要与秦国开战，乃是因为此战对晋国未来战略有着至关重要的意义。

自从齐桓公死后，齐国霸业凋零，天下诸侯能与晋国相抗衡的，只有南方的楚国与西方的秦国，这两个国家都有一流的军事实力。晋国的雄心是当中原霸主，与南方的楚国争雄，却不能不防秦国在西部的威胁。如果陷入两线作战，对晋国非常不利。因此，只有迅速摆平秦国，才能集中力量向中原发展。如今天赐良机，秦军最精锐的部队自投罗网，焉有不吃掉的道理?

先轸指责秦国毫无道义，其实晋国又有何道义可言呢?尽管秦国与晋国关系恶化，但只是不合作的关系，并非敌对关系。因此，晋国不宣而战，并非真的在意滑国被灭，只是利益驱使罢了。

整个伏击战没有悬念可言。

孟明视的秦国远征军进入崤山蜿蜒曲折的谷地，晋军出其不意地对这支疲惫之师发起了攻击。晋军占据居高临下的优势，加上人多势众，整个战况呈一边倒的局面。战斗的结果，秦国远征军全军覆没，孟明视、西乞术、白乙丙三员秦国大将全都被俘。

崤山之战，晋国取得彻底的胜利。此役是春秋时代最重要的战役之一，自晋文公在城濮之战击败楚国后，继任者晋襄公又在崤山之战重创秦国，又一次向世人证明，晋国乃是无可争议的霸主。

这一战对春秋的历史产生了深远的影响。作为少数几个能挑战晋国霸权的国家之一，秦国向中原扩张的美梦就此终结。

晋国发动的这次伏击战几乎是完美的，唯一的缺憾是晋襄公在战后竟然释放了秦国三员大将。晋襄公之所以犯下如此严重的错误，是受到文嬴夫人的忽悠。文嬴便是秦穆公的女儿、晋文公的夫人，这个女人是很有本事的。尽管嫁到晋国，文嬴还是很爱国的，她想方设法营救孟明视等三名秦将。

她忽悠晋襄公说：秦国与晋国交恶，都是孟明视等人挑拨离间的结果，他们打了败仗，回国后肯定要被处死。不如把他们三人交给秦国处置，这样可彰显晋国的宽大。

晋襄公给文嬴一糊弄，稀里糊涂就把孟明视等三人释放了。晋国元帅先轸得知后，勃然大怒，当着晋襄公的面咒骂，还啐口水。晋襄公这才意识到犯下大错，派人前去追赶，但已经来不及了。追兵赶到黄河岸边时，孟明视等人已经搭上一条小船，向河西驶去。

成千上万的士兵战死沙场，只有三位大将回来。踏上秦国土地的那一刻，孟明视、西乞术与白乙丙内心充满愧疚，无地自容。然而，他们都没有想到，秦穆公竟然亲自到郊外迎接三人归来。穆公拉着三人的手，禁不住痛哭，非但没有追究诸将战败的责任，反而自我批评说：寡人不听蹇叔的忠言，致使全军覆灭，让你们遭受耻辱，责任全在寡人一人。

海纳百川，有容乃大。秦穆公的胸襟，确非常人所能及，实有一代君主的风范。领导有两种类型，一类是肯认错的，一类是不肯认错的。秦穆公与后世的刘邦、曹操都属于前者，自己错了就大大方方承认，知错能改；而像吴王夫差、袁绍等，很要面子，错了也要死扛，把责任推给别人，找替罪羊。

孟明视等人是幸运的，未受任何处罚，还官复原职。秦穆公的做法是非常明智的，若干年后，孟明视率秦军大破西戎，为秦国称霸西方立下汗马功劳。

再鼓雄风，称霸西戎

从军事实力上说，秦国在当时可列入前三强，仅次于晋国与楚国，强于齐国。但是，秦国的政治影响力与其军事力量是完全不成正比的，在东方诸侯眼中，秦国没什么存在感。因为秦国远离中原，即使拥有上帝之鞭，也是鞭长莫及。阻挡秦国势力东进的因素，不是大山大河，而是晋国。因此，我们就不难理解，为什么秦穆公一辈子都在忙着跟晋国打交道，两度扶植晋国国君（晋惠公与晋文公）。目的只有一个：跟晋国交好，秦国才能顺利向中原发展。

然而，秦穆公的两次努力都化为泡影。梦断崤山后，秦国精锐尽失，难以同晋国争霸，秦穆公不得不把目光又一次瞄向百年宿敌西戎。

在西周后期如日中天的戎、狄势力，经秦、晋、齐、郑等国的打击，势力大衰，华夏族的攘夷事业取得了空前的成功。在这种情形下，戎、狄势力不断寻求与华夏诸侯的妥协。

崤山之战后第二年，即公元前626年，西戎之王派遣使团前往秦国。自秦穆公继位后，秦国全力向东发展，对西戎的政策有比较大的变化，不再一味武力讨伐，双方关系有所缓和，互有使节往来。西戎使团的正使名叫由余，他的先祖是晋国人，后因躲避内乱逃亡到西戎。由余博学多闻，政治才干突出，深受戎王的信任。

秦穆公想给西戎使团一个下马威，带着由余参观秦国雄伟的宫殿，认为孤陋寡闻的戎人定会看得两眼发愣。由余参观后，只是淡淡地说：秦国的宫殿，即使由鬼神来完成，也会觉得筋疲力尽，何况是人力呢？这不过是劳民伤财罢了。

由余的态度不卑不亢，令秦穆公刮目相看。

秦穆公有意试探由余的水平，便问了一个问题：中国（华夏族）有先进的文化，以礼乐法度来治理国家、施行政事，还是免不了发生变乱。西戎没有中国的礼乐制度，如何治理国家与百姓呢?

当时华夏国家把戎、狄称为“蛮夷”，是未开化的人，显然是极具贬义的称呼。华夏自认为有先进的政治文明，遥遥领先于蛮夷。但令人困惑的是，为什么先进的政治文明，反而导致变乱频频呢?

由余的回答令人耳目一新，他认为中国变乱迭发的原因，罪魁祸首就是礼乐制度。先王创造礼乐制度，初衷是让社会有序和谐，然而到后世就变样了。君主们利用法令制度约束民众，自己却荒淫无度。百姓困苦，自然就埋怨君主，上下失信，纷争就起，如此一来，不乱都不行。西戎没有烦琐复杂的礼乐制度，民风质朴，在上者待民以惠，在下者报之以忠，国家就如同人的身体，上下和谐。圣人治国，大约也只能这样了。

应该说，由余对华夏礼乐制度弊病的分析一针见血，但对西戎政治则有溢美之词。西戎的社会结构是比较简单、原始的，并非真正意义上的国家，而是带有浓厚的部落色彩，西戎之王其实就是大酋长。从后面的史实可以看出，西戎的政治模式同样包含不稳定、动荡的因素。

秦穆公对由余的才识大为欣赏，同时也对西戎拥有这样的人才而感到担忧。他把这种担忧告诉内史廖，询问有什么办法能够策反由余。在春秋时期，秦穆公大概算是最重视人才的君主之一，他大量从国外引进人才，造就了秦国的黄金时代。

内史廖认为西戎人之所以质朴，是因为生活简单，没有什么物质享受与精神享受。只要向西戎王进献女乐数人，消磨其雄心，乘机离间他们的君臣关系，就有策反由余的机会。

看来秦国确实有人才，内史廖显然对人性有深刻的认识。秦穆公依其计，挑选十六名女乐送给西戎王。人性果然经不起考验，美女与曼妙的舞乐立即撕毁了质朴的幌子。在糖衣炮弹的攻击下，西戎之王迅速沉沦。被由余赞为可媲美“圣人治国”的西戎政治，在浮华与奢侈面前，光辉不再。

西戎王已落入女乐的陷阱，荒废了政事。这令崇尚淳朴的由余十分担心，他不断向戎王进谏，劝导君王远离女乐，勤于政事。俗话说得好，“由俭入奢易，由奢入俭难”，人一旦享受过了，就很难回到简朴了。对由余的苦口婆心，戎王开始反感、厌恶，君臣关系愈发疏远。

秦穆公的机会来了。他暗中派人前往西戎，秘密会见由余，劝他归降秦国。出于忠诚，由余一开始拒绝了秦穆公抛来的橄榄枝，不愿背叛西戎王。奈何忠言逆耳，西戎王对由余的猜疑心有增无减，怀疑他与秦穆公有不可告人的交易。

在春秋时代，忠君的观念与后世是不同的。“君使臣以礼，臣事君以忠。”君臣之间各有义务与责任，忠君是有前提条件的，君主要礼待臣子，臣子才效忠君主，不只是君择臣，臣亦择君。当西戎王不再信任、不再礼待臣下时，由余效忠的前提就不存在了。既然如此，不走何为？于是由余打点行李，投奔秦穆公去了。

由余的到来，对秦穆公的西部霸业，起到了至关重要的作用。

鉴于中原战略遭遇重大挫折，秦穆公只能向西发展，图谋西戎的地盘。

由余长期生活在西戎，对西戎各部落了如指掌。他悉心制订征服西戎的作战计划，核心是利用诸部落之间的矛盾，实施各个击破的战略。

在军事上，秦穆公仍然把重任交给孟明视，对他表示出极大的信任。在春秋时期所有的君主中，秦穆公在知人善任方面，可以说无人可及。他用人不疑的原则，使得手下的文臣武将无不尽心竭力，兢兢业业，孟明视更是如此。

作为败军之将，崤山之战是孟明视一生最大的耻辱。对秦穆公的信任，孟明视感恩戴德，为一雪前耻，他全身心投入重整秦军战斗力的工作中。从军事能力上说，孟明视不属于天才类型的统帅，而是苦干类型的将领。如果说与晋国打仗比拼的是智慧与谋略，那么与西戎打仗则更多比拼的是坚韧与勇气，孟明视在谋略上或许并无过人之处，但是他的顽强、坚韧与勇气，绝对是令人称赞的。

公元前624年（秦穆公三十六年），秦国开启称霸西戎之战。

西戎王接受秦穆公送来的女乐后，荒于政事，对秦国也失去提防心。秦军出其不意，攻其无备，采取“擒贼先擒王”之策，一战而擒西戎王。西戎王被生擒时，竟然还醉得不省人事。西戎王相当于戎人诸部落共推的大首领，被擒后诸戎群龙无首，被秦军各个击破。

秦国仅用了两年的时间，就取得巨大的战果，吞并了西戎十二国（部落），拓地千里，成为西部名副其实的霸主。秦国一举扭转数年前的颓势，称雄西方，令东方诸侯震惊，周襄王派召公（官名）前往祝贺秦穆公取得的丰硕成果。

秦霸西戎，从更广的意义上说，是华夏攘夷战争的伟大胜利。在华夏诸侯一系列攘夷战争中，秦国取得的成就可以排在第一位。如果没有秦国在西部挫败西戎，中原诸侯的日子就没那么好过了。

凭借在西线攘夷的丰功伟绩，秦穆公被后人列为春秋五霸之一。

在秦穆公之前，秦国几乎默默无闻，史书对秦史的记载也十分简略。从秦穆公开始，秦国才真正为天下所瞩目，特别是两次干涉晋国内政，扶植晋国君主，展示其强大的军事力量。当时的秦国，是唯一能与晋、楚抗衡的大国，实力稳居三强之列。秦穆公的时代，可称为秦国的第一个黄金时代。

可惜的是，这个黄金时代，随着秦穆公之死而烟消云散。

秦穆公是个伟大的君主，他雄才大略、知人善任、礼贤下士，有海纳百川之胸襟。令人纳闷的是，秦穆公死后，却用一百七十七个活人殉葬。这究竟是出于秦穆公的遗言，还是后继者自行其是的安排呢？

我个人的看法，活人殉葬可能并非出于秦穆公的本意。从秦穆公的所作所为来看，他并非残忍之人，甚至可以说比较有仁慈心。比如说，三百野人宰食秦穆公的坐骑后，他并没有惩罚，而是认为不能因为牲畜而杀人，甚至还赏赐好酒给野人。另一个例子，晋国闹饥荒时，秦穆公认为晋惠公虽然可恶，但人民是无罪的，因而慷慨相助。我们从秦穆公身上看到了一点人道主义的光辉。很难想象，在秦穆公去世前，他会下令让一百多个活人为之陪葬。

比较可能的情况是，继任的秦康公依照秦国之传统，为死去的秦穆公搞了一个轰轰烈烈的殉葬。

殉葬是中国古代文明史中最肮脏的制度之一，在西周和春秋战国时期很盛行，它的指导思想是"事死如事生"。战国时代思想家墨子在《墨子·节葬》篇写道："天子杀殉，多者数百，寡者数十；将军大夫杀殉，多者数十，寡者数人。"正反映了当时社会上流阶层之习俗。《西京杂记》中有记载："幽王冢甚高壮，羡门既开，皆是石垩。拨除丈余，乃得云母，深尺余，见百余尸，纵横相枕藉，皆不朽。唯一男子，余皆女子，或坐或卧，亦犹有立者，衣服形色，不异生人。"

秦国君主的殉葬制度始于秦武公。秦武公去世后，以活人殉葬，陪葬的人数多达六十六人。殉葬人数的多寡，与君主的功业成正比，秦穆公之功业远超秦武公，故而陪葬人数高达一百七十七人，比武公多了一百多人。不仅如此，殉葬者中，不仅有奴隶、侍女，还有三个有名的贤臣，分别是奄息、仲行、针虎，这三人乃是亲兄弟。由是，我们不得不怀疑，有人利用秦穆公之死，以达到铲除政敌的目的。这三兄弟多半是得罪了朝中权贵，最后被以殉葬的方式消灭掉了。

后来，人们写了一首名为《黄鸟》的诗歌，怀念此三贤臣。诗中有这么一句："彼苍者天，歼我良人。"苍天啊，为什么戕害好人呢？表达出百姓对殉葬这种丑陋制度的痛恨与无可奈何。

这次大规模的殉葬，给秦国的未来蒙上了阴影。秦穆公的成就，依靠的是百里奚、蹇叔、孟明视、由余等外来移民。然而，当贤臣也被当作陪葬品活埋时，这一恐怖事件足以吓退任何一个想到秦国的外国人。谁愿意为秦国奉献自己的智慧与才华后，成为国君的陪葬品一起朽去呢？

从此以后，东方的人才再也不愿踏足秦国这片土地。刚刚略有生机的秦国，又回到人才缺乏的蒙昧年代。直到秦穆公去世二百三十七年后，秦献公废除了长达三百年的殉葬制度，秦国才得以迎来第二个黄金时代。

第二编

对峙

秦晋的明争暗斗

崤山之战，让秦国与晋国的关系跌至冰点。此后，秦国向西发展，称霸西戎；晋国向东发展，称霸中原。随着秦穆公与晋襄公先后去世，上一代人结下的仇怨渐渐在记忆中淡化，秦晋关系出现了转机。

晋襄公去世的时间，仅比秦穆公晚了几个月。按照嫡长子继承制的传统，晋襄公的嫡子夷皋理应成为国君继承人。然而，夷皋还只是个小孩子，晋国元帅赵盾力主立晋襄公的弟弟、年龄较长的公子雍。

公子雍是晋文公的庶子，长期侨居于秦国。在春秋战国时期，各诸侯国都有一个传统，国君为了避免诸公子内斗，会把他们送到别的国家居住。公子雍长期生活在秦国，如果他被推立为晋国国君，对改善秦、晋两国的关系将大有裨益。

赵盾的意见得到多数人的认同，于是晋国派先蔑与士会两人前往秦国，会晤秦康公。对此，秦国新君主秦康公表示欢迎，并欣然同意护送公子雍回国。如果事情进展顺利的话，秦、晋两国将化干戈为玉帛，这是双赢的选择。

然而，偏偏事情出现变数。

按古代的传统，晋襄公嫡长子夷皋才是法定继承人。赵盾要立公子雍为国君，夷皋的母亲穆嬴不干了。她抱着年幼的夷皋，天天在朝堂上闹，又跑到赵盾家里去闹，指责赵盾等人对不起刚刚死去的晋襄公。穆嬴毕竟是晋襄公的夫人，赵盾等人得罪不得，怕她闹下去，会惹出更多的乱子。最后，赵盾不得不做出让步，立夷皋为国君，即晋灵公。

问题是，此时秦康公已经派出军队护送公子雍东返，队伍已经进入晋国境内。怎么办？一个国家总不能有两个国君吧。赵盾骑虎难下，不得不做出一个极为厚黑的选择：派出大军，截击秦国护送公子雍的队伍。

赵盾把事情完全搞砸了。明明是自己向秦国提出要求，让公子雍返回晋国，现在又要半路截击公子雍，这算是哪门子事呢？从这件事可以看出，晋国自晋惠公以来，一直就有着出尔反尔、不守信用的流氓传统。

为了阻止公子雍返回国都，赵盾拿出杀鸡用牛刀的劲头，竟然三军全部出动，在令狐截击秦国护卫队。秦军莫名其妙遭遇伏击，完全没有准备，被打得抱头鼠窜，狼狈逃回秦国。

赵盾的所作所为，可以说极不光彩。尽管阻止了公子雍回国，但是从战略上说，晋国很失败。刚刚出现转机的秦、晋关系，由于赵盾的鲁莽再度陷入僵局，这使晋国西翼再度受到秦国的威胁。另外，赵盾扶植起来的晋灵公，根本是个比阿斗还不如的人物，后来给晋国政权带来严重的灾难。

此役不仅让秦康公蒙羞，同时也让晋国出使秦国的先蔑、士会二人深感耻辱。先蔑与士会两人都离开晋国，投奔秦国，以表达对赵盾的强烈不满。

秦康公吃了哑巴亏，当然不能善罢甘休。

公元前619年，秦军发动报复性的攻击，占领晋国的武城。一年后，晋军进行反报复，占领秦国的少梁。秦军不甘示弱，又进攻晋国，夺得北徵。尽管秦国的国力不如晋国，但毕竟是一匹恶狼，晋国不得不花费许多精力以防备秦国反扑。

公元前615年冬季，秦康公亲自领军，越过边境线，夺取晋国羁马城，来势汹汹。在秦军阵营中，还有一名晋国人，就是逃到秦国的士会。

赵盾深知来者不善，动员最精锐的部队迎战。晋军抵达河曲，与秦军对垒。针对秦军远道而来不能久战的特点，赵盾采取坚壁清野的战术，挖深沟筑高垒，以逸待劳。这一招果然厉害，面对晋军坚强的防线，秦军基本上毫无作为。眼看粮食一天天减少，秦康公十分焦虑。

这时，秦康公想到了士会。士会是晋国一位卓越的战略家，出于对赵盾的不满而投奔秦国。士会向秦康公指出晋军的一个弱点：晋国将领赵穿是赵盾的族弟，年轻气盛，不学无术，狂妄自大。只要出动一支轻骑兵，挑衅赵穿的部队，他肯定会沉不住气的。

于是秦康公派出轻骑兵骚扰赵穿的部队。果然不出士会所料，赵穿不顾统帅的命令，出营迎战。赵穿因这一鲁莽的举动，差点阴沟里翻船。幸好赵盾及时发现，深恐赵穿被秦军生擒，马上出动大军，尾随而至，救下赵穿。

围歼赵穿的计划失败，秦康公扭转战局的机会丧失了。秦军的后勤已经无法支撑战局，秦康公决定撤退。为了防止晋军追击，他耍了个小花招，故意派人给赵盾下了战书：今天打得很不过瘾，我军士气高昂，明天战场上见。

当天夜里，秦军在黑夜的掩护下，悄然撤退了。

经此一役，赵盾意识到遏制秦军东进的必要性，便大力营建桃林要塞。桃林要塞位于潼关以东，函谷关以西，是秦军东进中原的必经之地。这个要塞的重要性，堪比战国时代的函谷关。就如同战国时代东方诸侯无法越过函谷关，在春秋时代秦国也无法越过晋国的桃林要塞，死死被压制在桃林以西。

赵盾还有一件担心的事，就是士会竟然为秦国出谋划策。士会是晋国将领中最聪明、最有军事才干的人，他的叛逃对晋国无疑是巨大的威胁。为此，赵盾特地召开六卿会议，商议对策。上军统帅郤缺认为士会是个知廉耻、明大义的人，应该争取让他回国。

这件事很难办。现在秦、晋两国处于敌对状态，如何与士会联络呢？想来想去，赵盾最后想出一个苦肉计。

士会有一个很好的朋友，名叫魏寿余，是个贵族。赵盾设计了一出双簧戏，宣称魏寿余犯了法，把他家人全都抓了起来。魏寿余便以逃犯的身份，逃到秦国以求避难。魏寿余见到秦康公后，声称愿意把自己的领地送给秦国。秦康公十分高兴，设宴热情款待他。

魏寿余见到士会时，假装不认识，暗地里踩了一脚，给了一个暗示的眼神。士会何等聪明，意识到魏寿余有弦外之音。他猜出魏寿余是假投降，此来的目的，肯定是要请自己返回晋国。当初士会受赵盾之托，到秦国迎公子雍回国，不想赵盾出尔反尔，又派兵阻止公子雍。作为外交官，士会感到自己受到愚弄，一气之下离开晋国。然而，时光流逝，事过境迁，一时激愤也渐渐平息了。晋国毕竟是他的祖国，如果赵盾不计前嫌，他又何尝想客死他乡呢?

魏寿余有条不紊地实施计划，忽悠说要献上自己的领地，秦康公信以为真。秦康公带着人马到了黄河西岸，对面就是魏寿余的领地。魏寿余提了一个要求：先派一个熟悉河东的人跟自己渡河，探明情况后秦国大军再过河。

秦康公不知是计，派士会跟着魏寿余一起东渡黄河。岂料士会这一去，就再没回来。秦康公等了良久，终于如梦初醒，发现自己被忽悠了！原来这一切都是晋国人的阴谋！不过，秦康公还是很朴实，索性把士会的妻子送回晋国，让他们一家得以团聚。

对比秦、晋两个国家，会发现很有意思的事。晋国的阴谋诡计特别多，很不讲信用，后来战国时代兴起的纵横家多数都出自三晋。与晋国相比，秦国却纯朴得多，给人感觉呆头呆脑的，老是吃亏。不过，吃亏有时也是福。晋国崇尚权谋，故而内乱频频，最后导致分裂；而秦国保持朴实的本分，国家比较安定，为战国时代的崛起打下了基础。

士会回国后，成为晋国一名重要将领，后来升任元帅，为晋国的霸业立下了赫赫战功。

“士会事件”无形中对秦、晋两国缓和紧张关系起到了一定的作用。之后几年，秦、晋没有爆发战争，但两国的敌对状态并没有得到改变。

夹河之盟与吕相绝秦

秦康公去世后，秦共公继位。

此时晋国的霸业遭遇严重挫折。随着楚庄王的崛起，楚国进入全盛时代，对中原发动咄咄逼人的攻势，在北林之战中挫败晋军。与战场上的失利相比，晋国更严重的问题是内部权力斗争。晋国元帅赵盾与晋厉公之间矛盾激化，这是卿权与君权之争，矛盾已到不可开交的地步。

在内忧外患的背景下，赵盾认为有必要与秦国和解，以免秦国在背后插上一刀。然而，晋国的思维方式与众不同，赵盾不是派使臣前往秦国商议和解事宜，而是企图以武力手段压迫秦国接受和解。

公元前608年（秦共公元年），晋军突然出兵进攻崇国。崇国是秦国为数不多的喽啰国之一，秦国果然出兵救援。赵盾完全打错了算盘，秦国可不是被吓大的，要以武力迫使秦国妥协，谈何容易。秦国非但拒绝妥协，还在次年发动报复战，进攻晋国的焦邑。

其实赵盾多虑了，从秦康公开始，秦国很少主动挑起与晋国的战争。毕竟晋国的国力摆在那里，秦国为什么要做吃力不讨好的事呢？秦晋之间的冲突，挑起事端者，一般都是晋国。但是，秦人的性格是很倔强的，不惹事，也不怕事，不会忍气吞声。秦康公时代的战争，起因是晋国出尔反尔，先是要求秦国送回公子雍，然后又半途截击，终于引发冲突。秦共公时代的战争，也是晋国挑衅造成的，不过双方的冲突，并没有扩大化。

秦共公只是过渡性君主，在位四年便去世，权力的大棒交到儿子秦宣公手中。

在秦康公之后，秦国进一步被边缘化了。《左传》对秦国史事记载的篇幅大大减少，只局限于秦晋的纠纷与战争，至于秦国内政，几乎完全是空白。显然，在当时中国的政治版图中，秦国的存在感越来越低，除了晋国，几乎没有哪个诸侯国对秦国有兴趣。造成这种状况的原因有以下两点：

其一，秦国在国际上是孤立的。在崤山之战后，晋国屯兵于桃林塞，堵死了秦国通往中原的通道。因此，秦国与中原诸侯国的联系完全被割断。秦穆公时代，秦军还有几次亮相于中原，参加过城濮之战与伐郑之战。从秦康公始，秦军的身影就在中原彻底消失了。为了对抗晋国，秦国开始拉拢楚国。不过，秦、楚的关系远算不上亲近，双方并没有实质性的军事联合以打击共同的对手。因此，除了晋国之外，其他诸侯几乎察觉不到秦国的存在，似乎它根本不是华夏大家族中的一员。

其二，秦国对晋国的劣势越来越明显。在秦穆公时代，秦国的武力与晋国相当，倘若不是晋国使出偷袭伏击的手段，是难以取得崤山之战的巨大战果的。到了秦康公时，秦军依然可与晋军匹敌，双方在战场上旗鼓相当，谁想打败对方都不是容易的事，论到尚武精神，两个国家谁也不输谁。然而，在秦康公之后，晋国的优势开始体现出来。作为中原霸主，晋国拥有更多的资源，在国家整体实力上更胜一筹。

作为中原诸侯的盟主，晋国的战略重心在中原，作战对象主要是楚国及其盟国。晋楚争霸前后持续了八十年，在这期间双方互有胜负，总的来说是处于伯仲之间，谁也无法碾压对方。争霸战最大的受害者，是夹在两大超级强国之间的众多中小诸侯国。由于楚国带有浓厚的南蛮色彩，中原诸侯显然更愿意亲近晋国，晋国是大国中唯一的姬姓诸侯，与天子同出一源。晋国最大的问题是不讲信用，史书说："晋屡失信，诸侯多有离心。"

在这样的背景下，一场由中小诸侯倡导的国际和平运动悄然兴起，史称"弭兵之议"。宋国执政大臣华元奔走于晋、楚之间，谋划两大超级强国实现和平。与此同时，秦国与晋国的关系也有好转的迹象。

公元前581年，晋景公得了怪病，医生束手无策，便派人前往秦国求助。尽管秦国与晋国势不两立，秦宣公与当年的秦穆公一样，发扬人道主义精神，派一位名医前去给晋景公诊疗。不过晋景公还是死了，死因比较奇葩，蹲厕所时掉进粪坑淹死了。不管怎么说，秦国的做法是值得点赞的，这也缓和了秦、晋的敌对状态。

晋厉公上台后，正值弭兵运动兴起，就向秦宣公抛出橄榄枝。两国君主约定在令狐会晤，实现全面和平。这个提议当然好，符合时代的潮流，问题是会晤选择的地点是在晋国境内，而不是在第三方国家。到了约定的时间，晋厉公先抵达令狐，秦桓公抵达黄河西岸后，却不肯过河。

秦桓公的担心不是没道理的，晋国人出尔反尔的例子已经不胜枚举，一旦踏入晋国地盘，谁能保证不发生任何意外呢？于是秦桓公派史颗过河，代表秦国与晋厉公签约；既然如此，晋厉公也只得派郤犨到河西，与秦桓公缔约。这次会盟，双方君主没打照面，隔河缔结盟约，史称"夹河之盟"。

表面上双方愿意实现和解，实际上双方积怨甚深，加上互不信任，因而"夹河之盟"并没有任何实质性的效果。

继"夹河之盟"后，晋国与楚国达成停战弭兵的协议。

中小诸侯们欢欣鼓舞，在他们看来，百年战乱就要告一段落了，世界要和平了。其实不然。对晋国来说，与楚国停战，正是集中力量打击秦国的大好时机。尽管晋国实力强大，但由于兵力都集中于中原战场，一直腾不出手对秦国发动一场大战。现在机会来了。有人会问，晋国不是刚与秦国签订"夹河之盟"吗？不错，但我们别忘了，晋国人根本不在意一纸盟约，在乎的只是利益。

很快，晋国找到开战的理由。

晋楚弭兵期间，白狄乘机进攻晋国。晋国指责白狄入侵的幕后黑手就是秦国，这个指责的真实性有多高，我们无法判断。为了表示自己的正义性，晋国派吕相给秦国送去一份《绝秦书》，这就是历史上非常有名的"吕相绝秦"。

《绝秦书》历数八十年来秦国对晋国犯下的一系列罪行，是古代一份著名的战书。

秦、晋关系是从秦穆公与晋献公缔结政治婚姻开始，《绝秦书》先是回顾秦、晋的历史，"昔逮我献公及穆公相好，勠力同心，申之以盟誓，重之以婚姻"，对于秦穆公两度扶立晋国君主的功劳，吕相轻描淡写，说是穆公"不忘旧德""亦悔于厥心"，一笔带过。然后就是大加挞伐："文公即世，穆为不吊，蔑死我君，寡我襄公，迭我崤地，奸绝我好，伐我保城，殄灭我费滑，散离我兄弟，扰乱我同盟，倾覆我国家。”说得理直气壮，夸大其词，说秦穆公“扰乱我同盟”还说得过去，“倾覆我国家”则是子虚乌有之事。

写到秦康公更是离谱：“欲阙翦我公室，倾覆我社稷，帅我蝥贼，以来荡摇我边疆。”前面说过，是赵盾请求秦康公把公子雍送回晋国继承君位，后来出尔反尔，出兵阻止。给吕相一说，变成是秦国欲“翦我公室，倾覆我社稷”，这完全与事实相悖。还有其他指责，基本上是夸大其词。

总之，《绝秦书》将两国在历史上发生冲突的责任统统推卸到秦国人头上，以作为发动攻秦战争的借口。

吕相给秦国带去的这份《绝秦书》，宣告“夹河之盟”失效，晋国撕毁与秦国缔结的条约，悍然发动战争。

很显然，这是晋国精心准备的一场战争。此时晋国与南方的楚国实现弭兵，中原暂时平静，正是给予西线秦国致命一击的良机。为了打击秦国，晋国组建了一支联合国军，齐国、鲁国、宋国、郑国、卫国、曹国、邾国、滕国八个诸侯国都派出军队参战。晋国精锐尽出，四大集团军（中军、上军、下军、新军）倾巢而出，以栾书为元帅，猛扑向秦国。

在国际上早已陷入孤立状况的秦国只能哑巴吃黄连，有苦说不出。秦国与东方任何一个诸侯国都没有交往，连辩解的机会都没有。既然如此，只能拼死一战了。秦军开进麻隧，与九国联军大战。此役实无悬念而言，以一击九，以寡击众，秦军被打得大败，落荒而逃。栾书指挥九国联军，势如破竹，渡过泾水，长驱直入，一直追击到侯丽，方才心满意足班师。

麻隧之战，是晋国在崤山之战后对秦国发动的最大规模的进攻，秦国在此役遭到重创。不久后，沮丧落魄的秦桓公郁郁而终。

不过，对秦国来说，不幸中还是有幸运的。晋国与楚国的弭兵停战协定，也是形同废纸。在麻隧之战结束一年多后，楚国撕毁弭兵协定，中原形势陡然紧张，晋国不得不把战略重心东移，继续与楚国争霸中原。这使得秦国有了喘息之机，得以在此后十年养精蓄锐，恢复元气。

一场拖拖拉拉的战争

秦人的性格坚忍不拔，故而能屡挫屡起。

公元前577年，秦桓公去世，秦景公继位。

经麻隧一战，秦国大衰，与晋国在实力上的差距越来越大。为了对抗晋国，秦景公与楚国结为战略同盟。同时，秦景公把妹妹嫁给楚共王，两国关系亲上加亲。有了楚国的支持与撑腰，秦景公可以放手一搏了。

秦景公十三年（前564），晋国爆发严重的饥荒。秦景公认为报复的机会来了，遂约楚国共同出兵进攻晋国。楚共王不想拒绝秦景公的请求，同时也不愿与晋国开战，只是派出一支军队摇旗呐喊以壮声势。秦军攻入晋国，晋军由于粮食缺乏，又要防着楚军偷袭，只能消极防御，任由秦军大掠而去。

两年后，即公元前562年，楚国向秦国发出邀请，共同出兵讨伐郑国。秦景公派右大夫詹率领一支军队入楚，配合楚共王进攻郑国，郑国投降。这是崤山之战后，秦军第一次重返中原战场。

然而，晋国很快就反击了。晋悼公纠集中原诸侯，以泰山压顶之势迫使郑国投降，并举行十三国参加的联盟会议。

晋国主力大举南下郑国后，秦国便在背后插了一刀。秦景公趁晋国国内空虚，派庶长鲍、庶长武入侵晋国。由于留守兵力不足，晋军被打得大败。晋悼公闻讯，匆匆率领主力部队从郑国启程返回晋国。

在晋国人眼中，秦国如同一只令人讨厌的蟑螂，可是偏偏又踩不死它。自从晋文公称霸以来，晋国雄霸中原已经七十余年，相邻的秦国却从不屈服，顽强地抗争，韧性十足。不仅如此，秦国总是趁其不备时，偷鸡摸狗般发动突袭，令晋国十分头疼。卧榻之旁，岂容他人酣睡？晋悼公决心发动一次史无前例的进攻，铲除秦国这个心腹之患。

伐秦之战，由晋国新任元帅荀偃全权指挥。为了毕其功于一役，荀偃纠集了十二个诸侯国，包括齐、宋、鲁、卫、郑、曹、莒、邾、滕、薛、杞、郳国，加上晋国，拼凑起一支十三国联军。光这个阵势，就足以吓死人。

公元前559年夏季，伐秦之战的序幕拉开。

表面上看，联军拥有绝对优势，就算不能灭掉秦国，至少可以重创之。然而，这场战事之艰难，远远超出晋国元帅荀偃的预料。倒不是秦国的抵抗多么顽强，而是十三国联军内部出了严重问题，各诸侯国消极怠战，整个战事进展极为拖拉迟缓。

怎么会这样呢？

除了晋国之外，其余十二个东方诸侯国都与秦国不相接壤。在他们看来，秦国毫无存在感，根本不构成威胁。秦国威胁的只是晋国，既然如此，要跟秦国打仗，晋国自己去打就行了，为什么要把大家统统拉下水呢？话虽如此，晋国毕竟是盟主，老大开了口，小喽啰怎么好拒绝呢？虽说内心一千万个不愿意，也只能勉强参加了。

作为盟军统帅的晋国元帅荀偃没有及时发现小喽啰的微妙心态，他仍然信心满满的，充满乐观精神。当联军抵达泾水准备渡河时，荀偃发现不对头了。统帅发布渡河命令，心有默契的各诸侯国军队却无动于衷，大家保持沉默，止步不前，谁也不愿意率先过河。

面对突如其来的尴尬场面，荀偃蒙了。比起之前的历任晋国元帅，荀偃的魄力不足，缺乏领袖气质。无奈之下，他只得对各国将领逐一游说。

荀偃首先游说鲁军统帅叔孙穆子。鲁国的亲晋立场是比较坚定的，作为回报，晋国在不久前减免了鲁国的保护费，这可是其他诸侯国享受不到的优惠。叔孙穆子自知理亏，表示鲁国愿意做出表率，率先渡河。

第二支渡河的是郑国军队。郑国是中原诸侯中为数不多的曾遭秦军攻击的国家，一次是秦穆公派孟明视远征，另一次就是三年前秦与楚联合伐郑。因此，在各诸侯国里，只有郑军伐秦的意愿稍强点。郑军统帅子蟜出面劝说卫、齐、宋、曹等国将领，咱们当小弟的，别惹老大不高兴。大家想想，还是硬着头皮走吧，于是十二国的军队先后渡河。

尽管联军最终都过河了，但出师如此不利，显然已经给这场伐秦之战蒙上一层阴影。很快，麻烦事又来了。

联军渡过泾水后，在河边安营扎寨。面对兵力庞大的敌人，秦国不按常理出牌，保命要紧，于是祭出化学武器，在泾水上游投毒。联军士兵有不少人喝了有毒的河水，毒发身亡。仗还没打，就出现大量的非战斗性伤亡，对士气更是一大打击，大家又开始赖着不走了。

关键时刻，还是郑军统帅子蟜挺身而出，自告奋勇充当先锋。其他诸侯国统帅都对子蟜使白眼，既然郑国军队出发了，没办法只好跟在后面慢吞吞地行进。旌旗猎猎的十三国联军，哪里有半点虎狼之师的样子？看上去就是一群纸老虎罢了。就这样，大家磨磨蹭蹭、拖拖拉拉，抵达棫林。

此时的荀偃，估计对战胜秦军也不抱希望了。最好的办法，就是利用人多的优势，虚张声势，不战而屈人之兵。

倘若是普通的对手，看到这种阵势，估计要缴械投降了。偏偏荀偃遇到的是秦国人，秦人就是死脑筋，宁死不屈服，摆开架势，准备与联军干上一仗。即便再来一场麻隧大败仗，也在所不惜。

既然如此，唯有一战。荀偃当即传令各军：天亮鸡鸣之时，套好马车，填井平灶，唯我马首是瞻。

“马首是瞻”的成语典故就是从这里来的，意思是看我马头的方向。这个成语现在我们用熟了，不觉得别扭，但在当时，听起来是十分傲慢、十分刺耳的话，有一种羞辱人的感觉。如果荀偃说：“大家都听我的命令。”就不会引起反感。偏偏他喜欢文学，咬文嚼字，叫大家“马首是瞻”，给各路统帅的感觉是咱还不如你的马呢。

随口创造了一个成语，荀偃丰富了中国的语言宝库，却带来灾难性的后果。在伐秦之战前，前任晋军元帅荀罃刚好去世，荀偃被提拔为元帅，但是他的威望不够，魄力不足，难当大任。有一个人对荀偃很不服气，他就是晋国下军统帅栾黡。

栾黡的父亲栾书是前晋国元帅，历史上最杰出的将领之一，晋楚鄢陵之战的英雄。不仅如此，栾书还发动政变，杀掉了晋厉公。栾黡看不起荀偃，自恃家族实力雄厚，时常顶撞这位元帅。当他听到荀偃说“唯我马首是瞻”时，不禁吐槽道："晋国之命，未是有也。余马首欲东。"意思是说，晋国从来没有这样下达军令的，元帅说要马首是瞻，我的马头偏偏要向东。

向东就打道回府，栾黡竟然连招呼都不打，掉转马头，把自己的部队撤走了。栾黡一走，下军副统帅魏绛一看上司走了，自己也带着部队跟着撤。手下人问他：不等元帅的命令吗？魏绛冷冷地答道：栾黡是我的上司，我跟着他走，难道不对吗？

这种情况，让荀偃目瞪口呆。那些诸侯军队还没闹事，晋军内部先乱起来了。晋军元帅荀偃没想到一句"唯我马首是瞻"，竟然引起这么多麻烦，他懊恼不已。栾黡、魏绛的下军撤走后，众诸侯国军一看晋军都开溜了，自己不溜更待何时？于是纷纷拔营，跟着撤退。

这个烂摊子没法收拾了，荀偃不得不打退堂鼓，撤销对秦军发起进攻的计划，宣布全军撤退。

不过，有两个人不想撤退。

一个是栾黡的弟弟栾针，他对哥哥临阵脱逃感到羞愧，认为有辱栾氏家族，自己应该留下来，为家族荣誉与国家荣誉而战。另一个是栾针的好朋友士鞅，他也是个很有荣誉感的武士。两人各自带上自己的部队，拒绝撤退，要与秦军决一雌雄。

联军的内讧，让秦国人也蒙了。尽管秦国不惜与十三国开战，但双拳难敌四手，何况是以一敌十三呢？秦军上下笼罩着悲壮的氛围，他们做好了失败的准备，或许比麻隧之战还要败得更惨。当清晨的太阳升起时，秦军却惊愕地发现，敌人只剩下两支兵力单薄、微不足道的小部队。

对栾针来说，这是荣誉之战。面对人多势众的秦军，栾针毫无惧色，勇往直前，最后战死沙场。士鞅则率残兵突出重围，回到晋国。这看上去纯粹是自杀性的战斗，但栾针以自己的大无畏精神，为晋国挽回了一点面子。

这场由晋国发动的战争，雷声大，雨点小，暴露出中原诸侯联盟的脆弱与晋国内部的矛盾。整个战争过程的节奏非常慢，诸侯联军无心作战，行军迟缓，作战消极，故而史家称之为"迁延之役"。

拯救楚国始末

迁延之役，是晋国霸权衰落的一个标志。一年后，晋悼公去世，晋国诸卿家进入新一轮的权力斗争，相互倾轧，互相屠杀。所谓鹬蚌相争，渔翁得利，晋国的内斗，令秦国获得一个相对和平的外部环境，史书称："时晋公室卑而六卿强，欲内相攻，是以秦晋久无事。"

时间已是春秋时代的晚期，中国的诸侯版图也悄然发生了变化。晋国为了打击楚国，大力扶植东南的吴国，吴国以火箭般的速度蹿起，成为楚国的劲敌。同时，老牌诸侯齐国被晋国压制一百年后，在锲而不舍的努力下，终于走上复兴之路，对晋国构成严重的威胁。晋楚百年争霸的大幕已经缓缓落下，一个崭新的时代即将到来。

晋国与楚国作为超级强国的地位已是摇摇欲坠，在此背景下，一向爱好和平的宋国人又一次发动国际弭兵运动。这次弭兵运动的灵魂人物是宋国大夫向戌，他是非常伟大的政治家，和平运动的先驱。

公元前546年，向戌走马灯似的连续出访晋、楚、齐三国，三国君主均同意实现弭兵。接着，他又马不停蹄地前往秦国。秦国除了曾参与楚国几次军事行动外，其对手只有一个晋国，实力又不如晋国，弭兵显然对秦国有利，于是同意向戌的计划。只有一个强国没在向戌的邀请之列，那便是东南新兴的吴国，因为吴国被视为蛮夷之邦，化外之地。

晋、楚两大超级强国想从弭兵运动中捞到好处，于是达成一个协定：所有与会的诸侯国必须同时向晋、楚两国朝贡，只有齐国与秦国在豁免之列。也就是说，晋国与楚国都承认齐国与秦国的大国地位，不能把两国与其他中小诸侯国等同视之。

有些读者对秦国有个错误认识，以为在商鞅变法之前，秦国是个弱小的国家。其实不然，从秦穆公开始，秦国就是一等的军事强国，从来没有沦为二流国家。正因为如此，在晋国霸业最强盛时，也没办法打倒秦国。弭兵之会，主要是中原诸侯的和平运动，对秦国实质意义不大，秦国甚至没有派代表参加会议。不可否认的事实是，弭兵之会，客观上提升了秦国在国际舞台上的声望，其大国地位得到与会各国的认同。

向戌弭兵结束了晋、楚长期以来的争霸局面，战乱频繁的中原获得了难得的和平。然而，这并不意味着天下无战事。晋国把刀锋转向戎狄，连续灭掉肥国、鼓国等白狄国家，消灭陆浑戎，继续开疆拓土。楚国则开启与新兴吴国旷日持久的拉锯战，这是春秋晚期最激烈的一个战场。

公元前537年，秦景公去世，秦哀公继位。秦国仍然与楚国保持战略同盟关系，双方以政治婚姻巩固友谊。公元前523年，秦哀公把女儿嫁给楚平王之子熊建。这桩看似普通的婚姻，最终竟然导致楚国巨变，成为楚国由盛而衰的一个导火索。

究竟是怎么回事呢?

原来楚平王有个心腹叫费无极，是历史上一个有名的奸臣，他与太子熊建的老师伍奢有个人恩怨，因而处心积虑想报复。费无极被楚平王派去秦国迎接公主，看到这位公主长得相当漂亮，沉鱼落雁、闭月羞花，不禁想到一个恶毒的计划。

回国后，费无极在楚平王面前大力渲染秦国公主的美貌，并怂恿楚平王把儿媳妇占为己有。天下哪有不好色的君王，楚平王怦然心动。秦国公主还没进太子熊建的洞房，先进了楚平王的洞房。

堂堂楚国太子的女人，竟然变成父亲的女人。这件事让熊建非常难堪，颜面扫地，紧随而来的是一连串的连锁反应。首先，楚平王霸占太子妃后，熊建的生母蔡氏开始失宠，对太子来说，这是个危险的信号。其次，对于这件事，若是说熊建一点怨言都没有，那是不可能的，这便给了费无极攻击的理由。

很快，费无极开始频频在楚平王面前进谗，称太子心怀怨恨，有谋反之心，而伍奢则是其帮凶。楚平王下令逮捕伍奢，并打算诱捕他的儿子伍尚与伍子胥。伍尚自投罗网，与其父一同被处死；伍子胥则只身逃亡，最后逃到吴国，成为楚国的死敌。

秦、楚联姻的结果，最终给楚国带来致命的打击。

伍子胥逃到吴国后，成为吴王阖闾的左膀右臂，又招揽旷世奇才、兵学巨人孙武，吴国很快便成为堪与晋、楚媲美的强国。

公元506年，吴王阖闾大举发兵攻楚。在伍子胥、孙武的指挥下，吴国兵团千里大跃进，在柏举之战中大破楚师。而后，越战越勇的吴军势如破竹，如入无人之境，对楚军五战五胜，直捣楚国的郢都。此时楚平王已死，楚昭王仓皇出逃，吴军几乎未遭到强有力的抵抗，便攻陷郢都。伍子胥挖开楚平王之墓，鞭尸三百，以报父兄被杀之仇。

谁也不会想到，曾经雄霸天下的超级强国，这么快就陷入亡国的边缘。尽管楚昭王侥幸逃走，但楚军精锐尽失，仅凭残存的一丁点兵力，如何能打败吴国的侵略军呢？难道不可一世的楚国，就要这样从地球上消失了吗？

放眼天下，谁能拯救楚国于危难之际呢？

楚国虽然有许多小喽啰，但是这些小诸侯实力太弱，根本起不到作用。唯一能帮助楚国的，只有秦国。

在郢都沦陷时，楚国大夫申包胥侥幸逃了出来。山河破碎，满目疮痍，作为一位爱国者，申包胥的心在滴血。为了拯救楚国，他决定只身入秦，寻求援助。当时申包胥一无所有，没有马车，就靠自己的一双脚，日夜急行，历经千辛万苦，终于到了秦国。可是，秦国会出兵吗？

秦哀公无动于衷，他实在想不出什么理由要帮助楚国。秦哀公估计是秦国历史上最舒服的一个国君，自从向戎弭兵后，秦、晋两大宿敌停止了战争。晋国之所以不讨伐秦国，当然不是因为恪守和约精神，而是晋国内部六大卿家斗个没完没了，哪里有空去理会外部之事呢？此时的秦哀公已经当了三十一年的君主，国家太平无事，基本上没有战争，承平日久，谁愿意去蹚楚国的浑水呢？

再者，当年秦哀公把公主嫁给楚国太子熊建，没想到半路杀出个楚平王，把儿媳妇给夺走了。虽说嫁出的女儿泼出的水，只能凭其嫁鸡随鸡、嫁狗随狗，但这桩楚国王室的丑闻，还是损害了秦哀公的声誉。若不是楚平王胡作非为，伍子胥怎么会逃呢？伍子胥不逃到吴国，吴国怎么能打垮楚国呢？因此，楚国落得山河破碎的下场，实是咎由自取，怪不得别人。

对申包胥的苦苦哀求，秦哀公懒得理睬。

申包胥相信至诚可感动天，于是他祭出独门武器——哭。他赖在秦国的朝堂上不走，一个劲儿地哭，一哭就是七天七夜。一个人哪有那么多眼泪哭上七天七夜呢，估计哭到最后，有声无泪了。他不仅哭，还绝食，什么东西都不吃，也不睡觉。自从有人类以来，要论哭的本领，申包胥若说是第二，无人敢说第一。

这么哭下去，只有一种结果，就是哭死在秦国的朝堂之上。这个就很晦气了。秦哀公忍了七天，没办法，只能出来见申包胥，总不能让他死在这儿吧。

申包胥不是只会哭的人，他也是有智慧的。光激起秦哀公的同情心是不够的，同情归同情，没有实际利益的事，谁会去做呢？他盘算一番，给秦哀公点明两点利害：第一，吴国乃是蛮夷之邦，狼子野心，贪婪无度；如果吴国吞并楚国，势必会成为秦国的心腹大患。秦国是愿意选择与吴国做邻居呢，还是选择有着长期传统友谊的楚国呢？第二，倘若秦国出兵拯救楚国，楚国必定对秦国感恩戴德，将世世代代侍奉秦国君主。

你看，申包胥还是挺狡猾的。第一点讲的是害，吴国灭楚对秦国是不利的；第二点讲的是利，救了楚国，楚国一定会给回报的。所以，光讲同情心没用，要讲利害，申包胥这次抓到要点了。

这一招果然比较灵，秦哀公有所触动。但事关重大，他还是想深思熟虑一下，吩咐申包胥先去休息休息。申包胥见秦哀公思想有了松动，岂能容他有时间动摇呢？便趁热打铁说：国君尚在危难之中，作为臣子哪敢安心休息啊。

申包胥拳拳爱国之心，还真把秦哀公给打动了，秦哀公终于答应出兵。

此时楚国的残余力量在公子期与子西的率领下，扯起抗战的旗帜。面对强大的吴军与伍子胥、孙武两位旷世名将，楚军打得十分辛苦。楚国已到生死存亡的边缘，所幸的是，秦国援军终于来了！

秦哀公派出五百辆战车驰援楚国，由子蒲、子虎两位大将指挥。在春秋时代，战车是最重要的武器，是衡量一个国家军事实力的标志，所以有“千乘之国”“万乘之国”这样的说法，千乘就是一千辆战车，万乘就是一万辆战车。

春秋时代，一辆战车一般配置七十五人，其中车上三人，步兵七十二人。当然，实际配置，各诸侯国是有所不同的。我们以一“乘”七十五人来计算，秦国出动五百乘，对应的兵力大概是三万七千五百人，这在当时算得上兵力雄厚了。

不过，秦国人不愿意打头阵，楚国人对此当然能理解。楚军是为祖国的生存而战，秦军能施予援手，就算是天大的恩德了，也不能提太多要求。楚军正面的敌人，是夫概统率的吴军，他是吴王阖闾的弟弟，这支军队是吴军中的精锐。公子期率先发动进攻，夫概率军迎战。双方杀得难解难分时，秦军出现了，袭击吴军的侧翼，夫概没料到天降神兵，大惊失色，只得落荒而逃。

秦军的参战，扭转了吴楚战争的局面。对吴王阖闾来说，屋漏偏逢连夜雨，忽然接到后方消息，越国乘吴国空虚之际，出兵偷袭。紧接着，夫概在吃了败仗后，偷偷逃回国内，自立为吴王。后方吃紧，前线形势也不容乐观。秦军与楚军联手，奔袭唐国，唐国是吴国的重要战略盟友。唐国无力抵抗，很快缴械投降，吴国被砍掉一条臂膀后，败象已露。

灭掉唐国后，秦楚联军向郢都挺进。驻扎在郢都的吴军统帅正是伍子胥与兵圣孙武，尽管兵力居于劣势，孙武与伍子胥还是表现出高超的指挥艺术。双方首战于雍澨，吴军挫败楚军的进攻。然而，楚国人毕竟是主场作战，为收复首都，众志成城，又有骁勇善战的秦军助阵，锐不可当。

伍子胥与孙武都是聪明人，明白郢都是守不住了。尽管没能够灭掉楚国，他们仍然心满意足，吴国已经创造了前所未有的历史奇迹，把一个称霸百年的超级强国打趴下，占领其首都，鞭尸楚王，如此伟大的功业可以写入史册了。在春秋三百年历史里，楚国强盛的时间最长，曾经称霸中原的齐国与晋国，都无法撼动楚国的霸权，谁能想到竟毁于吴国之手。

如果没有秦国，楚国单靠自己的力量能否复国，实是可疑。楚国没有白交朋友，朴实的秦国人一如既往地重信守诺。虽说秦哀公一开始想置身事外，但终究没有袖手旁观。在秦穆公之后，秦国已经有一百多年在国际政治舞台默默无闻，救援楚国，是秦国在春秋时代最后一次大规模的军事行动，大大提升了秦国的国际形象与地位。

动荡不安的四代乱政

随着吴国的崛起与楚国的衰落，春秋时代已进入尾声。

秦国救楚后四年，即公元前501年，秦哀公去世。秦哀公在位时间总计三十六年，除了救援楚国之外，基本上毫无建树。他是比较长寿的君主，太子死得比他早，因而君位由孙子继承，史称秦惠公。史书对秦惠公所言甚略，只知道他在位九年，死后其子秦悼公继位。秦悼公在位十五年，史书同样没有记录他什么事迹。不过，总的来说，秦国给人的印象是比较安定的，比起外面世界的喧嚣，秦国无疑可以算是一方乐土，既无战争，也无内乱。

与秦国的平静相比，东方大地正刮起一阵阵政治风暴。首先是秦的邻居晋国，随着晋楚争霸的结束，晋国内部权力斗争愈演愈烈。长期以来，晋国实行六卿制，六大家族掌握政权，相互倾轧，最终导致内战爆发。在内战中败北的中行氏、范氏出局，六卿制演变为四卿制，依然钩心斗角，各不相让。与晋国不同，齐国则是田氏一家独大，君主大权旁落，形同傀儡，甚至成了被弑杀的对象。不过，在春秋末期唱主角的则是吴国与越国，这两个新兴大国大打出手，争雄于东南，最终以越王勾践的胜利而告结束。

公元前477年，秦悼公去世，秦厉共公继位。次年，春秋的大幕落下，战国的大幕缓缓拉开，历史将进入一个更为残酷血腥的兼并时代。

战国伊始，秦国由于国内政治稳定，成为众多诸侯的拉拢对象。蜀国、楚国、义渠（戎人之一支）、晋国都先后“来赂”，也就是“献礼”的意思。另一支戎人緜诸也向秦国“乞援”，证明秦国对于周边国家及部落仍有一定的影响力。

作为长期的对手，晋国为什么会极力拉拢秦国呢？史书并没有就此事给出一个解释。不过，我们参照晋国史就可以看出，此时晋国内部的权力争斗已经白热化了。晋国君主完全失势，大权落入知、赵、魏、韩四大家族之手，其中以知氏和赵氏最强大，双方明争暗斗，势同水火。在这种背景下，以晋国为主导的中原政治体系基本瓦解，曾经销声匿迹的戎狄势力有卷土重来的趋势。我估计晋国拉拢秦国，是为了共同打击戎人，这似乎能从后来的史实中得到印证。

公元前461年，秦厉共公出动两万大军，证讨大荔戎人，击破其王城。在此前后，晋国赵襄子灭代戎。公元前457年，秦国进攻绵诸戎人；同年，晋国知瑶进攻中山（白狄所建之国），取穷鱼之丘。公元前444年，秦国进攻义渠之戎，生擒义渠王；同年，晋国韩氏、魏氏灭伊洛阴戎。至此，长期与华夏为敌的戎人被迫远遁，中原无戎患。我们可以看到，秦、晋两国对戎狄势力的打击保持着一种默契，几乎是同步的。

从西周末期开始，华夏族就面临戎狄的巨大威胁，西周政权就是被犬戎颠覆的。在华夏的攘夷战争中，秦与晋两国都做出了杰出的贡献，戎人的势力多被秦国消灭，而狄人的势力则多被晋国消灭。

在秦厉共公统治时期，最重大的历史事件并不是攘夷之战，而是晋国内战。在晋国内斗过程中，知瑶赢得绝对优势，他以武力迫使魏氏、韩氏臣服，赵氏却不肯低头。公元前455年，知瑶会同魏、韩二氏进攻赵氏，兵围晋阳。晋阳之战是战国时代最残酷的战事之一，堪比长平之战。经过三年的血战，知瑶已是胜券在握，谁知历史上最不可思议的事情发生了。魏氏与韩氏突然反水，联合赵氏，灭掉了知氏。尽管赵、魏、韩要到五十年后才正式独立，但三家分晋已经成为事实。

晋国的分裂，对秦国来说是一个绝佳的机会。可惜的是，秦国并没有抓住这个机会。在秦厉共公死后，秦国陷入四代之乱，导致国力大衰。

秦国的四代之乱，始于秦躁公，他是秦厉共公的儿子。

由于战国初期的史料极为匮乏，我们对秦国衰落的内情知之甚少，但有两个事实证明秦国遇到了大麻烦。其一是南郑的叛乱。南郑是秦厉共公于公元前451年修筑的新城，公元前441年发生叛乱，前后仅相隔十年。其二是义渠的入侵。秦厉共公于公元前444年伐义渠，俘义渠王；十四年后，义渠卷土重来，进攻秦国，兵锋直抵渭南。

秦躁公去世后，其弟秦怀公继位。四年后（前425），庶长鼌及一帮大臣发动政变，秦怀公自杀身亡。这起政变的内情，我们同样不清楚。秦国的内政一直很稳定，自从公元前698年秦出子被弑以来，秦国已有270年未发生弑君之政变，在政变频繁的东周时代，这简直是奇迹。然而，随着秦怀公之死，奇迹终结了。

除了内乱，秦国还面临外患。秦怀公孙子秦灵公继位后，秦国迎来历史上最严峻的一次考验：魏的入侵。此时魏名义上仍属于晋国，还没有完全独立，故而笔者只称其为“魏”，而不称“魏国”。关于秦魏战争的详情，放在下一章说，这里单说秦国的内政。

秦灵公在位十年后去世，令人大惑不解的是，下一任国君秦简公竟是灵公的叔叔。这在秦国历史上是绝无仅有的，国君去世后，权杖一般交给儿子或弟弟，也有孙子，都是辈分低的人。叔叔继承大统，这在秦国历史上是没有过的。因此，这件事背后，肯定充满权力场上的争斗，不是合法的权力转移。秦简公统治时期，秦国的河西之地被魏军完全占领，秦国在战略上陷入极为被动的局面。

在秦简公之后是秦惠公，他是简公之子。不过，有件事很奇怪，在此之前秦国已经有一个秦惠公，就是秦厉共公的祖父。我们读历史时，看到秦穆公、秦简公、秦惠公等称呼，都是死后的谥号，生前不是这样叫的。有些电视剧、小说在这方面总闹笑话，比如当着秦穆公的面称呼他为“穆公”，这岂不就荒唐了吗？谥号就是死后对其一生的评判，有点“盖棺论定”的味道。国君的谥号一般都不会重复，重复就会搞乱了。但是秦国有两个秦惠公，这是比较奇怪的。

公元前387年，秦惠公去世，其子秦出公继位。出公年幼，秦国大权落入其母（史称小主夫人）手中。小主夫人临朝，任用奸臣，“群贤不悦自匿，百姓郁怨非上”。诸大臣便有更立国君的想法，推翻小主夫人的统治。要立谁为国君呢？大家选中了一个人：秦灵公的儿子，侨居于魏国的公子连。

我在前面说过，秦灵公死后，继承君位的人不是他的儿子，而是他的叔叔。此事背后定有阴谋，作为秦灵公的儿子，公子连不但没有获得继承权，反而到魏国避难，极不合情理。不过，由于战国初期史料非常零散，对于这段扑朔迷离的秦国动荡史，很难复原其全貌。

从血统上看，公子连是秦灵公之子，根正苗红，具有当国君的资格。由于小主夫人不得人心，国内反对派暗中联络侨居于魏国的公子连。机不可失，公子连即刻动身返回秦国。当时驻守秦国边塞的庶长菌改也是反对派，打开城门，放公子连入塞。

公子连返回的消息传到都城，小主夫人大惊，急派军队前往拦截。为了掩人耳目，小主夫人谎称有外敌入寇边关。由于庶长菌改策反政府军将领，军队半途哗变，转而拥护公子连，并宣誓效忠。

形势不可思议地发生了逆转。公子连率领这支反正的军队进军雍城，大军势如破竹，攻下雍城，包围了小主夫人的宫殿，小主夫人自杀，年幼的秦出公也被杀死。政变的结果，公子连登上国君宝座，这便是一代明君秦献公。

从秦躁公到秦出公，历经四代人，前后五十七年，秦国陷入内政混乱、外患频频的局面，前后有两位君主死于非命。这是秦国历史上的一段衰落期，史称“四代乱政”。随着秦献公的上台，结束了四代乱政的局面，但秦国仍面临极为严峻的挑战，大片国土沦入魏国之手，生存空间被大大压缩。

战国时代的第一场大战

在秦国“四代乱政”的同时，邻国晋国正经历翻天覆地的大变局。

一部晋国史，就是一部权力倾轧之历史。晋国内部政治斗争之残酷性，实非他国所能相比。晋国的内斗，在公元前455年至公元前453年的晋阳之战达到高潮。当时晋之四卿，知氏最强，赵氏次之，魏氏与韩氏最弱。知瑶联合魏、韩二氏，发动对赵氏的战争，兵围晋阳三年，胜利在望。然而，魏、韩二氏明白，若赵氏覆灭，自己亦无法独存，遂临阵倒戈，联合赵氏，灭掉知氏。

与以往“六卿制”或“四卿制”不同，“三卿制”中的赵、韩、魏相互独立，各家管各家的事，互不插手或干涉，事实上已经是三个互不归属的政权。至于晋国的公室政权，实际上名存实亡，晋国君主完全沦为三卿控制下的傀儡。

公元前446年，魏斯成为魏氏掌门人。他上台后，礼贤下士，广纳英才，很快就使得魏氏在三家中脱颖而出，成为最强者。当晋国一分为三后，任何一家的领地仅相当于一个中等诸侯国，为了拓展生存空间，就必须向外扩张，占领更多的土地。于是，魏斯把目光投向西部的秦国。此时秦国正进入一个混乱时期，内忧外患，实力大衰。此时不伐秦，更待何时？

魏斯的铁拳开始出击了。公元前419年，魏军渡过黄河，在西岸修筑少梁城。少梁位于黄河西岸，在当时是有名的渡口，为黄河水路交通枢纽，是兵家必争之地。魏斯的意图十分明显，就是要在黄河西岸建立一个桥头堡，以便随时发动对秦国的进攻。

很快，秦国便嗅出战争的气味。秦灵公果断派出军队进攻少梁城，试图把魏军赶回黄河东岸。这一战的结果，史书上并没有记录。据史料记载，魏斯在公元前417年再度修筑少梁城，因此有两种可能性：其一，魏军挫败秦军，保住了少梁城，但城邑受损严重；其二，魏军吃了败仗退回河东，秦军捣毁少梁城，不久后魏军又渡河重新修筑。

为了抵抗魏军入侵，秦国修筑了两座城堡以为防备，一为籍姑城，一为繁庞城，用以威胁少梁城。秦的防御徒劳无功，公元前412年，魏斯派儿子魏击率领军队包围了繁庞，一举击破，把城里的秦人赶了出去。

对魏斯来说，打败秦国的关键，是要在黄河西岸站稳脚跟。为实现这个战略意图，公元前409年，魏斯在少梁城以南约八十公里处筑临晋城，在少梁西南约五十公里处筑元里城。这样，三个军事据点遥相呼应，全面夺取河西之地的时机已成熟。

河西之地，指的是黄河以西到洛水一带的土地，这是秦晋历来争夺的重点地区。公元前408年，魏斯亲自率领大军，渡过黄河，入侵秦国。在三座城池的策应下，把秦国势力完全驱逐，尽占河西之地，而后又筑洛阴、郃阳两城。吃了败仗的秦国人全面退守洛水，并沿着洛水修筑防御工程。

夺取河西后，魏斯并未继续深入，直捣秦都。在魏斯全力伐秦期间，齐国在东方大肆扩张，已经严重危及魏的安全。公元前413年，齐国攻魏，毁黄城，包围阳狐；公元前412年至公元前407年，齐国不断发动对鲁国与卫国的进攻，鲸吞蚕食。面对齐国日益嚣张的气焰，魏斯不得不改变战略，放弃对秦国的进攻，转而将矛头对准齐国。公元前406年，魏灭中山国（狄人所建之国），完成对齐国的战略包围；公元前404年，魏、赵、韩联合出兵进攻齐国，在廪丘之战大破齐军，杀、俘三万人。

伐齐之后次年，即公元前403年，魏、赵、韩正式被周天子册封为诸侯，魏斯便是战国时代第一位霸主魏文侯。

由于魏国战略东移，秦国侥幸逃过一劫。如果不是齐国在东部的牵制，秦国能否保住国家，实是可疑。即便如此，秦国仍然面临巨大的压力，因为其对手是旷世名将吴起。

为了巩固伐秦之战的成果，魏文侯起用吴起为西河郡守，镇守河西。吴起是中国历史上伟大的军事家，与孙子并称“孙吴”。吴起既是军事理论家，又是名将，一生经历大战无数，从未有败绩，堪称“百战百胜”。吴起走马上任后，率领军队西击秦国，一口气攻克五座城池。

作为一名将领，吴起身上有很多优点。他身先士卒，不搞特殊化，官兵同样待遇。士兵穿什么，他也穿什么；士兵吃什么，他也吃什么。宿营时，他不睡在床上，而是打地铺；行军时，他不骑马，而是与士兵一起徒步行走；曾有一个士兵患上毒疮，他亲自用嘴巴为其吸脓。在那个秩序等级森严的时代，吴起打破传统上下等级不可逾越的观念，官兵平等，故而士兵们乐为其效死，在战场上奋勇杀敌，其兵团之精锐无敌于天下。

公元前396年，执政五十年之久的魏文侯去世，其子魏武侯继位。

魏武侯上台后，便前往西河郡视察，与吴起探讨军事战略问题。吴起对秦军的实力有很深的认识，他向魏武侯分析秦军的优缺点：秦人性格倔强，国家地势险要，易守难攻。秦政严厉，赏罚分明，士卒在战斗中有死斗之心。秦军士兵各自为战的能力很强，缺点是没有阵法，部署松散。击破秦军的方法是利以诱之，设置伏兵，在其阵势混乱后果断出击。

同时，吴起向魏武侯建议，必须打造一支战斗力超强的特种部队，这就是后来驰名天下的魏国武卒。这支特种部队的选择极为严格，要通过考试的办法录取。考试时，应试者要身着甲衣，身背五十支箭，还要扛着一把戈，头上戴上盔帽，腰间要挂一把利剑，另外携带三天的干粮。在全副武装及超重负荷下，必须在半天内强行军一百里，倘若达不到要求，立即被淘汰出局。除了负重行军外，还必须有拉开十二石强弓的力气。只要能被选中为武卒，就可以免除其家的徭役，免收其田宅税，即便是他年老了，这个优惠政策依然有效。

凭借这支战斗力超一流的武卒部队，吴起接连对秦国发动几次大战，重创秦军。不过，令人遗憾的是，由于史料的残缺，这些战役都没有留下详细的资料，让我们无法复原秦魏战争的真实画面。

在《吴子》一书中，记录了这样一个战例。吴起以五万士兵，五百辆战车，三千匹战马，大破五十万秦军。不过，这个记载明显有夸大的成分。对比同期史料，十万人以上的战役尚属罕见，何况是五十万。据一些史学家的分析，《吴子》所载的这个战例，可能是发生于魏武侯七年（前389）的阴晋之战。

在吴起主持西河军政期间，魏国对秦国的战争取得了压倒性的优势。吴起雄心勃勃，制订灭秦的计划。然而，魏国内部的权力斗争，最终让吴起的计划泡汤。公元前387年，由于受到排挤与怀疑，吴起愤然离开魏国。吴起的离去，让秦国又一次死里逃生。

吴起离开西河后两年，即公元前385年，秦国爆发政变，秦出公被杀，秦献公继位。困扰秦国达五十年之久的“四代乱政”终于结束，秦国迎来了新生。

废除殉葬制的秦献公

从某种意义上说，秦献公是个幸运的君主。当他以政变的方式登上秦国权力巅峰时，最可怕的对手吴起已飘然离开西河，秦国面临的军事压力骤减，这给了秦献公改革内政的良机。他上台后做的第一件事，就是废除延续了三百年之久的殉葬制度。

秦献公早年流亡魏国，在魏国接触到中原先进的文化。在魏文侯统治期间，儒学思想得到广泛的传播。魏文侯一生武功赫赫，西取秦河西之地，北灭中山，东抑强齐，死后得到的谥号却是“文”，这证明他在文治上的成就甚至超过武功。魏文侯文治成就体现在两个方面：其一，他极为推崇儒学思想，尊孔子高徒子夏为师。在魏文侯的倡导下，儒学思想在魏国生根发芽。其二，他让著名法学家李悝主持变法，成为战国时代第一个变法改革的国家。这两点，对秦献公产生了很大的影响。

秦献公从魏国返回秦国后，立即着手废除殉葬制度。这无疑是受到儒家思想的影响，儒家不仅反对活人殉葬制度，甚至反对以陶制人俑陪葬，孔子曾说：“始作俑者，其无后乎。”秦国的殉葬制度，始于公元前678年，当时秦武公死后陪葬人数达六十六人。秦穆公去世后，陪葬者更是达到一百七十七人的惊人数量。殉葬是一种极为丑陋、落后的制度，王公贵族不仅生前享受荣华富贵，死后还幻想到阴曹地府里有奴仆服侍。

殉葬制度的存在，严重阻碍了秦国文化的发展。在春秋战国时代，人才流动十分频繁，但是东方诸国罕有人才流向秦国，谁也不愿意为秦国奉献才华与智慧后，最终沦为国君的陪葬品。尽管秦国一直维系着军事大国的地位，但军事巨人与文化矮子成为强烈的反差，这导致秦国在很长一段时间里，在中国政治舞台上并没有多少存在感。

废除殉葬制度，无疑是秦国历史的一大进步，是具有划时代意义的制度革命。落后而野蛮的秦国，开始露出一丝文明的曙光，同时也为吸引国外人才铺平了道路。

秦献公做的第二件大事是迁都。

公元前383年，秦献公把首都从雍城迁到栎阳。迁都的目的，是为了与东方的魏国斗争，收复沦陷的河西之地。雍城距离前线较远，不利于秦献公总揽全局，不能及时收到前线的战报，而栎阳的地理位置更靠近前线，更利于指挥作战，也更能鼓舞士兵的斗志。据史料载，栎阳“东通三晋，亦多大贾”，既是交通要冲，又有一定的商业基础，建都的条件是比较好的。

除了废除殉葬与迁都外，秦献公在许多方面都进行了改革。献公六年（前379），设立蒲、蓝田等县，完善了秦国的行政区划。献公七年（前378），秦国开始一项经济改革，称为“初行为市”，这是对工商业进行规范管理，增加国家的收入来源。献公十年（前375），秦国改革户籍制度，把五家划为一伍，实施集体化管理。

秦献公能够从容不迫地改革内政，是因为外部环境日益变得对秦国有利。

在晋国分裂后，魏、赵、韩三国（统称三晋）起初尚能齐心协力，一致对外。魏文侯去世后，三晋之间的矛盾开始激化。秦献公上台前一年，即公元前386年，魏国出兵干涉赵国内政，两国关系开始恶化，连年战争不断。吴起出走与魏赵战争，令秦国有了喘息之机，秦献公利用这个难得的机会，大力改革，取得了丰硕的成果。

经过十年改革，秦献公开始对三晋展开试探性的反击。当时秦国对魏国精锐的武卒颇为忌惮，故而秦献公把打击目标对准韩国，韩国是三晋中实力较弱的国家。公元前374年，秦献公以胡苏为大将，率军进攻韩国。韩军在统帅韩襄的指挥下，在酸水与秦军展开决战，秦军大败。三年后，秦军转而进攻赵国，在高安一战中，秦军又遭大败。

这两战的失利，让秦献公非常沮丧。如果秦国连韩国、赵国都打不赢，又如何能打败更强大的魏国呢？如何收复河西呢？看来，经历长达半个多世纪的“四代乱政”，秦国的军事力量确实跌到了低谷，要重振雄风，须假以时日。

幸运女神似乎十分关照秦国。秦国的出击并未遭到韩、赵两国的报复，因为三晋战争的烈火越烧越旺，谁也没空理会秦国。

公元前370年，魏武侯去世，为了争夺最高权力，公子魏罃与魏缓之间爆发内战。在内战中，魏罃赢得主动权，取得压倒性的优势。眼看胜利在望，韩、赵两国突然出兵干涉，魏国内战演变为三晋全面战争。韩赵联军在浊泽之战大败魏罃，魏罃差点丢了性命。幸好由于韩、赵两国存在矛盾，魏罃绝处逢生，并奇迹般地逆转战局。凭借魏文侯、魏武侯留下的雄厚资本，魏罃反败为胜，消灭政敌魏缓，并打退韩赵联军，武力统一魏国，登上君主宝座，是为著名的魏惠王（此时尚未称王）。

尽管魏惠王艰难地赢得了战争的胜利，但经过数年的血战，魏、赵、韩的任何一方都元气大伤。

三晋战争几乎给了秦国二十年的发展时间，秦献公利用此难得的机遇，卧薪尝胆，锐意改革，走出了四代乱政的阴影，秦国的实力得以恢复，并有了突飞猛进的发展。与此同时，魏国却因为旷日持久的战争而大耗实力，秦魏之间的实力对比，已经发生微妙的变化。

秦国开始易守为攻。公元前364年，秦献公以章峤为统帅，统率大军进攻魏国，双方决战于石门。此役秦国取得了极为惊人的战绩，章峤大破魏师，斩首六万。秦国再次向世界证明，自己依然是军事大国，有能力与任何一个国家抗衡。从现有的史料看，石门之战是战国初期歼敌数量最多的一场会战。

战后，早已落魄的周天子居然站出来庆贺秦军大获全胜，并给秦献公一个“方伯”的头衔。所谓方伯，就是一方之伯，即一方诸侯之长。这件事就有点奇怪了，战国时代的周天子形同虚设，他为什么要偏向秦国，而对魏国的失败幸灾乐祸呢？有两方面原因：其一，秦国在历史上曾经多次勤王，表现积极；其二，晋国分裂后，周王室的地盘不断遭到三晋的蚕食。

石门之战固然是秦国取得的一次重大胜利，但是单凭一次战役，不足以说明秦国的军事力量已经超越魏国。我们评价某个战役，需要把双方的损失放在一起比较，才能如实反映真实的战场情形。秦军歼灭六万魏军，自身损失是多少呢？是一万、三万，还是五万？史料没有记录。如果杀敌六万，自损一万，那就很划得来；如果杀敌六万，自损五万，也就算勉强胜利了。

不管怎么说，石门之战扭转了秦国长期以来被动挨打的局面，让秦献公信心倍增。他开始积极谋划收复河西，一雪前耻。

石门之战次年（前363），秦献公把目标对准少梁城。当初魏文侯发动伐秦之战，就是从修筑少梁城开始的。因此，夺取少梁城对于秦国具有重大意义。然而，秦军并未得逞，面对秦军的进攻，一向与魏国为敌的赵国居然出手相助，赵成侯派军队渡过黄河，协助魏军挫败了秦国夺取少梁城的阴谋。

秦献公锲而不舍，于次年（前362）再度进攻少梁城，秦军大破魏军，俘虏其统帅公叔痤，收复繁庞城。这座城池是当年魏文侯从秦国人手中夺取的，现在又回到秦国人手中。秦国在与魏国的河西争夺战中，已经开始占据上风。

魏惠王明显感觉到秦国的威胁，为了保住河西，他做出了一个重大决定：修筑长城。

进入战国时代后，由于战争规模的急剧扩大，春秋时期以城堡为主的点式防御战术已经无法适应新时代的战争需要，以长城为依托的线形防守战术逐渐兴起。战国七雄先后投入巨大人力物力以构筑长城防线，这种新型防御模式渐成主流。从战术角度上说，修筑长城的确起到了很好的防御效果，在之后数十年里，秦军也很难突破坚固的长城防线。然而，修筑长城是消极防御手段而非积极进攻手段，故而在战略上魏国已经从进攻退缩为防御，暴露出底气上的不足。

同时，为了避开秦国的骚扰，魏惠王决定把首都从安邑（今山西夏县西北）东迁大梁（今河南开封）。魏国的迁都与秦国的迁都刚好相反，秦国首都东迁是为了接近前线，魏国迁都则是为了远离前线。随着首都的东迁，魏国的军事重心逐渐由西部转移到东部，使原本处于守势中的西线更加脆弱，难以抵御秦国的进攻。事实上魏惠王迁都后不到十年，旧都安邑城就被秦军攻陷了。

河西筑长城及首都东迁，从长远来看，是相当致命的决策。此后，魏国的西部便陷入长期被动挨打的局面。而秦国的扩张，就是从对魏国西疆的鲸吞蚕食开始的。

公元前362年，秦献公去世，他在位时间共计二十三年。

我们往往把推行商鞅变法的秦孝公时代视为秦国崛起的开端，客观地说，秦国的崛起是从秦献公开始的。在商鞅变法之前，秦献公已经做了许多重要的改革，其中以废除殉葬制最为重要。在秦献公时代，秦国的军事力量得到了长足的发展。到他统治后期，秦国已经从战略防御转向局部反攻。可以说，秦献公是秦国得以复兴的关键人物，正是有他打下的坚实基础，才有后来商鞅变法的辉煌。

第三编

腾飞

王道还是霸道？

秦献公去世后，秦孝公继位，当时他年仅二十岁。尽管父亲给他留下了一笔颇为丰厚的政治遗产，但他却一点也开心不起来。在这位年轻君主看来，秦国的改革远远不够，面临的问题太多。最使他难堪的是，秦国在国际舞台上毫无存在感，不被重视，地位低下。他渴望能像先祖秦穆公那样，做出一番轰轰烈烈的事业，重振秦国的声威。

前文一再提到，自秦穆公后，秦国在国际政治上几乎毫无发言权。春秋以来，诸侯会盟成为主导国际政治的一种主要模式。长期以来，诸侯会盟由两个国家主导，其一是晋国，其二是楚国。晋国与楚国都是秦的邻国，但是他们主持的诸侯会盟，都把秦国排斥在外。史书上是这样说的："秦僻处雍州，不与中国诸侯之会盟，夷狄视之。"也就是说，华夏诸国根本不把秦国当作同类，而视之为夷狄。秦国人一肚子的委屈，要知道中原诸侯之所以能高枕无忧，很大程度上要感谢秦国。秦国不仅不是夷狄，而且是攘夷先锋，如果不是秦国以一往无前的精神打败西戎，中原或许早被戎狄蹂躏得惨不忍睹了。尽管秦国文明落后于其他诸侯国，但其捍卫华夏文明的功绩却是不可抹杀的。

尽管秦献公在统治后期取得石门之战的胜利并展开局部反攻，然而比起魏、赵、韩、楚、齐、燕等六个大国，秦国仍然谈不上有什么优势。更重要的是，沦陷的河西还牢牢控制在魏国手中，在收复失地之前，有什么资格说强大呢？虽然魏、韩、赵三国矛盾很深，在对秦的态度上，却是出奇的一致，甚至可以摒弃前嫌，共同对付秦国。因此，在秦孝公看来，秦国的危机还没有过去。

为了进一步提升秦国的实力，秦孝公做了以下几件事：布恩惠、振孤寡、招战士、明功赏。前二者是收拾民心，后二者是强化军队的战斗力。除此之外，秦孝公想不到别的办法。让秦孝公失落的是，秦国一帮旧官僚多是尸位素餐，身居高位却对国家贡献甚微，思想守旧，毫无建树，占着茅坑不拉屎。

要改变秦国，依靠这些老官僚是不行的，必须另辟蹊径。此前秦献公废除殉葬制，为东方人才的引入铺平了道路。秦孝公做出了一个惊人的决定，贴出《求贤令》，以裂土为赏，以求天下贤才。

《求贤令》全文如下：

昔我穆公自岐雍之间，修德行武，东平晋乱，以河为界，西霸戎翟，广地千里，天子致伯，诸侯毕贺，为后世开业，甚光美。会往者厉、躁、简公、出子之不宁，国家内忧，未遑外事，三晋攻夺我先君河西地，诸侯卑秦，丑莫大焉。献公即位，镇抚边境，徙治栎阳，且欲东伐，复穆公之故地，修穆公之政令。寡人思念先君之意，常痛于心。宾客群臣有能出奇计强秦者，吾且尊官，与之分土。

用现在的话说，这就是一则招聘广告。秦孝公先是简单回顾秦国的历史，对秦穆公的丰功伟绩充满向往："修德行武，东平晋乱，以河为界，西霸戎翟，广地千里，天子致伯，诸侯毕贺"。这是何等令人心驰神往的辉煌事业啊。然后笔锋一转，写到四代乱政，导致河西沦陷、诸侯卑秦，这又是何等令人痛心。最有吸引力的是最后一句："宾客群臣有能出奇计强秦者，吾且尊官，与之分土。"这个大奖太诱惑人了。

重赏之下，必有勇夫。很快，四面八方的人才涌向秦国。在入秦的人流中，有一个风尘仆仆的年轻人，怀里揣着一卷李悝的《法经》，他就是名垂青史的商鞅。

商鞅，又称为卫鞅或公孙鞅，是卫国国君的后裔，后来在秦国被封为商君，故而历史上习惯称他为商鞅。早年的商鞅博览群书，尤好刑名之学，特别景仰魏国著名改革家李悝。李悝在魏文侯时候主持变法，是战国时代变法的先驱。李悝的思想对商鞅产生了重大影响，他的变法内容主要有三个方面：其一，废除“世卿世禄”的制度；其二，实行“尽地力”“平籴法”的经济政策；其三，制定一套严密的法律。这些变法思想，后来被商鞅全盘接受。

由于卫国是个小国，政局动荡不安，商鞅无法在本国实现宏伟抱负，遂前往魏国，希冀能大展拳脚。然而，此时的魏国正陷入三晋战争的泥潭，还要面对秦国的骚扰，战争机器无时无刻不在高速运转，魏惠王根本没空考虑深化政治经济改革。商鞅的才学没有用武之地，只是在相府谋了个差事。

魏国宰相公叔痤非常赏识商鞅的学识，认为他有经天纬地之才。可惜的是，公叔痤还没来得及提拔重用商鞅便去世了。临死前，公叔痤向前来探病的魏惠王推荐商鞅，希望国君能委以重任，把国家交由他治理。这番话，在魏惠王听来，只是宰相因病重神志不清的胡言乱语罢了。商鞅是谁？魏惠王根本就没听过这个人！公叔痤又说，若不用商鞅，就把他杀了，他若去了别国，定是魏国的大患。对此，魏惠王一笑置之。

魏惠王把公叔痤的话当作疯言疯语，既不想重用商鞅，也没想杀之。对于一个微不足道的小人物，何必大动干戈呢？

公叔痤一死，商鞅被闲置了。英雄无用武之地，商鞅一腔愁绪。就在这时，传来秦孝公贴出《求贤令》广求天下英才的消息。看到“尊官”“分土”的字眼时，商鞅怦然心动，决心离开魏国，只身入秦。

到了秦国后，商鞅三见秦孝公。

起初商鞅是比较谨慎的，他还并不了解秦孝公内心的真实想法与变革的决心。初见秦孝公，商鞅本着“政治正确”的原则，大谈特谈“三皇五帝”的帝道。三皇五帝是远古时代的圣人，三皇一般是指燧人氏、伏羲氏、神农氏，五帝是指黄帝、颛顼、高辛、唐尧、虞舜五位帝王。这些都是华夏文明所崇拜的上古帝王，一向被认为是上古明君的典范。然而，秦孝公听得无精打采，好几次差点睡着了。

商鞅摸清秦孝公的底牌后，第二次见面时不说“帝道”，转而大谈王道。所谓王道，就是夏王禹、商王汤、周文王、周武王等贤王政治理论。禹、汤、文、武是夏王朝、商王朝、周王朝的奠基者或开创者，都强调“仁义无敌”，他们的政治思想，一直成为后世推崇的范本。但是，秦孝公听后，仍然打不起兴致。这些贤君生活的年代，距离现在几百上千年，代入感不强，不接地气。

我们从秦孝公的《求贤令》看得出，这位年轻的秦国君主其实并没有一统天下的雄心，也不现实。他的雄心壮志，仅仅是“复穆公之故地，修穆公之政令”，让秦国强大起来，摆脱“诸侯卑秦”的尴尬处境。商鞅前两次见秦孝公，说的都是治理天下的道理，秦孝公的眼光并没那么广阔，他只在意秦国，并不在意天下。这就好比你对一个部门经理滔滔不绝讲怎么当好董事长，他自然提不起兴趣。

接下来的第三次见面，商鞅胸有成竹，既不谈帝道，也不说王道，只说霸道。霸道就是春秋五霸的事业，就是搞地区霸权。霸道与帝道、王道的不同之处，在于基础不扎实，崇尚武力，比的是谁的拳头硬，为了霸权甚至可以践踏道德。商鞅向秦孝公指出，要让国家迅速强大起来，方法是有的，但是在道德建设上，就没法与商周相比了。对此，秦孝公一点也不在意，对他来说，人生太短，倘若不能在有生之年建立功业，就死不瞑目了。这次会面，商鞅所谈的霸道大合秦孝公的胃口，他听得津津有味，非常认同商鞅的见解。

如何实现强国之梦呢？

商鞅给出的答案是：变法！

他认为，秦国一直以来所沿用的制度法令，很多都不适宜当下了。要改变国家，首先要变法。

李悝在魏国实行的改革，给商鞅提供了变法的蓝本。对于李悝的《法经》一书，商鞅早就烂熟于胸，他吸收李悝思想的精华，加以拓展，形成了自己独到的一套理论。商鞅把这套理论灌输给秦孝公，孝公听得入迷。变法不是对旧有制度的修修补补，而是推倒重来，摧毁传统。要知道华夏文明的一个鲜明特点是祖先崇拜，厚古而薄今，把上古圣人及尧舜禹汤文武塑造成为完美无瑕的圣人，热情讴歌古代的政治。现在商鞅要摧毁传统，推倒重来，岂非要与天下为敌？

秦孝公虽是有为君主，也不免被商鞅过于大胆的想法吓住了。秦国的政治向来以保守而著称，推倒旧的制度，就意味着遭到国内反对势力的顽强阻击，甚至可能酿成政变。在此之前，李悝在魏国实施过变法，吴起在楚国也推行过变法，前者成功了，而后者失败了。李悝之所以能成功，是因为魏国乃新兴国家，背负的传统包袱少；而吴起之所以失败，就是楚国作为历史悠久的诸侯国，守旧势力太强大了。在楚悼王死后，顽固派就发动政变，杀害了吴起，变法最终也被废黜。

秦国之守旧，恐怕比起楚国更甚。变法会不会因为巨大的阻力而夭折呢？自己会不会成为众矢之的呢？史书这样写道："孝公既用卫鞅，鞅欲变法，恐天下议己。"秦孝公担心遭天下人的非议，不支持自己甚至反对。当一个人要单枪匹马与一国人为敌时，压力可想而知。

商鞅看出秦孝公的矛盾心理，便说："疑行无名，疑事无功。"就是说，优柔寡断者不会成名，迟疑不定者难以成功。他极力说服秦孝公：真正高人的做法，必定会遭到俗人的非议；有独立见解的智者，必定遭到众人的厌恶。聪明的人在事情发生之前便能看到结果，愚蠢的人即便事情发生了也懵然不知。要做成一件事，不可与民众商量如何开始做，只需要在事成之后，让他们享用现成的果实即可。高尚的人总是不合于习俗，成功人士总是不屑与别人商量。因此，只要可以强国，不必效法旧的规章制度；只要有利于民众，不必遵循旧的礼制。

这一番话，让秦孝公醍醐灌顶，终于下定决心，推行变法。

反对的浪潮如期而至。变法之议一出，守旧派哗然，于是一场轰轰烈烈的大辩论开始了。正方辩手商鞅，反方辩手是甘龙与杜挚，两人都是老官僚。

甘龙首先发难，他扛出"圣人"来压商鞅，认为自古以来，圣人教化人民不改变习俗，智者治理国家不变更法令。顺着民俗来教化，不费力却易成功；沿袭旧法来治国，官吏习惯，百姓安心。

商鞅敏锐地抓住了甘龙逻辑上的漏洞，如果圣人的教化千古不变，那么如何解释夏、商、周三代的制度都有所不同呢？夏有夏礼，商有商礼，周有周礼，这难道不是有一个更新改变的过程吗？春秋五霸的法度也各不相同，并没有一个固定不变的准绳。商鞅批评甘龙的看法只不过是俗人的见解罢了，被习惯所左右，拘泥于见闻，不能突破常规。最后他总结说：智者创建法令制度，愚者只是受其制约；贤者更改礼制，平庸者受其束缚。

这段辩驳非常有力度，逻辑性很强，很轻松就把甘龙驳得哑口无言。

反方第二辩手杜挚出场，他的主张是：没有百倍的利益，就不要变更法度；没有十倍的功效，就不要变更工具。效法古制，可以不出差错；遵循旧礼，可以避免偏差。

看得出，杜挚的发言很空洞，没有干货，纯属喊口号。商鞅反驳说：治理国家绝不仅有一种方法，也不在于效法古制。商汤、周武王不受古法的拘束，创立新的制度而成就王者之业；夏桀、商纣不变更古制，最终走向亡国。因此，不能因为反对古制就认为是错的，也不能因为循规蹈矩就认为是对的。

商鞅的反驳是非常精彩的。那些口口声声要维护古制的人，却不明白没有一成不变的古制，制度总在变化。且不说远的，就说秦献公废除殉葬制，又何尝不是一种变革呢？维护旧势力的保守分子，要么思想简单，因习惯而产生惰性，不愿意改变现状；要么是担心变法会损及自己的利益。

这次朝堂之上的大辩论是一次思想上的大交锋。商鞅不仅驳倒了反对派，也让秦孝公对变法有了更深层次的理解。秦孝公的初衷，只是为了“复穆公之故地，修穆公之政令”而已，商鞅将变法的目标提升到一个更高的高度，他对制度的变革不仅完全改变了秦国的面貌，对之后两千年的中国政治亦有深远的影响。

富国强兵的大变法

朝堂辩论后，秦孝公提拔商鞅为左庶长，主持变法事宜。

如何为新法造势呢？如何让民众相信政府实行变法的坚定决心呢？政府必须

做到言必信，行必果，树立权威形象。为此，商鞅想出一个办法。

他在都城的南门立了一根约有三丈长的大木头，当众宣布：谁能把这根木头从南门扛到北门，赏十金。也许是赏金实在太丰厚的原因，围观的群众都认为这是个骗局，扛根木头能赏十金，骗小孩啊？大家不相信天上会无缘无故掉下馅饼，所以只是旁观，无人尝试。对人性有深刻理解的商鞅知道，平庸的人都有一种从众心理，没有主见，于是抬高价码："把木头扛到北门者，赏五十金。"

总算有个人站出来了，管他是不是骗局，不就是扛根木头吗？就算领不到赏金，也就是耗费些体力罢了，并没多大损失。于是他将木头扛在肩上，穿越都城大街，扛到北门。大家都想知道他会不会得到赏金，蜂拥跟随，一时间观者甚众，商鞅要的就是这种广告效果。商鞅没有食言，当即发放五十金赏钱。幸运的得奖者眉开眼笑，其他人则露出懊恼的神情。

整个都城轰动了，街头巷尾都在议论这件事。商鞅以区区五十金，就为新政府打造了一个信用形象，这笔钱花得值。

这就是著名的"徙木立信"的故事。毛泽东在年轻时写过一篇《商鞅徙木立信论》，感慨说："乃必徙木以立信者，吾于是知执政者之具费苦心也。"的确，为了推行新法，商鞅是煞费苦心。

树立了政府说一不二的权威形象后，商鞅制定的各项法令陆续颁布实施。

在商鞅变法之前，魏国有李悝变法，楚国有吴起变法。战国时代诸国纷纷变法，是与当时政治形势分不开的，经历春秋三百年诸侯兼并战争后，形成七大强国对峙的局面，分别是秦、魏、赵、韩、燕、齐、楚。与春秋时代相比，战国的战争规模急剧扩大，对各国政府来说，军队的扩大意味着需要更多的后勤补给，传统的军事制度与经济制度已经无法满足新形势的需求，变法势在必行。而变法的重中之重，可以归为四个字：富国强兵。

商鞅变法，无论在深度与广度上，都要远远超越李悝变法与吴起变法。要富国强兵，首先要提升政府的效率与治理水平。商鞅认为，要把权力的触角伸向全国的每个角落，每个人都要成为国家的工具，不能置身事外。为此，他推出了"什伍连坐"法。

新法是这样规定的：每十家为一什，每五家为一伍。一家犯法，四家连坐。因此，五家要互相监督，发现奸人及时向官府告发，告奸者得到的奖赏与战场杀敌相同；如果隐瞒不告发，将受到与奸人同等罪行的处罚；私自窝藏罪犯的惩罚与战场投降相同。很明显，这是一条很残酷无情的法令，连坐制意味着每个人都生活在一种恐惧之中，你永远也不知道什么时候会莫名其妙地因别人犯法而受牵连。同时，这条法令严重地破坏了人与人之间的信任与感情，与华夏文明的仁义传统是背道而驰的。

什伍连坐制是秦国政府控制民众的重要手段，越到后来发展越加严密。秦国的户籍制度是比较完善的，在籍者都无法逃脱政府的监控。即便出门远行住宿客舍，也须出具凭证，若无凭证，客舍经营者不得收留，否则也要同罪连坐。后来商鞅失势，在逃亡途中，就因为提供不了凭证而无法住宿。

在商鞅看来，政府之所以能统治民众，说穿了无非拥有两把权力的利器：一是赏，一是罚。赏是要激起民众的热情，所谓“重赏之下，必有勇夫”；罚是要用恐怖手段来控制民众，让民众有畏惧感。只有把赏与罚结合起来，双管齐下，才能驱使民众奔赴既定的目标。

商鞅是个知识分子，他曾向秦孝公大谈特谈“帝道”与“王道”，可见他对传统“以德治国”的政治理念并不是排斥的。他也承认，通过疾风骤雨般的变法，可以使一个国家迅速富强，在德行上却是不能与商、周相比的。但他还是选择以牺牲传统道德价值为代价，推行专制色彩浓厚的国家主义，这是为什么呢?

我认为，商鞅是个目的论者。我们常讲目的与手段，富国强兵是目的，这个目的是好的，要实现这个目的所采取的手段，就未必是好的。作为一个目的论者，实现既定的目标才是重要的，手段只是为目的服务。秦国要在激烈的国际竞争中胜出，不以非常规的手段，是不能达到目的的。这是一个乱世，哪个国家可以最大限度地调动一切可资利用的力量，这个国家就可能胜出。如果国家都被灭了，道德又有什么用呢?

什伍连坐制，使得全体国民只能无条件地充当国家机器的一个零件，而这个国家机器则开动全部马力，向富国强兵的方向冲刺。

富国是强兵的基础，打仗不仅仅依靠将军与士兵，更依赖于一个国家的经济实力。商鞅把农业的重要性提升到国家战略的高度，他实施变法的第一个政令是“垦草令”，就是开垦荒地。长期以来，秦人尚武，注重军功，对农耕的重视是不足的。在秦国有大片的荒地没有开垦，要增加财政收入，为战略提供坚强的后备，就必须大力拓荒以发展农业。

商鞅认为农业是本，商业是末，他对商业采取压制手段，让商人无利可图，迫使他们去务农。至于那些懒散的人，商鞅只有一种简单粗暴的方法：把他们充为奴婢。除了农耕之外，纺织也是新法所提倡的产业，凡是生产粟、帛多的人，可以免除徭役，这也是鼓励耕织的措施。

后来秦国能够频频组织大兵团进行远距离的征战，就是得益于后勤物资上的充足供应，这一点不得不说是商鞅的远见。

商鞅变法最着力之处，在于军事变革。

首先，商鞅确定了二十等军功爵。二十等爵由低到高分别是：一公士，二上造，三簪袅，四不更，五大夫，六官大夫，七公大夫，八公乘，九五大夫，十左庶长，十一右庶长，十二左更，十三中更，十四右更，十五少上造，十六大上造，十七驷车庶长，十八大庶长，十九关内侯，二十彻侯。

军功爵制是一种奖励军功的机制，它有什么用呢？

军功爵不仅仅是一种头衔，还有实实在在的经济利益。凡是在作战中斩敌一首级者，赐爵一级，同时可以得到田地一顷，宅地九亩。军功爵累进到第七级，可以享受与县令相同的待遇，至第九级可以享受三百家的税收。万一犯了事，还可以用军功爵抵罪，关键时刻这就是一张保命符。

商鞅在引导一种新的价值观念：建立军功者是最光荣的人，没有军功的人，就算富有也不光彩。军功爵制的意义在于给底层的人打开一扇跻身高位的窄门，只要你奋勇杀敌，就可以改变人生，就可以名利双收。如果说以前打仗只是士兵对国家的一种义务，那么现在战争就是升官发财的机会，是为自己的前程而奋斗。因此，军功爵制的出台，对秦国的军事制度了产生极为深刻的影响，直接把秦国带入一条疯狂扩张的不归之路。

为什么这么说呢？军功爵制度背后需要经济的支持，战场上的每颗首级都可以转换为经济利益，不断赏赐的土地从哪里来？再多的土地，总有一天也会分光。因此，秦国要维系这种制度，只能不断扩张，不断吞并新的土地。当然，它也留下一个巨大的隐患，当这种扩张一旦停滞，当士兵无仗可打时，国家就失去了动力。因此，秦国在一统天下后，仅仅十余年帝国的大厦就崩溃，不能不说有这方面的原因。

秦人有尚武传统，这种传统有一个负面影响，就是民间私斗很厉害。私斗不仅内耗严重，还破坏社会的安定团结，必须严厉加以制止。故而商鞅新法对于私斗者“各以轻重被刑大小”，把好勇斗狠的风气引导到对敌人的战场厮杀上，这一法令的结果，令秦人“勇于公战，怯于私斗”。

商鞅变法可分为两期，第一期变法实行后，取得了很大的成绩。第一期变法，主要是变更法令，强化赏罚手段，重点发展农业，改革军事制度，等等。公元前350年，商鞅开始第二期变法，主要是完善、强化国家的行政功能。

其一，商鞅认为栎阳并不是一个理想的国都，应该另迁新都。栎阳在秦献公二年成为秦之国都，这个都城距离河西前线较近，秦献公迁都于此，是表明收复河西的决心。然而，栎阳并不是一个十分理想的都城，它更像是一个临时军事指挥中心，难以担当行政中心的职能。商鞅认真选择新都的地址，最后选中咸阳。咸阳的地理条件十分优越，四周有山河之险，易守难攻，且扼东西、南北交通要冲，在此建都，中央政府对国内四境之地都有很强的掌控力。

其二，商鞅完善秦国的行政区。他把秦国的小乡小邑、村落整合为县，全国总共有四十一个县。每个县都设置县令、县丞、县尉，分别掌管县的民政、军事，均由国君直接任命。这一变革，为后来秦国的郡县制打下了坚实的基础。

其三，废井田，开阡陌，“以尽人力垦辟，弃地悉为田畴”。这实际上是废除耕地的国有制，提高农民开荒耕种的积极性。针对秦国地广人稀的特点，商鞅还大力引进三晋的劳动力，分给他们田地与住宅，允许三代人不用服兵役。同时，又颁布政策，鼓励开荒，只要是力所能及，不限土地数量，任由百姓耕种。这一政策实施数年后，秦国一举成为最富裕的国家之一。

其四，统一度量衡制度。公元前344年，秦国颁布法令，统一度量衡的标准，即统一长度测量、体积测量、轻重测量的标准。在春秋战国时代，度量衡的标准比较混乱，在生活生产中使用起来就不便利。为了解决这个问题，秦国制造标准的度量衡器，发放到全国。在纪录片《国家宝藏》中有一件国宝叫“商鞅方升”，就是当时保留至今的一件国宝级量具。

此外，由于秦国僻居西北，受戎狄风俗影响至深，以致被华夏诸国视为夷狄。商鞅的新法也革除一些戎狄陋习，比如禁父子兄弟同室而居。这是向东方宣告，秦乃是华夏之一族，要向中原文明看齐。

商鞅变法是中国历史上最成功的变法，也是影响最大、最深远的一次变法。对于商鞅变法，历史上众说纷纭，有是之者，有非之者。非之者的主要观点是“刻薄少恩”“违礼义”“弃伦理”“贵尚谲诈”“败俗伤化”等，主要都是站在礼义道德的角度攻击之。但更多的评价是正面的，因为商鞅的事功就摆在那里，变法确实让秦国迅速强大，而且他改革的勇气与气魄是让人钦佩的。在这些评价中，秦国名相蔡泽很有代表性：“夫商君为秦孝公明法令，禁奸本，尊爵必赏，有罪必罚，平权衡，正度量，调轻重，决裂阡陌，以静生民之业而一其俗，劝民耕农利土，一室无二事，力田稸积，习战阵之事，是以兵动而地广，兵休而国富，故秦无敌于天下，立威诸侯，成秦国之业。”

迈向超级强国之路

商鞅变法能得以顺利推行，内因是秦孝公的全力支持，外因则是有利的外部环境。秦国的头号敌人是魏国，随着魏惠王迁都大梁，魏国的军事重心从西方转向中原，对秦国的战略从相持转向防御，这就给了秦国实施变法一个相对安定的环境。

魏国的中原战略取得一定的成功，在商鞅“徙木立信”的这一年（前356），韩、鲁、宋、卫等中原诸侯迫于魏国的军事力量，都臣服于魏惠王。为了迫使赵国臣服，魏惠王于公元前354年大举进攻赵国，以十万之众包围邯郸城。

魏国最精锐的兵力集中于赵国战场，无疑给了秦国一个绝佳的机会。秦军乘机进攻魏国控制下的河西，大败魏师于元里，斩首七千，并一鼓作气攻下河西重镇少梁城。少梁城是黄河西岸的重要渡口，这意味着秦军随时可以渡河攻击魏国的河东。之后，秦孝公又派公孙壮率领一支军队攻打韩国，夺取上枳、安陵等地，把楔子深深打入韩国与魏国的交界处。

少梁城的丢失，没有改变魏惠王的战略决心。他的意图十分清晰，排除万难先迫使赵国投降，只要赵国臣服，魏国就可以联合三晋的力量，与秦国决一死战。应该说，魏惠王的战略出发点是没错的，但这场战争的复杂程度远远超过他的预料。

在魏国兵围邯郸期间，齐国突然出兵，围魏救赵。齐国名将孙膑在桂陵之战中大破八万精锐魏军，生擒魏将庞涓。与此同时，南方的楚国也打着“救赵”的旗帜，出兵攻取魏国睢水一带的土地。魏惠王在腹背受敌之际，方寸不乱，坚持不从赵国撤兵，召集韩国军队参战，打退援赵的齐军，仍然牢牢地把握着战争的主动权。

螳螂捕蝉，黄雀在后。中原大战正酣之际，秦国当然不会浪费如此好的机会。公元前352年，商鞅被提拔为大良造，这是秦国最高官职，相当于相国兼将军。尽管河西仍被魏国占领，但秦军已经夺取少梁城，可以随时发动对河东的进攻。商鞅率领秦军渡过黄河，向东挺进，直逼魏国旧都安邑城。此时魏惠王既要攻赵，又要对付齐、楚的进攻，四面受敌，纵然有三头六臂，亦分身乏术矣。

显然，魏惠王没有意识到，秦军经历改革后有了脱胎换骨的变化。在军功爵的刺激下，秦军个个摩拳擦掌，只要砍下一个敌人的脑袋，就意味着获得一笔财富，晋升一级军爵，谁不奋勇呢？秦军如饿狼般扑向安邑城，这座魏国旧都最终沦陷。想当年，商鞅离开安邑城前往秦国时，还只是一个名不见经传的小人物，如今已是秦之权臣，他以征服者的姿态进入安邑，想必得意之情溢于言表。

攻陷安邑后，商鞅再接再厉，兵围固阳，固阳守军举旗投降。

不过，魏惠王失之东隅，收之桑榆。尽管西疆在商鞅的进攻下连遭挫折，在中原大战中，魏惠王却取得重大胜利。

兵围邯郸三年后，魏军终于攻陷赵国首都，取得重大胜利。公元前351年，商鞅趁赵国风雨飘摇之际，出兵进攻赵国，夺取蔺城。此时的赵国已经耗不起了，无奈之下，赵成侯终于低头认输，被迫向魏惠王臣服。

应该说，魏惠王还是比较了不起的君主。在魏武侯去世后，魏国先是陷入内战，而后又遭到赵、韩的武装干涉，还面临秦国在西线的骚扰。魏惠王在内战中消灭竞争者，而后分化瓦解赵、韩联盟，迫使韩国臣服。紧接着，魏惠王大举攻赵，挫败齐国援军，迫使赵国臣服。尽管魏国在西线遭遇一些损失，总体上仍然取得了巨大的成功。除了赵、韩两国外，泗水流域的十二个中小诸侯慑于魏国之力量，全部臣服。一时间，魏国仿佛又回到春秋时代晋国的霸主地位。

魏惠王挟中原霸主之威，继续对外扩张。公元前350年，魏国纠集刚刚臣服的赵国，出兵进攻燕国，取夏屋；公元前346年，魏惠王派大将魏章率魏韩联军，进攻楚国，攻取上蔡。可以说，魏国在西线的损失，在东线得到了弥补。鉴于魏国在中原咄咄逼人的气势，东方大国齐国深感不安，便于公元前350年开始，打造一条长城防线，以防魏国的进攻。

据史料所载，魏惠王在发动邯郸之战时，魏国的总兵力达到三十六万，在其最鼎盛时，兵力达到七十二万之多。如果加上赵、韩两个盟国及一众小喽啰，可动员的兵力超过一百万。由于中原小国都已臣服，齐国、楚国都夹起尾巴，在魏惠王看来，只有跳梁小丑秦国还蠢蠢欲动，必须大举出兵，解除秦国之威胁。

此时秦国正在如火如荼开始第二期变法，魏国则谋求充当世界老大。魏惠王以朝天子为名义，纠集十二个诸侯国，兴师动众，全力西向伐秦。在晋国未分裂之前，就有过两次纠集诸侯伐秦的先例，一次是麻隧之战，重创秦国；另一次是迁延之役，由于诸侯离心，无果而终。此番魏国主导下的诸侯伐秦，犹如晋国主导之翻版，且兵力之强，比之晋国时代有过之而无不及。

面对魏国来势汹汹的进攻，商鞅要如何应对呢？

尽管商鞅变法后，秦军的战斗力有了质的飞跃，但要以一国之力，抗击十三国的进攻，商鞅仍然心里没底。兵法中的最上策，当然是不战而退敌之师。

商鞅在魏国待过很多年，对魏惠王的性格十分了解。魏惠王好大喜功，一心想维持魏国霸权，想超越魏文侯与魏武侯的功业。既然魏惠王好虚名，何不顺水推舟，送他个虚名呢？于是商鞅自告奋勇，出使魏国，要以自己三寸不烂之舌，说服魏惠王放弃攻秦。

还记得吗？公叔痤死前，曾大力向魏惠王举荐商鞅，并告诫说，倘若不用商鞅就杀之。魏惠王只是莞尔一笑了之，并不当回事。不想区区几年，商鞅就一跃成为秦国的权臣，还带兵杀回魏国，攻陷魏之旧都。此时的魏惠王，不知内心是何滋味。

见到魏惠王，商鞅开始大拍马屁，吹捧他在中原取得的伟大功业，把魏惠王吹得飘飘然找不到北了。俗话说“千穿万穿，马屁不穿”，这话着实有道理。商鞅话锋一转，又以略带惋惜的口吻说：魏国有这么伟大的功业，却只能领导鲁、宋、卫这样的小国，实在与世界领袖的实力不相般配，不如称王，先有“王”的名号，然后可成“王”的事业。

这里要声明一下，为了叙述的方便，我一直把魏罃称为“魏惠王”，其实直到此时，他只有“侯”的名号，还没正式称王。在华夏政治体系里，就只能有一个王。溥天之下，莫非王土；率土之滨，莫非王臣。这个王就是周王、周天子，尽管周王现在沦为人人可欺的对象，但在名义上仍旧是王。

不过，事情也有例外。楚国在春秋初期就自立为王了，与周王室分庭抗礼；春秋晚期的两个霸主，吴王阖闾与越王勾践，也都是称王。但是，楚国、吴国、越国称王，在华夏诸侯看来，都只能叫“夷王”，就是蛮夷之王，不视其为华夏文明圈。长期以来，楚、吴、越实际上都被当作蛮夷之国对待。

商鞅忽悠魏惠王说，“侯”的名号对您来说太小了，应该称“王”。他还信誓旦旦地保证，秦国第一个支持您称王。那一刻，魏惠王真的感动呀，想想手下十几个小喽啰，怎么就没有人像商鞅这样了解他的内心呢？商鞅继续忽悠说，我们秦国是愿意臣服的，只要您再搞定齐国与楚国，就真的成天下领袖了。这不是明摆着怂恿魏国放弃攻打秦国，转而去攻打齐国与楚国吗？

您还别说，魏惠王真的被商鞅给忽悠了，轰轰烈烈的伐秦之战，还没开打就戛然而止。当然，我想这背后，除了商鞅的忽悠之外，秦国还是出让某些利益了。史书并没有记载秦国把旧都安邑城归还魏国，但是根据史料，一直到秦昭王时，安邑城仍是属于魏国。因此笔者推断，魏惠王之所以退兵，想必商鞅除了表示支持魏国称王之外，还把所占领的安邑城归还魏国。

不久后，魏惠王果真正式称王，自立为“夏王”，夏者，华夏也，夏王者，华夏之王也。这个王号，显然是要与周王平起平坐。

称王之后，魏惠王召集宋、卫、邹、鲁等国君会于逢泽，秦国也派出公子少官出席大会，表示秦国愿接受魏国的领导，继续把魏惠王捧上天。魏惠王非常开心，不过，为了表示对周天子的敬意，魏惠王率领众诸侯朝见天子，历史上把这次诸侯峰会称为“逢泽之会”。商鞅略施小计，只是送给魏惠王一顶纸糊的王冠，就化解了一场战争危机，可谓非常划算。

商鞅老谋深算，他的计谋实乃一箭双雕，一方面解除秦国面临的危机，另一方面制造魏国与赵、韩两国的不和。

表面上看，魏惠王在逢泽之会出尽风头，风光无限。细细分析却不是那么回事。为什么呢？除了秦国派代表来参加大会外，其余大国一个都没来。齐国、楚国、燕国没派代表来就算了，连臣服于魏国的赵国与韩国也不出席大哥的盛会，叫大哥情何以堪。

赵、韩两国虽对魏国臣服，心里却是不服的。要知道三个国家都是从晋国分裂出来的，地位是平等的。如今魏惠王却以“夏王”自居，把地位凌驾于众诸侯之上，赵、韩两国的君主心里不是滋味，便以拒绝参加大会这种方式消极表示抗议。

为了打压韩国，魏惠王想出一个主意。韩国在战国初期灭掉郑国，吞并其土地，魏惠王提出应该让郑国复国。这明摆着要让韩国把吞进肚子的肥肉吐出来，韩昭侯一口便拒绝了。魏惠王不死心，又提出魏国与韩国本是一个国家，韩国应该合并进魏国。自以为是老大的魏国对韩国领土的觊觎之心已是昭然若揭。

韩国当然不可能答应魏惠王的无理要求。公元前344年，魏惠王出兵攻打韩国，打算以武力干掉韩国。事到如今，韩国不得不奋起抵抗，韩昭侯紧急向齐国求援。

事实证明，被商鞅吹捧上天的魏惠王完全高估了自己的实力。公元前342年，齐国兵团在田忌、孙膑的率领下，在马陵之战大败魏军，杀魏将庞涓，俘魏太子申，歼灭十万魏军。这是战国时代最重要的战役之一，也是魏国由盛而衰的转折点。

马陵之战揭开了魏惠王"伪霸主"的面纱。很快，邻国便群起而殴之。公元前341年，齐国与宋国进攻魏国的东部；赵国反水，进攻魏国的北部；商鞅带着秦军，进攻魏国的西部。一时间，魏国三面受敌，穷于应付。

公元前340年，商鞅向秦孝公提出伐魏计划，认为应趁魏国内忧外患之际，加大打击力度，蚕食其西部土地，然后"据河山之固，东向以制诸侯"。河山之固，即黄河与崤山之天险，控制此战略要地，即可以打通中原之通道，成就帝王之业。

当时镇守魏国西疆的统帅是公子卬，他与商鞅是旧交。商鞅大兵压境，写了一封信给公子卬："吾始与公子欢，今俱为两国将，不忍相攻，欲与公子面相见盟，乐饮而罢兵，以安秦魏之民。"这封信写得十分恳切。从春秋时代以来，秦国一直有重信守诺的传统，公子卬收到信后没起疑心，前往赴约。岂料酒没喝成，糊里糊涂就成了商鞅的俘虏。魏军失去统帅，群龙无首。商鞅发动致命一击，魏军大败，伏尸数里，血流成河。

这一战堪称商鞅军事生涯的代表作，魏国继马陵之战后，又一次遭到惨败。后世历史学家曾评论说："魏惠王之败于齐、秦，此盛衰一转关也。"在东西两线全遭惨败后，魏国的霸业就此式微，取而代之的是齐国与秦国的霸业。

我曾说过，商鞅就是个"目的论者"，为达目的不择手段，甚至是极为卑劣的手段。诱捕公子卬、偷袭魏军的行为是很卑劣的。虽然孙子曾说过"兵者诡道也"，那是指战略战术中迷惑、欺骗敌人的手段，而不是道德上的无下限。从商鞅开始，秦国丧失了以往朴实守信的作风，代之以诡诈阴险的手段，这是为什么秦国强大却有很多人不喜欢的原因。

魏军在西线大败，迫使魏惠王不得不低头。由于担心秦军继续深入，魏惠王做出重大让步，割让部分河西之地以换取和平。这里我们要分析一下，为什么秦军多次进攻河东，却迟迟未收复河西的沦陷之地呢？这是因为魏国在河西筑有坚固的长城防线，要攻破这道防线实非易事。

尽管只是收回部分失地，对秦孝公来说，仍然是值得回味的伟大胜利。秦孝公刚刚上台时，就立志雪耻，收复河西。如今往这个目标前进了一大步，他怎么能不欣喜呢？于是他兑现《求贤令》的承诺，把邬地封给商鞅，共计有十五个城邑。商鞅把邬改名为“商”，他本来叫“卫鞅”或“公孙鞅”，此后被称为“商鞅”。

从公元前361年入秦，到公元前340年受封于商，商鞅以二十年的努力，终于跃上人生的巅峰。但是，此时的商鞅不会想到，两年后，他就将从巅峰直线下坠到地狱。

改革家的惨淡结局

商鞅变法力度之大是史无前例的，在推行新法过程中，得罪的人很多，从高层权贵到底层百姓，对变法怨声载道者比比皆是。当然，最大的阻力，还是来自上层的贵族与官员，他们害怕自己的利益受损，想方设法要中止改革。对此，商鞅认为有必要采取强有力的手段杀鸡骇猴，让所有人都明白，新法的威力绝对是不可抗拒的。

由于秦孝公的全力支持，商鞅在朝政上有独断专行之权力，为了打击反对派，他选择拿太子党开刀。很快，商鞅找到太子犯法的证据，具体犯了什么法，史书也没说。太子是国家的储君、未来的君主，当时年龄尚小，商鞅认为太子老师监护不利，必须给予惩处。最终，太子傅公子虔与太子师公孙贾两人都被依法惩罚，公孙贾被处于黥刑，就是在脑门上刺字，一辈子都得留下这么个耻辱的烙印。

比起太子师公孙贾，太子傅公子虔更加倒霉。在秦孝公十六年（前346），公子虔不知犯了什么法，被商鞅抓住小辫子，这次惩罚非常严重，施以劓刑，就是削了他的鼻子。大家想想人被割了鼻子后是什么模样，简直就是丑八怪。自那以后，公子虔再也无颜见人，前后八年，闭门不出，内心对商鞅的怨恨可想而知。

太子受责，太子师公孙贾受黥刑，太子傅公子虔受劓刑。这两人都是秦国政坛上的重量级人物，商鞅敢为所欲为，与秦孝公的默许是分不开的。秦孝公为了强国也拼了，不惜支持商鞅压制太子党，在他看来，一切都得为改革让步，不能阻碍变法的推行。没有秦孝公的支持，商鞅是很难把变法进行到底的。

公元前340年，商鞅如愿以偿得到封地，号称“商君”。在封地内，他就是一国之君，坐北朝南自称寡人，把自己当作诸侯中的一员。

商鞅是个痴迷于权力的人，权力给人带来征服的快感，让人飘飘欲仙，欲罢不能，宛若生活在幻境之中。他每次出门，前呼后拥，身后的车辆数以十计，车上满是全副武装的甲士，两旁还有卫队，手持长矛与戈戟，威风凛凛。这既是一种炫耀，也暴露出商鞅内心深处的不安全感。得罪的人实在太多，他害怕随时随地都有人要暗算他。倘若没有全副武装，他就绝不出行。

表面上商鞅风光无限，内心实则孤独，他根本没有朋友，名副其实是个“寡人”。当时有一个名叫赵良的人，有学问有智慧，商鞅十分欣赏，竟主动表示原意跟他交朋友。他对赵良说：“今鞅请得交，可乎？”作为秦国第一号权臣，屈尊主动要跟人交朋友，还会遭拒绝吗？大出商鞅意料的是，赵良拒绝了：“仆弗敢愿也。”他解释说，您身居高位，我要是跟您交朋友，恐怕别人会认为我“贪位贪名”。

商鞅非常不高兴，佛然道：“子不说我治秦与？”你是不是对我治理秦国有所不满呢？

赵良直言不讳，批评商鞅“相秦不以百姓为事”“残伤民以骏刑，是积怨畜祸也”。他向商鞅指出，一旦秦孝公不在了，“秦国之所以收君者，岂其微哉？亡可翘足而待”。秦国想干掉你人，难道会少吗？灭亡指日可待。

尽管赵良不愿意跟商鞅交朋友，还是提出朋友般的规劝：退还秦孝公赏赐的十五城，退隐田园，“养老存孤，敬父兄，序有功，尊有德，可以少安”。这样做，或许还能保住一条命吧。

对于赵良，商鞅是很尊重的，还表示他说的话是“鞅之药也”。此时商鞅已经隐隐预感到山雨欲来风满楼，大约是因为秦孝公已经病重，将不久于人世。商鞅对未来显然有些迷惘，这在之前是未曾有过的。但是，要他放弃权力，退隐田园，怎么做得到呢？

在商鞅看来，自己就是秦国的救世主，是他让这个贫瘠的国家变得富裕与强大，开疆拓土恢复昔日雄风。自从秦国雷厉风行变法以来，以强有力的手段革除蛮夷习俗，迅速向中原文明靠拢，在国际上谁也不敢瞧不起秦国，天下有志之士开始涌入秦国，给这个曾经落后的国家带来勃勃生机。这一切，岂非自己的功劳吗？自己的权势与地位，难道不是理所应当得的报偿吗？凭什么要放弃呢？

然而，疾风暴雨的到来，比商鞅想象的要快得多。

五个月后，秦孝公死了。

这是公元前338年。

随着咸阳城一声丧钟敲响，一个时代结束了。曾遭商鞅打击的太子摇身一变成为秦国君主，他便是秦惠文王，又称秦惠王。

秦惠王刚刚上台，被割掉鼻子的公子虔便秘密召集一批人，在新国君面前诬告商鞅谋反。不论秦惠王相不相信，这么多年来，他在公子虔等人的教导下，早就对商鞅没有好感了。一股反商鞅的力量正在集结，目的就是要置他于死地。

长期以来秦国百姓只知有商鞅，不知有秦孝公。商鞅习惯于把自己看作秦国最高统治者，自己的话就是国家法律，无人敢跟他公开作对。随着秦孝公之死，一切都变了。当公子虔、公孙贾等曾被商鞅严厉惩罚的贵族重返政坛，原先的太子党已经成为朝廷最大的势力，商鞅有一种大祸临头之感。此时的他从梦境重返现实：这个国家是姓“嬴”的家族所有，而不是姓“卫”或“商”。

商鞅决定在政敌反攻倒算之前逃跑，不然只能像吴起那样，国君死后就被清算了。天地虽大，要逃到哪儿去呢？他思来想去，决定逃往魏国。有几个原因：其一，他在魏国待过很多年，还是有些人脉的；其二，他曾多次往返秦、魏，熟悉道路；其三，马陵之战后，魏国失去霸主地位，自己若能帮魏国强国，以后还能回来报仇。

他向着秦、魏边境狂奔，一直跑到边关附近。他忍饥挨饿，好不容易发现有一处客舍，也就是旅馆，迫不及待想进去歇歇脚，大吃大喝一顿。客舍主人却要求他出示凭证，因为商君有令，没有凭证者不能住宿，否则客舍主人以同等罪名论处。那一刻，商鞅傻了眼，他做梦都没想到，自己亲自制定的法令，反过来坑了自己一把。无奈之下，商鞅只能强打精神，拖着疲惫而沉重的步伐，终于跨过秦境，进入魏国。

商鞅松了一口气，现在他已经安全了，不必担心秦国政府的缉拿。他对自己的未来还未丧失信心，因为衰落中的魏国需要他这样的治国天才。那么，魏惠王真的会毕恭毕敬来请商鞅，并让他主持魏国的朝政吗？事实证明，这只是商鞅一厢情愿的幻想罢了。

当年商鞅还是无名小辈时，公叔痤曾跟魏惠王说，把国政交给商鞅来治理，否则就杀了他。魏惠王并不当一回事，一笑置之。不想历史证明了公叔痤卓越的识人之才，当魏国被秦国坑得那么惨时，魏惠王曾发出一句这样的感叹：“吾恨不用公叔之言。”现在商鞅逃到魏国，魏惠王会抓住亡羊补牢的机会吗？

不可能了。魏惠王对商鞅实在恨之入骨：当魏惠王在中原大战诸强时，商鞅却趁机在西部搞破坏，夺了少梁与旧都安邑；当魏惠王率十几个诸侯伐秦时，商鞅用甜言蜜语把他忽悠了，魏国失去一个打击秦国的最好机会；更令人无法容忍的是，商鞅以卑劣手段生擒公子卬，又在秦魏谈判中迫使魏惠王损失河西许多土地。

商鞅以诡诈的手段帮助秦国捞取了许多好处，却断了自己的后路。卑鄙的人，去哪儿都是不受欢迎的。魏惠王下令，把商鞅驱逐出魏国，理由是：商鞅是秦国的犯人，魏国得罪不起秦国。

别说商鞅在秦国没什么朋友，就算有朋友，谁又会帮助他呢？公子印是商鞅在魏国时的朋友，最后不也被出卖了。再说了，商鞅自己制定的法制，知情不报者要腰斩，十家连坐，即便有朋友，谁愿以身试法？总之，商鞅亲手打造的牢笼，最后把自己锁在其中了。

这时，商鞅想到自己还有一片领地，他不是在自己的地盘上称孤道寡吗？到了今天这个地步，也只能铤而走险了，回到自己的领地，以武力对抗大秦政府。于是他秘密返回商地，以做最后一搏。

商鞅的地盘，总共只有十五座城。凭借区区十五座城，要与自己一手打造的强大秦国相抗衡，不啻以鸡蛋碰石头。商鞅纠集一伙党徒，试图先发制人，发兵攻打郑县（陕西华县西南）。

在此之前，公子虔等人虽然诬告商鞅谋反，但秦惠王对如何处置商鞅，还是心有疑虑的，因为谁都知道，公子虔明摆着是要报割鼻之仇。商鞅举兵攻郑县后，谋反的罪名坐实，秦惠王不必再有任何顾忌，派遣大军镇压商鞅的叛乱。在秦军的铁拳下，商鞅的乌合之众不堪一击，很快土崩瓦解，自己也兵败被俘。

重掌大权的公子虔等人绝不会让商鞅死得痛快，判处最残酷的车裂之刑，也就是五马分尸。不是死后五马分尸，而是活着五马分尸，那种痛苦可想而知。

这位以严酷手段治国的改革家，最终以悲剧收场，令人唏嘘。

司马迁在《史记》中把商鞅称为“少恩”的“天资刻薄人也”，这正是商鞅被杀的原因所在。商鞅之死与吴起之死，颇有类似之处，两人都因推行变法，在倚为靠山的国君死后，遭到反对者杀害。但是，两人之死又有不同之处。杀死吴起的楚国贵族是反对新法，吴起一死，新法就废除了。但商鞅被杀后，秦国并没有因此废除新法，而是一直沿用下去。这说明经历二十年变法后，秦国获得新生，使得以前拼命反对变法的太子党也认可新法。尽管新法推行之初，旧贵族、老官僚的权利受到损失，但随着秦国日益强大，蛋糕越做越大，大家能瓜分到的利益便越来越多，反对新法的人自然就少了。因此，商鞅被杀的真正原因，是因为刻薄少恩而得罪人，并非变法本身。

商鞅变法，是秦国历史的分水岭。变法之前的秦国，是一个虽有蛮力但国际地位甚低的诸侯国；变法之后的秦国，已然成为吸引天下人才前往的国度。秦惠王延续商鞅变法的精神，采取更为开放的人才引进政策，秦国的发展一日千里，很快崛起成为超级强国。

纵横捭阖的外交新思维

随着魏国霸权的衰落，齐国与秦国崛起，战国争雄开始进入一个崭新的阶段。这个阶段标志性的事件，就是各大诸侯国相继称王。自魏惠王自立为“夏王”，千年以来“天子至尊”的格局被颠覆，此后各诸侯国不甘示弱，纷纷扛起大王旗。

公元前334年，齐、魏两国“徐州相王”，即相互承认对方的王号，由于齐国强大，齐威王为大王，魏惠王为小王。此后十年，重要的诸侯国全部称王。公元前325年，秦国继齐、魏之后称王；公元前323年，魏、韩、赵、燕、中山五国相互承认对方的王号，史称“五国相王”。

至此，战国七雄全部称王，这意味着“天无二日，民无二王”的传统政治体系完全崩溃。在春秋时代，周天子虽然无权无势，但仍被诸侯们尊为共主，三家分晋还需得到天子的正式册封才能跻身诸侯之列。如今，周天子的遮羞布被扯去，诸侯们再也不需要这尊泥菩萨，当中央政权不复存在时，各诸侯国都使出浑身解数，为争夺生存空间而战。在此历史背景下，纵横思想，成为战国中期最活跃的政治思潮。

在诸子百家中，纵横家独树一帜，使其思想成为战国时代最显赫的思想流派之一，其特点全在于“实用”二字。他们不是啃书本，更不是读死书，而是利用自己的聪明才智，在诸侯之间游走，以种种外交手段在国际舞台上兴风作浪，纵横捭阖。

所谓纵横，即合纵与连横，韩非子释义说：“纵者，合众弱以攻一强也；横者，事一强以攻众弱也。”韩非子的这个说法，当指战国末期情形，实际上早期并不完全如此，诸侯之间除了弱弱联合、弱强联合之外，还存在强强联合。

一向长于诡诈之术的三晋是纵横家思想的策源地，司马迁在《史记》中写道：“三晋多权变之士，夫言从衡（即纵横）强秦者大抵三晋之人也。”纵横之士多出于三晋，最终却在秦国大放光芒，为秦国对东方诸国取得压倒性的优势做出不可低估的贡献。

早期纵横家的代表人物有三个，分别是苏秦、公孙衍与张仪。此三人中，张仪对秦国的贡献最大，而苏秦与公孙衍也与秦国有过一段交集。

据说苏秦与张仪都是鬼谷子的弟子，鬼谷子是战国时代一位异人，此人颇为神秘，历史上也没有什么故事，其生平事迹几乎一片空白，只是因为有两位了不起的徒弟才为世人所知。好事者又杜撰了一些鬼谷子的传说，都是无中生有，只可以小说传奇视之，不可视为真史。

苏秦学习纵横术后，西行入秦，希望能以三寸不烂之舌换得一官半职。可他入秦的时间十分不巧，正好秦孝公死了，变法的灵魂人物商鞅被五马分尸。由于商鞅主持秦国内政达二十年之久，他一死，秦惠王最迫切要做的事，就是保持内政稳定。与法家注重内政相比，纵横家注重外交，苏秦大谈如何“吞并天下”，显然不合秦惠王的大政方针。秦惠王认为，秦国羽翼未丰，在文化政治方面还有待加强，现在不是谈兼并天下的时候。由于苏秦未能摸准秦王的心事，最终铩羽而归。

苏秦离开后，又有一位纵横大师入秦，此人名公孙衍。公孙衍是魏国阴晋人，由于魏国衰落，魏惠王对人才不甚重视，他便入秦以求个人发展。公孙衍与苏秦不同，比较务实，不说什么“兼并天下”一类假大空的话，有政治、军事才干。他很快就受到秦惠王的重用，在军界、政界声名鹊起。

公元前333年（商鞅被杀后五年），公孙衍攻略魏国河西的雕阴城，魏师败绩，秦惠王将他提拔为大良造，成为秦国头号权臣。为了讨好这位秦国权臣，魏惠王把公孙衍的故乡阴晋割让给秦国，秦国将该城更名为宁秦。此时公孙衍春风得意，权势堪比当年的商鞅。没想到好景不长，一个人的到来，让公孙衍最终丢了饭碗。这个人就是张仪。

张仪也是魏国人，与苏秦是同门师兄弟。

与苏秦一样，张仪从鬼谷子那儿学成归来后，四处碰壁。看来鬼谷子的理论虽然精妙，若没有在实践中得到磨炼，也不过是一堆废话罢了。

尽管魏国是纵横家诞生的摇篮，但这些纵横家在自己国内却没有出头的机会。张仪与公孙衍一样，未能在魏国受到赏识，只好到外国寻求发展。张仪先是去了楚国，成了相国府里的门客，正当他以为可以平步青云时，不想发生了一件事。

有一回，相府丢失一块玉璧。由于张仪很穷，大家认为肯定是他偷的，把他抓了起来，严刑拷打，鞭笞数百下，打得遍体鳞伤。可怜哪，贫穷就是罪吗？当妻子看到奄奄一息的夫君，心如刀割，埋怨张仪学习什么狗屁纵横术，不读书就不会遭这样的活罪。张仪张大嘴对自己的媳妇说：我的舌头还在不？媳妇答说：还在。张仪笑道：这就够了。

三寸不烂之舌还在，有什么可担心呢？留得青山在，不怕没柴烧，舌头就是张仪的青山。养好伤后，张仪思忖楚国是待不下去了，要往何处去呢？此时有人给他指点一条路：前往赵国投奔苏秦。

苏秦在秦国碰了一鼻子灰后，后来时来运转，在赵国站稳脚跟，佩了相印。张仪与苏秦既有同门之谊，这当然是最好的去向。于是他打点行装，离了楚国，风尘仆仆地来到赵国。

出乎意料的是，苏秦对张仪的到来十分冷淡。张仪兴冲冲赶到相国府，递上名帖，却一连几天见不着苏秦。好不容易等到苏秦接见，进了内堂，苏秦一点也没表示欢迎，反而坐在高堂之上，带着居高临下的傲慢。不仅如此，苏秦款待老同学的，也不过是些下人们吃的菜肴。

张仪心里凉了半截，自尊心受了伤害。苏秦很不客气地说：以你的才能，竟然穷困潦倒到这个地步。当然了，我可以在赵侯面前举荐你一下，让你富贵，只是你不值得我这样做。

苏秦的一番话，令张仪无地自容，他哪能咽得下这口气，便告辞而去。看来赵国也无他的容身之所，该去哪儿呢？思来想去，如今天下诸侯，只有秦国对人才来者不拒，干脆就去秦国吧。

张仪又一次打点行装，离开赵国，踏上漫漫西行路。

其实，苏秦并非真的不肯收留张仪。当年同在鬼谷子门下学习时，苏秦便认定张仪是大才之人，才华超过自己。如今张仪走投无路，并非没有本事，只是运气差了些。如果张仪待在赵国，迟早要出人头地，以他的才能，取代自己的相位是完全可能的。

为了避免出现类似孙膑与庞涓这种同门师兄弟反目成仇的悲剧，苏秦并不希望张仪留在赵国。当时列强中，苏秦最看好秦国，他故意刺激张仪，是为了引导他去秦国，自己则暗中助一臂之力。

张仪前脚刚离开，苏秦就暗中派一位门客紧随而去。临行前，苏秦叮嘱说：张仪是天下奇才，我都比不上他。如今我侥幸被赵国任用，赵国最大的敌人就是秦国，能够掌握秦国大权的人，只有张仪。只是张仪还没时来运转，现在穷困潦倒，很难有机会接近秦国君主。我怕他会贪图小利，以致浪费成就大功业的机会，故意羞辱他，就是为了激发他的斗志。

苏秦给门客一包金币，配一辆马车，让他跟踪张仪，暗中相助。门客依苏秦的意思，跟张仪住进同一所客栈，有意接近他。门客称自己也要去秦国，既然与张仪同路，不如同行。张仪大喜，以为遇到贵人，一起坐马车上路，至于吃饭住宿，都是贵人掏腰包。如此一来二往，两人便成了好朋友。

到了秦都咸阳，门客拿着金币上下打点，让穷困潦倒的张仪有面见秦惠王的机会。

张仪入秦的时间，大约在公元前333年。此时秦惠王上台已近五年，在公孙衍的努力下，秦国在商鞅被杀后，仍然保持内政的稳定，并恢复对魏国的攻势。当初苏秦入秦时，秦惠王关注的重心在于内政，故而对他那套“兼并天下”的说辞并不感兴趣。现在形势不同了，张仪兜售的远交近攻连横战略，获得秦惠王的青睐。很快，张仪在秦国政坛崭露头角，青云直上。

苏秦的门客已完成自己使命，前来跟张仪辞行。张仪是个有情有义的人，不禁动容道：我是靠着您才有今天的地位，正想要报答呢，您怎么就要离开呢？

门客把真相和盘托出：了解您的人不是我，而是苏秦先生。苏先生担心秦国将攻打赵国，认为除了您之外，没有谁能掌控秦国的政权，所以一心激您到秦国，又派我暗中相助。现在我完成任务了，要回去向苏先生交差。

张仪这才弄明白整件事的来龙去脉。在赵国蒙羞后，自己对苏秦一直怀恨在心，却不知道一路走来，都是苏秦在暗中相助。想到这里，他无地自容地说：苏先生的做法，正是在鬼谷先生传授的学术之中呀，我却没能领悟，很明显水平不及苏先生。

俗话说，一山不容二虎。

苏秦宁可支助张仪赴秦，也不愿接受他，就是因为一山不容二虎，只要同在一个国家，迟早要发生冲突的。这是苏秦非常明智之处，说明他对人性有着深刻的理解。

秦国一山却有二虎。张仪入秦后，与另一位纵横大师公孙衍很快就有冲突了。在此之前，公孙衍春风得意，扶摇直上，成为秦国最有权势的大良造，相当于宰相。但是张仪发展势头更猛，秦惠王对他越发器重，他在秦国左右逢源，红运当头，对公孙衍的地位构成极大的威胁。很快，两位同样来自魏国的权谋家就到了水火不容的地步，明争暗斗不可避免。

面对张仪的步步紧逼，公孙衍愈发失势。公元前329年，公孙衍负气出走，离开秦国，返回魏国。魏惠王并没有像对商鞅那样把他驱逐出境，而是任用他为将，以防御秦国的进攻。次年，即公元前328年，张仪被秦惠王任命为相国。这两位纵横大师的对抗，才刚刚开始。

收复河西，碾压魏国

中国的政治，多是人存政举，人亡政息，但秦国绝对是个例外。商鞅死了，他的那一套法令仍然在有效地运转，秦国并没有因为商鞅之死而走向衰败。从这点看，秦惠王是个相当明智的君主。

不过，在秦惠王时代，秦国的政策还是有些许变化。秦孝公致力于内政改革，秦惠王则致力于军事与外交；秦孝公任用法家人物治国，秦惠王则任用纵横大师理政；秦孝公重心在于赢得内在优势，秦惠王重心则在赢得外在优势。秦惠王的时代，是秦国大扩张、大外交的时代，并对宿敌魏国形成全面碾压的态势。

秦惠王取得的第一个伟大胜利，就是全面收复河西。

秦孝公后期，秦国频频发动对魏国的进攻，几度打到河东，甚至一度占领魏国旧都安邑城。然而，对于沦陷数十年的河西，秦军却束手无策。这是为什么呢？有三个因素：

其一，尽管魏惠王把首都迁往大梁，军事重心转向东部，但对河西仍异常重视。河西是插入秦国的一把楔子，只要河西仍然在魏军手中，秦人就有心腹之忧。魏军在河西的驻军，大约有十万人左右，是能征惯战的精锐之师。

其二，魏军在河西修筑长城防线，易守难攻。魏国希望以长城及黄河防线压制秦国，阻止其向中原发展。不过，商鞅多次率兵渡过黄河攻打河东，黄河防线意义不大，故而魏惠王把希望寄托于长城防线。这条防线确实非常坚固，从史料上看，没有被秦军攻破过。

其三，魏军统帅龙贾是非常优秀的将领。龙贾在公元前358年主持修筑长城，此后一直镇守河西，长达二十七年之久。魏惠王发动中原大战时，河东大片土地沦于秦人之手，河西如同汪洋中的一处孤岛，但始终岿然不动，稳如泰山，不能不说龙贾居功至伟。

然而，河西的命，与魏国的命运息息相关。魏国在马陵之战后走向衰落，河西形势愈发岌岌可危。河西战局的转折点发生在公元前340年，是年商鞅诱擒公子印，大破魏军。魏惠王被迫签订城下之盟，割让部分河西之地。此举对河西战局产生了致命的影响，因为完整的长城防御体系被切割后，防御能力大大降低了。

公元前333年，公孙衍率秦军攻略魏国河西的雕阴城，魏师败绩。此后，魏国又割让阴晋城给秦国。秦国收复河西，已经是迟早的事。

魏惠王把河西之地一割再割，这种肉包子打狗的做法只是激起狗的食欲罢了，秦国不仅没有知足，反而胃口更大了。公元前331年，秦惠王派秦公子卬统率大军，大举进攻魏国控制下的河西诸城。镇守河西的魏国老将龙贾回天乏力，他率兵与秦军决战，遭到史无前例的惨败。

是役魏军大败，西河守将龙贾被秦军俘虏。关于此役秦军的战绩，有不同的说法。

据《史记》中《魏世家》所记："秦败我龙贾军四万五千于雕阴，围我焦、曲沃。"而在《秦本纪》中则记为："虏其将龙贾，斩首八万。"数据上有所偏差，四万五千人的数据应是出于魏国史料，而八万则可能是秦国史料。我估计秦国的数据可能有不实的成分，因为商鞅推出军功爵制后，以首级论功行赏，这就不可避免在战争中会发生以百姓首级冒充士兵首级的做法。

不管魏军被砍掉脑袋的士兵是四万五千人还是八万人，都是一次惨败。这个数字是魏惠王无法承受的。不仅如此，秦军得理不饶人，渡过黄河继续进攻，兵围焦、曲沃。

年迈的魏惠王失去了继续战斗的勇气。

此时的魏惠王在位时间已经长达四十余年。或许是年龄的原因，或许是东西两线战场不断遭遇的惨败让他心灰意冷、自信全无，他再也牛不起来了。于是割地请和成为一而再，再而三的举措，每一次割地，都让魏国更加衰弱，令秦国更加强大，双方的实力对比更加悬殊。

这一次，魏惠王将河西之地全部割给秦国。

自公元前419年魏文侯筑少梁城经略河西以来，到公元前330年，经过八十九年的反复争夺，魏国最终在河西战争中败北。全面收复河西，是秦国历史上的重大事件，秦国进军中原的大门已经打开，其灼人的烈焰很快就要烧向东方。

面对秦国在西方的崛起，魏国已经很难独立抵挡秦军的入侵。只有一个办法能对抗秦国，就是联合其他诸侯，一致对秦作战。

公孙衍被张仪排挤出秦国后，回到魏国并受到魏惠王的重用。公孙衍提出“合纵”的主张，以对抗张仪在秦国提出的“连横”。公元前323年，魏国与赵、韩、燕、中山五国联合，互相承认王号，一致抗秦。

在公孙衍积极发动合纵运动的同时，张仪也没有闲着。他以秦相的身份，与齐、楚两国大臣会晤于啮桑（今江苏沛县西南）。三大强国保持默契，从西、东、南三面对三晋构成一个环形包围圈，大有瓜分三晋之意图。

不过，这时发生了一件非常奇怪的事情。

张仪与齐、楚达成默契后，返回秦国，却突然被秦惠王免去相国之职。

关于张仪被罢免的原因，史书上只字未提，不禁令人心生疑问。种种迹象表明张仪被“罢官”的背后绝非那么简单。这实际上是秦惠王与张仪合作演出的双簧戏，张仪自告奋勇充当冤大头，其目的只有一个：返回魏国，拆散魏国主导的合纵同盟。

罢相后的张仪离开秦国，回到魏国。在战国时代，人才流动十分频繁，各个国家在人才政策上也非常宽容，很少因为某个人曾效力于敌人就拒绝接纳。只要是人才，无论到哪里都能成为抢手货。只有一个人是例外，就是商鞅，商鞅逃到魏国被魏惠王拒绝，主要是因为他的人品实在太差了。

作为魏人，张仪曾为敌国效力，还当了秦国宰相。如果以今天的看法，张仪可以说是不折不扣的“魏奸”。不过，战国时代的人并不是这种观点，你到秦国为秦国君主卖力，不遗余力地贡献自己的才能，这叫职业精神。你领了君主的俸禄，奉献自己的才华，这是天经地义的。

张仪回到魏国后，受到魏惠王的欢迎，并让他担任魏国宰相。我们分析种种史料后，基本上可以确定，张仪回到魏国的目的，与公孙衍是不同的。相比之下，公孙衍是比较有职业精神的，他在秦国时兢兢业业为秦国卖力，到了魏国就兢兢业业为魏国卖力。而张仪更可能是作为秦国间谍回到魏国，目的是为了破坏魏国的合纵运动。

魏惠王凭什么会信任张仪，甚至将相位拱手相送呢？这当然不是无缘无故的，张仪从秦国返回魏国，给魏惠王带来了一个信息：秦国有意与魏国一起图谋韩国。

张仪向魏惠王表示，一旦秦、魏联手，魏国进攻韩国的南阳，秦国进攻韩国的三川，韩国必定抵挡不住，免不了要割地求降。从这里就很明显看出张仪的意图，魏惠王刚刚用公孙衍的建议大搞合纵，张仪就怂恿他与秦国联手进攻韩国，合纵不就成为一纸空谈了吗？张仪摸清了魏惠王的心思，在丢失那么多土地后，魏国真的很需要从别人那里获得补偿。

对张仪的计划，魏惠王怦然心动。不过，张仪的伎俩并没能瞒得过一个人的眼睛，这个人便是公孙衍。公孙衍是合纵战略的主要策划者，如今张仪的主张，便是要破坏五国合纵，把魏国拉向秦的怀抱里。不行，绝不能让张仪得逞。

公孙衍开始筹划如何把张仪从魏国宰相的位置上拉下来。张仪能忽悠魏惠王，主要是看中魏惠王虚荣心强的弱点，有了弱点就容易搞定，可是他低估了公孙衍的能量。公孙衍暗地里找到了韩国执政韩公叔，向他分析张仪的阴谋，一旦魏惠王听从张仪的话联合秦国兵力侵略韩国，韩国势必要失地。公孙衍的分析合情合理，有什么办法能避免一场战争呢？

公孙衍认为，只要韩国主动出让一些利益给魏国，自然就可以把魏惠王留在合纵同盟。韩国虽然丧失一些利益，但可以避免更大的损失。两害相权取其轻，韩公叔遂答应公孙衍的要求。

果不其然，公孙衍不费一兵一卒，就从韩国那儿捞到好处。魏惠王尝到甜头后，就把张仪的那套主张抛诸脑后，同时他也怀疑张仪有不可告人的阴谋。魏惠王又一次摇摆回“合纵”的立场，任命公孙衍为相国，张仪只得灰头土脸走下神坛。

在这一回的较量中，张仪不敌公孙衍，败走麦城，其怂恿魏国联合秦国谋韩的计划破产。张仪丢了相位，赋闲在家。为了安慰张仪，秦惠王派人前往魏国，给他送去很多礼物。这也从另一个侧面看出，张仪实是秦惠王派往魏国的间谍。

在张仪失势的这几年，公孙衍主持下的合纵运动如火如荼地展开。

公元前319年，统治魏国长达五十年的魏惠王去世，新上台的魏襄王开始策划合纵伐秦。次年，即公元前318年，魏、赵、韩、燕、楚五国达成协议，共同出兵，组建了一支多国部队，讨伐秦国。

在此之前，楚国与秦国的关系一直不错，井水不犯河水。楚国还曾经一度与秦、齐约定，共同制衡三晋。为了把楚国拉入反秦的合纵同盟，魏襄王不惜把领袖权让给楚国，由楚怀王出任纵约长。楚怀王不能抵御充当诸侯老大的诱惑，便同意参加合纵伐秦。

这次合纵运动虎头蛇尾，正所谓“三个和尚没水喝”，尽管看上去五国联合，气势不小，兵强马壮，从架势上看有几分吓唬人的模样。可是各诸侯之间并不是一条心。

你想想，在战国时代，这些国家之间频繁交战，今天是朋友，明天就是敌人，谁敢无条件地信任别的国家呢？于是乎你防我，我防你，你要保存实力，我要避敌精锐，谁也不肯使上全力。这样的军队，即便人数再多又有什么用呢？

对秦国的进攻开始了，五国联军抵达函谷关后（今河南灵宝北），秦军出兵迎战，多国联军谁也不卖力打仗，秦军则同仇敌忾，气势逼人。战争的结果并不出人意料，多国联军轻而易举地被击败了。

这次合纵运动虎头蛇尾，草草而终，说明了一个事实：合纵政策存在一个致命的问题，那就是各诸侯国各怀鬼胎，没有哪个国家愿意全力以赴。这个致命问题使合纵运动形同虚设，尽管在未来数十年时间里，东方诸国仍然有多次合纵的实践，但总的来说是光打雷不下雨，始终无法凝聚成一股强大的力量。

第一次合纵运动以失败而告终。魏襄王反思后认为，人多不一定力量大，楚国与燕国虽然参加合纵，但这两个国家与秦国并无深仇大恨，打仗自然不卖力。三晋与秦国的恩怨有数百年之久，要抗击秦国，关键还得三晋联手。

公元前317年，三晋组建了一支强大的军队，发动讨伐秦国之役。对三晋来说，这场战争是一次大赌局，赌得赢的话，可以与秦国维持一种均势，要是赌输的话，将无法遏制秦国深入东方。

可惜的是，三晋军队遇到了秦国历史上第一位伟大的将领——樗里疾。

在樗里疾之前，秦国也出过一些名将，比如秦穆公时代的孟明视，秦献公时代的章峤等。但是真正算得上伟大的将领，樗里疾应该是第一个。

樗里疾是秦孝公的庶子，秦惠王的弟弟，他名字叫“疾”，因居住在樗里（地名），故而被称为樗里疾，又称樗里子。他是秦国王室宗亲中出类拔萃的人物，能言善辩，言辞流利，足智多谋，时人称之为“智囊”。我们直至今天仍经常使用“智囊”这个词，最早的出处便是在此。

面对三晋咄咄逼人的攻势，樗里疾祭出“连横”法宝，拉拢东方强国齐国参战。自从马陵之战后，天下的局势明朗化，齐国与秦国分别崛起于东方与西方，成为天下重心，是实力最强的两个国家。樗里疾说服齐国从东线进攻三晋，秦国则从西线进攻，只要秦、齐两大强国联手，必定可以把三晋联军打得落花流水。此时的齐国君主是齐宣王，他是一代明君，雄心勃勃，当然不愿错过这样的机会。于是齐国与秦国共同举兵，从东、西两面夹击三晋。

公元前317年的五国战争（秦、齐为一方，魏、韩、赵为另一方）在东、西两个战场展开决战。樗里疾在修鱼之战大败三晋联军，斩首八万二千个；同时，齐国兵团在观泽之战重创魏赵联军。

此役是继马陵之战后，魏国遭遇的又一次重大失败。魏襄王复兴魏国的梦想破灭，从此之后，魏国彻底沦为二流国家，失去与秦国争雄斗霸的资格。

进军大西南

魏襄王中兴之梦破灭，闲居多年的张仪又蹦了出来，大力抨击魏国的合纵战略。张仪的本领非常厉害，能把白的说成黑的，把死的说成活的。

他忽悠魏襄王说，魏国最好的出路，就是投靠秦国。如果韩国先投靠秦国，反过来攻魏，魏国必定要灭亡。投靠秦国有什么好处呢？首先，别的诸侯慑于秦国的武力，不敢攻魏，魏国就没有外来的灾祸；其次，魏国与秦国联手，可以南下瓜分楚国，这对魏国有百利而无一害。

张仪给魏襄王灌了迷魂汤，魏襄王糊里糊涂认同了，甘愿当秦国的小老弟以换取暂时的和平。张仪巧舌如簧，忽悠几句就摆平魏国，同时也拆散了东方合纵同盟。至此，张仪“诈降”的目的得以实现，现在他可以回去向秦惠王交差了。

得知魏国臣服的消息后，秦惠王大喜过望。要知道魏国虽然衰落，却是合纵运动的主谋者。秦国不畏惧单挑，但是若东方诸侯联合起来群殴，秦国还是很难受的，毕竟双拳难敌四手。秦统一中国之前，只要东方一搞合纵运动，秦国就会十分紧张，这种合纵与反合纵的斗争，将贯穿半部战国史。

由于张仪成功瓦解东方合纵运动，秦惠王又恢复其相位，呼风唤雨的纵横大师又回来啦。这次，张仪会将目标对准谁呢？

张仪认为，秦国的下一个目标应该是韩国。有三个原因：

第一，韩国的地理位置非常重要。从战国地图上看，韩国的位置几乎位于中国的中央，是“八方风雨会中州”的喉舌之地。不仅如此，韩国与周王室领地相邻，只要打败韩国，可直捣周王室，夺取象征至高无上权力的九鼎，成为天下至尊。

第二，韩国的实力比较弱。当时东方诸侯中，韩国的实力比齐、楚、魏都要弱，与赵、燕同属七雄中较弱的国家，但地理位置又远比赵、燕两国重要。在前一年的修鱼之战中，韩国也派出了军队参战，遭到惨败，尚未恢复元气。

第三，由于魏国已经投靠秦国，韩国不能指望得到魏国的协助，只能孤军奋战。

应该说，张仪是很有战略眼光的，对时局的判断很精准。

然而，正当他精心设计攻韩方案时，西南发生了一件大事。

公元前316年，西南的巴国与蜀国爆发战争。

巴国与蜀国位于今天的四川、重庆一带，今天我们把这里称为“巴蜀”，就是从这两个古国的名称里来的。巴、蜀是西南最强大的两个国家，巴国首都是巴，位于重庆嘉陵江的北岸；蜀国首都在成都，在西南蛮夷中称雄一方，被称为“戎狄之长”。

秦惠王上台之初，就对蜀国虎视眈眈。由于蜀国位于四川盆地，四周都是险峻高山，入蜀之路特别难行，因而秦惠王迟迟未对蜀国用兵。为了打通一条入蜀的道路，秦国人想出一个绝妙的主意。

据《华阳国志》的记载，秦国造了五头石牛，宣称可以拉出一粒粒的黄金粪便，并表示愿意送给蜀国以通好。利欲熏心的蜀王听信鬼话，为了从秦国拉回这五头石牛，他便开凿了一条通往秦国的道路。由于这条路是用来运输会拉金粪的石牛，故而称为“石牛道”或“金牛道”。后来这五头石牛拉到蜀国，至于会不会拉下金粪便，大家想想便知。

不管怎么说，秦人达到了目的，用不着自己动手，蜀人便修了一条入蜀的道路，这就为后来秦国征服西南打下了基础。

巴、蜀战争爆发后，巴国实力较弱，打不过蜀国，便派人前往秦国，请求援助。秦惠王早有将巴蜀据为己有的野心，但他也觉得张仪制订的征韩方案十分诱人。究竟应该伐蜀呢？还是征韩呢？他也没了主见。既然如此，倒不如召集群臣开会，集思广益，听听各方的看法。

作为秦国宰相，张仪对“伐蜀论”几乎不屑一顾。

对张仪来说，中原才是政治重心所在，应该乘魏国臣服之际，出兵进攻韩国的战略要地三川，进而控制韩国，把周王室捏在手心，逼迫周室交出象征无上权力的九鼎，到时可以号令天下诸侯，这才是王者的事业。至于巴蜀，不过是偏远的国度、蛮夷之地，就算得到了，也不见得有什么利益。在他看来，不去争夺中原，反倒去争夺边边角角、不值一提的地盘，这岂非脑子进水？

张仪的看法很有市场，代表了很大一部分人的想法。

然而，有一个人则坚决主张伐蜀，此人便是秦国将领司马错。

司马错认为，伐蜀有实实在在的好处，而征韩则有许多不确定的因素。

他先分析伐蜀的好处：第一，可以开疆拓土，在西南取得大片的土地，土地就是国家富强的基础；第二，伐蜀可以掠夺大量的财富，用以充实百姓的腰包，改善军队的装备；第三，打着救援巴国的旗帜伐蜀，师出有名，且蜀国实力与秦国相距甚远，不必付出重大伤亡，就可以吞掉蜀国，可以说是名利双收的美事。

另外，司马错还分析征韩战略存在许多不确定的因素。第一，通过征韩进而挟持周天子，会背上不义的恶名。第二，把韩国逼急了，韩国就会向齐国与赵国借兵。比如说著名的马陵之战，便是韩国被魏国逼急了，向齐国求助，齐国出兵大败魏师，直接导致魏国的衰落。第三，魏国虽然臣服于秦国，但立场并不坚定，如果韩国出让某些利益给魏国，魏国很可能就会倒戈；同样，楚国一直觊觎九鼎，倘若周王室情急之下以九鼎换取楚国的援助，楚国一定会出兵的。

在司马错看来，争夺中原会牵扯到许多诸侯的利益，并不是张仪想象的那么简单，事态发展可能会变得复杂而无法预测。相反，巴蜀远离中原，秦国出兵大西南，中原诸侯根本不会干涉。

司马错的见解，得到秦惠王的认可，于是他敲定最后方案：伐蜀。

很快，一支远征军组建起来，指挥伐蜀之役的秦国将领包括张仪、司马错、都尉墨等。尽管伐蜀的主张不合张仪的胃口，但是他功名心很重，为了让自己的地位稳如泰山，他还是自告奋勇领兵出征。

秦军出金牛道，向大西南挺进。秦国的出兵，完全出乎蜀王的意料。蜀王亲自率军队在葭萌关抗拒秦师，面对如狼似虎的秦国兵团，蜀军被打得大败。蜀王落荒而逃，逃到武阳时被秦军追上杀死。蜀国的太傅、宰相、太子等人退守逄乡，眼看不是秦军的对手，只有一条路可以走，就是向张仪、司马错投降。

就这样，秦国轻而易举地把蜀国收入囊中，置蜀郡。秦惠王封公子通为“蜀侯”，陈庄担任蜀相，张若担任蜀郡守。为了有效防止蛮族反叛，秦国大量向蜀地移民。于是，一场大规模的迁移开始了，秦政府动员了上万个家庭移居到蜀地。这个移民政策改变了蜀地的面貌，也把先进的农耕技术带到西南。随着大量人口的涌进，蜀地的耕地得到更多的开发，“天府之国”的优势逐渐显露出来，后来成为秦国的粮库，为秦国进取中原提供了强有力的后方保障。

事实证明了司马错的远见卓识，伐蜀一役成为继商鞅变法之后，秦国实力跃升的又一个关键。

秦军本来是打着救援巴国的旗帜伐蜀，蜀国到手后，又顺手牵羊把巴国吞并了。据《华阳国志》记载，吞并巴国是张仪的主意，主要是贪图巴国的财富。巴王被封了个“君长”的虚衔，实际上被剥夺了统治权。秦国在巴国设立巴郡，后来又从巴郡、蜀郡各划出一块地，置汉中郡。秦国推行的郡县制，已初现雏形。

从军事角度上说，吞并巴蜀只是一场规模不大的战役，秦国赢得很轻松。但从政治角度来说，这在秦国历史上具有里程碑的意义。

首先是经济上的意义。

成都平原是巴蜀重要的农耕区，面积将近三千平方公里，有平整的地形，肥沃的土壤，自然条件相当好。不过，在很长一段时间里，成都平原饱受水灾与旱灾之害，问题出在岷江这条河流。当雨季到来时，岷江的水位暴涨，由上游奔腾而下，来势凶猛，往往酿成水灾。如何解决岷江灾害，关系到成都平原的经济民生。

到了秦昭王时，为了解决岷江水患，精通水利的李冰被任命为蜀郡太守，主持水利工程建设。这是一项十分艰巨的工程，李冰与他的儿子多次前往察看地形，研究各种方案。经过反复推敲后，李冰决定采用分流的方法。李冰父子营建的都江堰水利工程，是中国古代水利工程史上的杰作。都江堰改变了成都平原的面貌，超过三百万亩的农田得到灌溉。在水灾时，泄洪于外江，在旱灾时，引导水流向内江，保障农业用水。长期以来困扰农业生产的水、旱灾害，由此大大缓解。有了李冰的都江堰，巴蜀才真正成为天府之国。

后来秦国能统一中国，靠的不仅仅是强大的武力，也是雄厚的经济实力，巴蜀的繁荣富裕确保了战争需要的财力物力。这是秦国赢得对东方优势的一大原因。

其次是战略地理上的意义。

我们都知道，中国的自然地理，地势西高东低，河流走向是由西往东流。秦国吞并巴蜀后，领土从关中拓展到西南，在陆路上有高山峻岭为天然屏障，既能阻挡东方诸国的进攻，又能凭借着居高临下的优越地理条件，不断地向东方鲸吞蚕食。从水路上看，秦国控制长江、黄河上游，沿着水路可顺流而下，对下游的东方诸国发动进攻。在占据巴蜀之前，秦国与楚国虽然相邻，之间的战争却非常少；在夺取巴蜀后，秦国获得了侧击楚国的优越地理条件，从此楚国再也不可能高枕无忧。

这样，秦国在地理上进可攻，退可守，据黄河、崤山之险，控长江上游，居高临下，雄视东方，隐隐有窥视天下之势矣。

坑蒙拐骗：无底线的外交

从春秋中期开始，为了制衡晋国，秦国便积极与楚国结盟，两国进入长期的蜜月期。到了春秋晚期，楚国开始衰落，差点被吴国所灭，若非秦国出手相救，恐怕战国七雄就没有楚国的身影了。进入战国后，楚国曾经以吴起主持变法以自强，可惜这次变法以失败而告终，未能让楚国获得新生。尽管楚国土地广阔、军队众多，但楚军的战斗力并不强大，这个曾经的霸主如今已是老态龙钟了。

秦、楚关系的转折点发生在公元前318年。在魏国公孙衍的怂恿下，楚国加入五国合纵伐秦，楚怀王亲自担任纵约长。这次五国合纵雷声大、雨点小，联军杀到函谷关时，在秦军的反击下很快土崩瓦解。这一战，拉开了秦国报复楚国的序幕。

公元前316年，秦军征服巴蜀，打开了侧击楚国的一扇大门。

早在征蜀之前，秦将司马错、中尉田真黄就曾向秦惠王进言：从蜀国有水路通往楚国，加上巴国劲卒的配合，可以乘大船沿江而下，直取楚国，则楚地可得。楚国一旦灭亡，就可以吞并天下了。

这个战略非常明确，楚国将成为秦国下一个鲸吞蚕食的对象。

伐蜀战役结束后，司马错以巴、蜀两地的士兵为主力，纠集十万大军，造大船万艘，筹米六百万斛，沿着涪水漂流而下，向东进攻楚国。这次作战大获全胜，秦军攻城略地，秦惠王把新占领的土地并入秦国。

秦军的胜利震动楚国，为了对抗秦国，楚怀王选择与齐国结盟。当时齐国与秦国并列为超级强国，齐、楚结盟，对秦国非常不利。对此秦惠王颇为担忧，拆散齐、楚同盟，便成为秦国最重要的外交任务。这个任务由谁来完成呢？还用说吗？当然是搞破坏的好手张仪。

当初张仪以三寸不烂之舌，说服魏襄王臣服于秦，一下子把东方合纵同盟给拆散了。在离间、破坏敌国同盟上，张仪可谓经验丰富。接到秦惠王的命令后，张仪自信满满地出发，直奔楚国。

楚国刚挨了秦国一闷棍，损失不少土地，楚怀王能相信张仪吗？张仪自然有办法。见到楚怀王后，张仪开口便说：倘若楚国与齐国绝交，秦国将献上六百里之地。

世界上还有这么便宜的买卖吗？楚国几乎不用花费任何成本，就可以得到六百里的土地，完全可以弥补战败的损失。楚怀王似乎担心张仪反悔，迫不及待就宣布与齐国绝交。

不过，并非所有人都认同楚怀王的做法。谋士陈轸认为：秦国拉拢楚国，无非是害怕齐、楚结盟。楚国只听从张仪的一面之词，还未得到尺寸之地，就冒冒失失地宣布与齐国断交。一旦没有齐国为后援，楚国就被孤立了，到时秦国又怎么会履行承诺呢？不如留个退路，表面上疏远齐国，暗地里仍通好，如果秦国真的送上六百里之地，再正式断交不迟。

对陈轸的建议，楚怀王不以为然。楚怀王相信秦国，是有历史原因的，秦、楚友好数百年，在历史上秦国是够朋友、讲信用的。再说了，当初如果不是秦国仗义出兵相援，楚国恐怕被吴国给灭了。

然而，彼一时，此一时也。楚怀王忽略了一个事实，自从商鞅变法以来，法家与纵横家主导了秦国的内政与外交，这两大政治流派都有一个原则，为了达到目的不择手段。也就是说，此时的秦国早就不是当年那个质朴诚信的国家，而是一个崇尚强权与诡计的国家。商鞅诱擒魏公子卬就是一个典型的例子，连朋友都可以出卖，还有什么不能出卖呢？

为了表达诚意，楚怀王甚至让张仪挂楚国相印。这种做法在战国时代十分普遍，并不是说张仪真的成了楚国宰相，只是一种荣誉称号罢了。

张仪圆满完成秦惠王交给的任务，拆散齐、楚同盟，心满意足地回秦国了。楚怀王派一名使者跟他一起上路，任务是接收秦国割让的六百里之地。

这本来是一桩简单的任务，意想不到的事情发生了。回到秦国后，张仪却出了“事故”！据说他贪杯了，从马车上摔了下来，卧病三个月不上朝！楚国使者在咸阳待了几个月，眼看日子一天天过去，六百里的土地却还没有着落，心急如焚，快马向楚怀王说明情况。楚怀王也纳闷了，他也发现张仪所谓的“摔伤”实有猫腻，究竟是哪个环节出了问题呢？一帮“智囊”又出来出谋划策，最后得出一个结论：看来张仪是认为楚国与齐国绝交还不够彻底。

好吧，一不做，二不休，索性就做得更彻底，让张仪没有借口可说。楚怀王派了一个名叫宋遗的勇士到齐国，当着齐国百姓的面辱骂齐宣王。齐宣王气坏了，一怒之下，索性与秦国交好，彻底抛弃楚国。

楚怀王真的成为孤家寡人，他还满心欢喜，认为这下子张仪该满意了吧。

没错，张仪对此十分满意。他的“病”好了，从病榻上一跃而起，穿好朝服，接见楚使。张仪让人取出一幅地图，装模作样地在地图上圈出六里的土地，交给楚使过目。

楚使一看地图上圈出巴掌大的地盘，两眼愣住了。六里？不对吧，秦国承诺割让的土地明明是六百里啊！这下子，楚国使者明白被耍了，愤怒地说：我得到的命令是接收六百里之地，不是六里！

张仪故作惊讶状说：哪来的六百里，我说的明明是六里。

这一事件，足可以列为战国时代第一坑骗巨案。春秋战国时代的外交，与今天的外交并无实质差别，外交关系到国家的信誉，一般情况下都是要严肃对待的。可以说，秦国已经走向无底线的外交，这预示着一个残酷斗争时代的到来。

六百里之地变成六里，可以想象楚怀王的愤怒之情。楚国尽管衰落，依然是地广人多的大国，楚怀王如何能咽下这口恶气？一怒之下，楚怀王做了一个冲动的决定：发兵攻打秦国！

这个决定很不理智。楚国与秦国的两次战争，楚国均遭到挫折。先是楚国以老大的身份，五国合纵攻秦，受阻于函谷关；而后秦国吞并巴蜀，顺流而下攻楚。在军事上，楚国不是秦国的对手，何况又与齐国绝交，在国际上形同孤家寡人，有什么把握能打败强秦呢？

纵横家陈轸明确表示反对。他认为楚国既然已同齐国绝交，索性就倒向秦国，与秦国联合攻打齐国。在他看来，齐国是秦国的头号对手，秦国乐于削弱齐国，楚国也可以通过占领齐国土地以挽回损失。

陈轸的建议，被楚怀王否决。楚怀王是个很要面子的人，被张仪坑得这么惨，是可忍，孰不可忍，老子一定要教训秦国，非吐这口恶气不可。

楚怀王任命屈匄为大将，率领十余万大军进攻秦国。秦国不甘示弱，派庶长魏章率军抵御，秦楚战争爆发！

事实证明楚军的战斗力极为低下，战争的第一阶段是楚军进攻，秦军防御。秦惠王派出两位优秀将领增援前线，一位是“智囊”樗里疾，另一位是甘茂，后者将在之后的宜阳之战大放光芒。

在秦军凶悍的反扑下，楚军节节败退，最终被赶出秦国。樗里疾与甘茂得势不饶人，把战火燃向楚国。屈匄退守丹阳，与秦国展开决战。此役成为楚国历史上最惨重的失败之一，楚军八万多名士兵战死，总司令屈匄及七十多名部将沦为俘虏。楚怀王派出去的远征军，几乎全军覆没！

直到这时，楚怀王还不肯认输。他完全失去理智，紧急总动员，把能用的士兵都派上场，要以举国之力与秦国拼死一战。

一支新组建的楚军开赴前线，与秦军战于蓝田，又一次大败而归。

更要命的是，楚国并不是只有一个敌人。魏国、韩国也落井下石，趁机出兵南下，攻城略地，一直打到楚国的邓地（今湖北襄樊北）。

本来就打不过秦军，又面临两线作战的困境，楚怀王已经由愤怒变为惊慌失措。楚国无力再战，只能与秦国媾和，当然，少不了要割地。楚怀王忍痛割两座城池给秦国，换取秦军停战。

这场由张仪导演的阴谋，令楚怀王赔了夫人又折兵。楚国在外交上完全被动，在军事上遭到重创，不仅未得到尺寸之地，反倒丧失大片土地。张仪的计谋之所以能得逞，是因为楚怀王贪图小利，缺乏远见。与东方诸侯相比，秦国更有长远的战略规划与坚定不移的执行力，而东方诸国的外交朝令夕改，缺乏远见，最终被秦国一一击破。

张仪的政治智慧

楚怀王蒙受巨大耻辱后，做梦都想杀张仪以泄心头之恨。没想到张仪居然自投罗网，自己又送上门了。

这是怎么回事？

原来秦惠王打算跟楚怀王做一笔交易，以秦国的汉中地交换楚国的黔中地。秦惠王派使者入楚，递交土地交换方案。由于太恨张仪，楚怀王提出一个要求：只要把张仪交出来，楚国便把土地送给秦国。

楚怀王这么说，纯粹是气话，秦国怎么可能用张仪来交换土地呢？天下人都晓得楚怀王巴不得要亲手杀了张仪，要是他去楚国，不明摆着是送死吗？

对楚怀王的要求，秦惠王当然不能同意，眼看着这笔交易要泡汤了。谁都没想到，张仪居然主动请缨。他对秦惠王说：用我一个人换一块土地，这是很划算的事，让我去楚国吧。

这完全出乎秦惠王的预料，他提醒张仪说：楚王没有得到六百里之地，对你恨之入骨，巴不得置你于死地。这个时候你前往楚国，不是找死吗？

张仪有自己独到的分析，认为楚怀王并不敢杀死自己，有三个理由：

其一，秦强楚弱，杀掉秦国宰相，无疑就是对秦国宣战。楚国刚刚连遭败绩，不仅败在秦国手下，还被魏、韩鲸吞蚕食，在这种背景下，哪来的勇气与秦国再度开战呢？

其二，楚怀王最宠幸的女人是郑袖，对她言听计从；郑袖最信任的人是楚国大夫靳尚，张仪与靳尚的交情不错。只要通过靳尚搞定郑袖，楚怀王必不会加害。

其三，张仪以秦国使者的身份前往楚国，依照惯例，两国交兵尚且不杀使者，何况秦、楚两国并非处于交兵状态，楚怀王若杀张仪，则犯天下之大不韪。

话是这么说，但谁也不能保证楚怀王盛怒之下不会做出冲动的举动。张仪还是颇有敬业精神，他认为就算楚怀王一意孤行杀掉自己，用一条命为秦国换一块地，也算值得了。

明知山有虎，偏向虎山行。我们不能不佩服张仪的勇气，在乱世中要有一番作为，有时候就需要这种胆量。

张仪竟然自投罗网，大大出乎楚怀王的意料。当然，他是有备而来的，事先塞给靳尚不少钱财。不过，能决定他生死的人，还是楚怀王。楚怀王见到张仪，二话没说，抓起来投入监狱。所有人都相信，张仪绝对活不了多久，楚怀王必定杀之而后快。

然而，张仪却一点也不在乎，似乎相信幸运女神站在他这边。如果说有幸运女神，这位女神必定就是美艳动人的楚王妃郑袖。

得人钱财，替人消灾。靳尚收了张仪的好处，紧锣密鼓地四处活动。他对郑袖说：您很快就会被大王冷落了。

这一句话，击中了女人的软肋。靳尚是个懂女人的男人，与政治相比，女人更关心的是自己的容貌，以及能否得到男人的宠幸。他十分巧妙地把政治问题变成了感情问题，他是这样说的：楚王一心要报仇，要杀张仪解恨。秦王十分器重张仪，不会让他在楚国遭到伤害，打算用六座县城来贿赂楚国，同时挑选美女嫁给楚王，陪嫁的还有能歌善舞的宫女。出于对秦国的尊重，楚王必定要宠幸秦女，到时您的地位就岌岌可危。

这种说法有点牵强，却有效地击中郑袖心里最脆弱之处。这位绝色美女露出担忧的神色，似乎危险已迫在眼前。靳尚乘机献计：只要说服楚王，把张仪给放了，秦国也不必祭出美人计了。

原来如此简单，对郑袖来说，这不是举手之劳的事吗？

郑袖便向楚怀王大吹枕边风：干吗要抓张仪呢？作为臣子，他也是各为其主罢了。大王要用土地交换张仪，土地还没给秦国，秦国就把张仪送来了。大王不仅没有回礼，反倒要杀死张仪，张仪若死了，秦王肯定雷霆大怒出兵攻打楚国。恳请大王让我们母子迁到江南吧，以免被秦人当作鱼肉任意宰割。

楚怀王性格上有很大的弱点，意志薄弱，优柔寡断。听了郑袖哭哭啼啼的一番话后，耳根子软了下来。

说实话，楚怀王当初指定要张仪，只是一番气话。张仪真的来了，他还十分尴尬。杀张仪只能有一个后果，就是引起秦国的疯狂报复。在上一场战争中，楚军已经损失十万人以上。若是杀了张仪，楚国可能又会掉十万颗人头，这划得来吗？再加上郑袖的枕边风，他杀张仪之心，早就飘散在风中了。

张仪被释放了，不仅毫发未损，还成了楚王的座上宾。

楚怀王这种软弱的性格，也正是楚国软弱外交的真实反应。在军事上楚国不是秦国的对手，在外交上再输一局，貌似强大的楚国不过是外强中干，中看不中用。在春秋时代曾经叱咤风云的楚国，此时已成病猫一只，难有大的作为。

此时张仪大可拍拍屁股，回去向秦惠王交差了，因为他已为秦国换来一块土地。不过，张仪毕竟是张仪，既然楚怀王耳根子那么软，何不再忽悠一回呢？于是他以三寸不烂之舌，游说楚国与秦国结盟，以实现自己的连横战略。

张仪先是奉承楚怀王，给他戴上一顶高帽："天下强国，非秦即楚。"这种话，不管是不是真实，反正楚怀王肯定爱听。接下来，他抨击楚怀王的合纵政策，并分析秦国的地理优势与军事优势：秦国的土地占了天下一半，兵力足以抵挡四个国家，背靠天险，有黄河为天堑，四面都是要塞，牢不可破。秦国的虎贲战士有一百多万，战车千乘，战马万匹，积粟如山。

接着他话锋一转，批评说：楚国想用合纵的手段抗衡秦国，无异于驱赶羊群攻击猛虎，下场可想而知。大王不与猛虎交往，却与群羊交往，这个策略无疑是不明智的。现在有一小撮人鼓吹合纵，集合一群弱小的国家去攻打最强大的国家，这是使国家陷于危亡的做法。明明兵力不如对方，就不要轻易挑衅；明明粮食比不上敌方，就不要想打持久战。这都是简单的道理，那些主张合纵的人只会胡说八道，只挑有利的一面说，却不说不利的一面，一旦使国家陷入祸害中，就后悔莫及了。

倘若秦国与楚国爆发战争，结果会怎样呢？张仪分析说：秦国据有巴蜀，粮食充足，若是沿着长江而下，只要十天就可以打到楚国的扞关。同时，秦国的地面部队从武关出发，向南进攻，楚国北部的土地就会被切断。只需三个月的时间，楚国就要陷入危险之中，就算其他诸侯国想救援，恐怕也得等半年以后吧。等待弱国的救援，却忽视强秦的祸害，这使我不得不替大王您忧虑。

最后，张仪总结道：秦国与楚国土地接壤，本来就应该成为亲近的国家。大王如果听臣的意见，与秦国互换太子为人质，使秦、楚两国长久成为兄弟般的国家，世代互不侵犯，这才是高明的计策。

说好听点，是秦、楚结盟，实际上是楚国臣服于秦国。

当然，张仪没忘了抛给楚怀王一点甜头。之前楚怀王不是说用黔中地换张仪一人吗？秦国把张仪送来了，楚国就要损失一块土地。现在张仪慷慨表示，只要楚怀王愿意臣服于秦国，那块地秦国就不要了。

楚怀王不由得暗自窃喜，满口答应张仪的要求，继魏国之后，楚国也臣服于秦国。

这是张仪外交上的巨大胜利。

魏国与楚国都臣服于秦国，夹在秦、魏、楚之间的韩国就容易搞定了。张仪辞别楚怀王，信心十足地前往韩国，游说韩襄王，继续兜售他的“连横”主张。

韩国相对比较弱小，张仪就没那么客气了。他向韩襄王指出韩国的弱点所在：韩国的地理位置特别不好，国土多为山区，所种植的粮食不是豆子就是麦子，倘若有一年粮食欠收，百姓连糟糠都吃不饱。韩国的土地方圆不超过九百里，士兵不超三十万，可用于一线作战者，不会超过二十万人。

如果韩国选择与秦国对抗，会是什么后果呢？张仪分析道：秦国有武装部队百万之众，战车千乘，战马万匹。与东方军队相比，秦国士兵更加勇敢，他们打仗时可以脱去甲衣，赤膊上阵，在战场上左手提着敌人的脑袋，右手还可以抓获俘虏。秦国士兵个个像孟贲这样的勇士，而东方士兵则像胆小鬼一样。秦军的压迫力，就如同大力士与婴儿交手，这跟把千钧重物压在一粒鸟蛋上毫无分别，用这样勇猛的军队去攻打不顺从的弱小国家，一定没有幸存的。

他同样把矛头直指东方诸侯的合纵政策：大王并没有正确估计形势，听信了那些合纵论者的鬼话，他们甜言蜜语，振振有词地说：“听我计策，便可称霸天下。”这真是误国误君的言论。最好的办法，莫过于帮助秦国。秦国最想削弱的国家是楚国，能够帮助秦国削弱楚国的，只有韩国。并不是因为韩国比楚国强大，而是韩国的地形与地理位置决定的。投靠秦国，攻打楚国，可以把韩国的风险转嫁到楚国身上，同时又让秦国高兴，这是最好的选择。

在张仪的恫吓下，韩国人夹起尾巴，答应了他提出来的“连横”要求。

张仪发动一系列外交攻势，取得了丰硕的成果。

在成功地说服楚国、韩国加入“连横”阵营后，秦惠王封张仪为武信君，赏赐给他五座城邑。这是张仪的巅峰时刻。与商鞅一样，张仪到达事业的巅峰后，仕途开始急转直下。不过，他的下场比起商鞅要好得多。

公元前311年，秦惠王病逝。秦惠王是秦国扩张史上一位重要的君主，在其二十七年的统治生涯中，发出灼人的光芒。他是一位不平凡的君王，杀了商鞅的同时，又原封不动地继承其变法遗产。从这一点就可以窥视他的政治手腕——既讨得守旧派的欢心，又不失去革新派的支持。他一如既往地坚持引进人才，魏国人公孙衍、张仪先后执掌秦国大权，他对张仪的信任，如同秦孝公对商鞅的信任。

秦国的扩张，始于秦惠王。在他统治的时代，秦国军事力量之强，远远超出以往的任何一个时代，一百万的常备军，即便放到两千多年后人口大爆炸的二十一世纪，也算得上是庞大的兵力。秦惠王以百万雄兵为后盾，以张仪的连横为主要外交政策，远交近攻，拆散敌人同盟，这种军事加外交的模式是秦国屡战屡胜的法宝。

不过，秦惠王一死，张仪的好运就结束了。自从公元前328年张仪担任秦相，到秦惠王去世（公元前311年）前后有十八个年头，扣除中间几年闲居魏国，他执掌大权也超过十年之久。

继任的秦武王对张仪并不友好，张仪收敛锋芒，夹起尾巴做人，小心翼翼地避免得罪新君王。然而，树倒猢狲散，张仪毕竟失势了。习惯于落井下石的朝臣们不遗余力地在秦武王面前攻击这位纵横大师。树大招风这话一点也没错，流言蜚语满天飞，正所谓人言可畏，想整倒张仪的大有人在。不仅是秦国人，齐国人也别有用心地传播对张仪不利的言论，明摆着想借刀杀人。这个靠一张嘴混饭吃的人，几乎把全世界都得罪了。

张仪决心离开秦国，返回自己的祖国魏国。秦武王本来就看张仪不顺眼，如今张仪自己辞去秦相之职，离开秦国，他正求之不得呢。为了表示慷慨，秦武王送给张仪三十辆豪华马车，让老臣以体面的方式离开秦国。

这一离开，张仪与秦国永别了。

回到魏国后，张仪受到魏襄王的礼遇，摇身一变成了魏国宰相。

为什么魏襄王如此器重张仪呢?

当初张仪怂恿魏襄王臣服于秦国，认为有两个好处：其一是受秦国保护，可以免遭其他诸侯入侵；其二是可以联手秦国，瓜分楚国。魏襄王是个没有雄心壮志的君主，投靠秦国后，国家果然太平无事，还趁秦、楚开战之机，南下占领若干地盘。张仪的两点承诺还真都实现了，因此魏襄王觉得张仪是个人才，便拜他为相。

一年后，张仪因病去世，竟得善终。

张仪是秦国历史上重要的政治人物之一，他的贡献，就是以连横的战略破坏东方诸国的合纵，使得秦国牢牢占据外交的主动权。他一生最得意的成就如下：其一，在公元前317年成功说服魏国臣服于秦国，在此之前魏国是东方合纵运动的领头羊；其二，在担任秦相期间，参与指挥灭巴蜀之役，策划攻韩战争；其三，在公元前313年以欺骗手段成功离间齐国与楚国的结盟，致使秦楚交兵，楚国遭遇空前惨败；其四，公元前311年，游说楚国与韩国臣服于秦。

不过，在秦惠王、张仪先后去世后，秦国的“连横”外交遭到重大挫折。曾经臣服于秦国的魏国、韩国、楚国纷纷叛离。失去张仪后的秦国，将何去何从呢?

好勇斗狠的秦武王，决定先拿韩国开刀。

车通三川以窥周室

秦国对韩国的图谋由来已久。

韩国是晋国分裂出来的三个国家之一，实力较弱，但其地理位置位于中国版图的中央。只要打下韩国的三川，就可以打通一条通往周室领地之路，进而实现挟天子以令诸侯的战略意图。

早在伐蜀战争前，张仪就策划了征韩方案。当时秦国就征韩还是伐蜀展开激烈的争辩，最后秦惠王支持司马错的伐蜀方案，否决了张仪的征韩计划。

秦国吞并巴蜀后，于公元前314年发动对韩国的战争。在名将樗里疾的指挥下，秦军在岸门之战大破韩军，斩首万余。不过，这时北方传来一个惊人的消息，打乱了秦国攻韩的计划。是年，东方强国齐国大举入侵燕国，仅仅用五十天的时间便灭掉燕国。齐国的扩张震惊了秦国，紧接着齐国与楚国结盟，更让秦国感到压力巨大。

在此背景下，秦国不得不暂时放弃攻韩，集中力量对付齐国与楚国。张仪出使楚国，诱骗楚怀王与齐国绝交，而后秦军在丹阳之战中大破楚军，斩首八万。齐国失去楚国支持后，在众诸侯的压力下，被迫从燕国退兵，燕国得以复国。秦国压制齐国与楚国后，又迫使韩国臣服。

不过，秦惠王一死，韩国乘机叛离，让新上台的秦武王十分丢面子。秦武王重新捡起张仪的“征韩方案”，决定打通三川，进窥周室。

秦武王曾经这样抒发自己的抱负：“寡人欲车通三川，以窥周室，而寡人死不朽矣。”他的理想就是“车通三川，以窥周室”。三川是韩国的宜阳，因境内有河（黄河）、洛（洛水）、伊（伊水）三川而得名，这是中原的腹地。为什么要窥周室呢？此时周王室已经败落，但是周室有象征权力的九鼎。倘若把九鼎扛回秦国，秦武王便是众王之王了。由于秦国与周室离得远，要“窥周室”，扛回大鼎，就必须打通韩国的三川。

谁能担任伐韩之役的统帅呢？

秦武王挑中一个人——左丞相甘茂。

甘茂本是楚国人，年轻时师从史举先生，在史举的教导下，遍读百家学说。由于秦国日渐强大，且对外来人才敞开大门，甘茂便离开楚国前往秦国。在秦国，他结识了张仪与樗里疾，其渊博的学识、出众的才华得到两人的赏识，便开始了平步青云的仕途生涯。张仪与樗里疾联合举荐，秦惠王召见甘茂并与之促膝长谈，被他的才思敏捷所折服。甘茂曾参与指挥丹阳之战，是役歼灭楚军八万人。后来，他又以庶长的身份，参与平定蜀郡叛乱。

攻打韩国最大的风险是魏国参战，甘茂认为，必须未雨绸缪，让魏国保持中立。于是他只身入魏，游说魏襄王。魏襄王连屁也不敢放，乖乖答应了，不会出手援助韩国。

不过，甘茂还有一件担心的事。作为一名外国客卿，秦武王对他的信任，远远比不上秦孝公对商鞅的信任，也比不上秦惠王对张仪的信任。外国人在秦国当官，总是会让很多人妒忌，自己带兵出外打仗，肯定会有很多人乘机向秦武王进谗诬陷，若是秦武王偏听偏信，如何是好？

为了消除甘茂的疑虑，秦武王拍胸脯承诺，绝不会听风言风语，并且还写下一份保证书交给甘茂。

于是甘茂与庶长封率领大军浩浩荡荡杀入韩国，战国史上著名的宜阳战役爆发！

宜阳是韩国的战略要地，名义上是一个县，其面积实际上方圆百里，相当于一个郡的大小。这里驻扎着韩国最精锐的部队，共有十万人。宜阳城池坚固，城中储备的粮食可供数年之用。不仅如此，韩国还有二十万的军队可作为后备力量。因此，宜阳之战，注定是一场硬仗。

很多人认为韩军是一支弱旅，这种看法是错的。韩军是从晋军脱胎而来，战斗力还是很强的。特别是宜阳的守军，更是韩军中的精锐。韩军在远程武器上是比较先进的，韩国生产的强弓劲弩天下驰名，对秦军是个巨大威胁。另外，当时韩国宰相公仲侈被认为有杰出的治国之才，能够领导韩国军民抵抗秦国的入侵。

因此，秦军在宜阳城下的进展并不顺利。尽管秦军的战斗力天下无双，但丝毫未占到便宜，战役持续了五个月之久，宜阳城仍岿然不动。

尽管韩国守军英勇抵抗，毕竟敌人太过强大，如果没有得到国际援助，光靠韩国的力量是不能支撑很久的。由于甘茂有先见之明，在发动宜阳战役前就威胁魏国保持中立，魏襄王自然不敢轻举妄动。唯一可能援助韩国的，只有南方的楚国。

在以往的战争中，韩国与楚国都遭受过秦国的重大打击，伤亡惨重，被迫臣服于秦国，可谓是难兄难弟。倘若秦人拔取宜阳，占领三川之地，无疑对楚国相当不利。宜阳战役打响后，楚怀王遣大将景翠率领军队屯驻北疆，一方面预防战火烧向楚国，另一方面为援韩做准备。

然而，在是否出兵援韩上，楚怀王举棋不定。楚怀王认为韩国宰相公仲侈精明强干，长于外交，守住宜阳城应该不成问题。如果楚国出兵救援宜阳，就多了一个共同对抗秦国的盟友。不过，鉴于之前楚军在丹阳之战的惨败，楚怀王内心深处对秦国有一种深深的恐惧心理，担心与秦国作对，难免遭秦人报复，如何是好呢？

这位优柔寡断的君王既想充当英雄好汉，又缺乏坚定的意志。于是他想到谋略过人的陈轸，询问他的意见。

陈轸早年曾在秦国当过官，对秦国的军事实力有透彻的了解。他断然认为，即便以公仲侈之才，也难以阻止秦军占领宜阳，楚国不应该卷入这场胜利无望的战争。

这一番话，把楚怀王吓住了。楚军终究未敢跨出国境，只是停留在边境线上，遥遥为韩国壮胆增威。

对秦军统帅甘茂来说，处境十分不妙。一方面持续五个月的进攻没有取得重大进展，苦战后的秦军已是疲惫不堪；另一方面，楚国虽然没有出兵援韩，但陈兵于边境，也不能不防。更要命的是，秦国内部反对的声浪四起，这与他事先预料的一模一样。

考验秦武王的时候到了。包括樗里疾、公孙奭等人都强烈要求退兵，攻击矛头直指甘茂。甘茂在秦国能青云直上，与樗里疾的举荐有直接关系，两人关系一直不错，为什么樗里疾要反对甘茂呢？这个说来话长。

樗里疾是秦惠王的弟弟，也是秦武王的叔叔，战功之卓著在秦军将领中无人可及。所谓功高震主，秦武王上台后，首创双丞相制度，以樗里疾为右丞相，甘茂为左丞相，实际上就是以甘茂制衡樗里疾。同时，在征韩统帅人选上，选择甘茂而不是樗里疾，故而引起樗里疾的强烈不满，两人的矛盾由是引发。

由于宜阳之战陷入僵局，樗里疾与王室成员公孙奭等联合起来，攻击甘茂，要求秦军撤兵。面对各方所施加的压力，秦武王焦头烂额，信心动摇，开始打起退堂鼓，考虑放弃攻略宜阳。

在前线指挥作战的甘茂听说秦国内部纷争后，立即派人快马加鞭赶回咸阳，带上当初秦武王写下的保证书。这就是甘茂的精明之处。他早就预料到有这样的结果，事先未雨绸缪，做好应对准备。看到自己亲笔写下的承诺书，秦武王无话可说，作为一国之君，他不能耍赖不认账啊。事到如今，他只有硬着头皮，顶住诸方压力，把宜阳之战进行到底了。

转眼间冬去春来，新的一年到来了，这是公元前307年，即秦武王四年。宜阳战事仍然激烈地进行，各诸侯国都在密切注视这场中原大战的结局。

东方其他五个诸侯国对宜阳之战是什么态度呢？齐国、燕国与秦国并不接壤，对宜阳之战采取淡然态度，坐山观虎斗；赵国一代雄主赵武灵王正酝酿胡服骑射改革大计，不想惹是生非；魏国早就收到秦国的警告，承诺保持中立；只有楚国陈兵于楚、韩边境，谁也摸不准楚怀王会怎么做。

这场战争最可能出现的变局，是楚国会不会参战。

连无所事事的周王室东周君也在关心这场战事，他与大夫赵累讨论宜阳战局，认为宜阳有十万大军驻守，城池坚固，韩国宰相公仲侈很有才能，楚军随时可能救援宜阳，秦国很难攻下。

赵累则持相反意见，他认为甘茂作为秦国客卿，如果不能全力拿下宜阳，就会丢掉左丞相的高位，因而必定会全力以赴。同时，秦武王是个很要面子的人，他既然顶住朝臣们的巨大压力，定会把宜阳之战进行到底。若秦国举全国之力攻打宜阳，宜阳很难守得住。

事实证明，赵累的分析是对的。秦武王不仅没有退兵，反而不断调遣重兵投入宜阳战场。秦武王倾国内精兵攻略宜阳，志在必得，这个架势也迫使楚怀王不敢轻易参战。

此时甘茂承受了难以想象的压力。他私底下对亲信说，如果不能攻克宜阳，樗里疾、公孙奭等人一定会排斥他，韩国宰相公仲侈也会悬赏通缉他，到时就算逃到天涯海角，恐怕也没有可容身之地。

经过旷日持久的拉锯战，无论是秦军还是韩军，都已到崩溃的边缘。一向纪律严明的秦国军队，甚至屡屡出现抗命不从的现象，前进的战鼓声擂响时，谁也不想往前冲。

为了激励士气，甘茂不得不以重金悬赏，招募一支敢死队。他还对军队下达死令：如果不能限时破城，宜阳就是大家的葬身之地。

仗打到这种地步，比拼的是双方的意志力。秦军最后的总攻开始了，敢死队率先登城，其他部队也打起精神，发起冲锋。在秦军铁的意志下，宜阳守军信心崩溃，终于未能顶住秦军疯狂的进攻，宜阳沦陷！

此役，韩国军队战死六万人！

同时，秦国也付出了极为惨重的代价。由于秦国史料向来对自己的伤亡人数讳莫如深，我们无法获得确切的伤亡数据。但是据《战国策》一书披露，在宜阳之战中，“秦死伤者众”，损失肯定不是小数字。

攻克宜阳后，甘茂继续扩大战果，占领武遂，并在此处筑城。至此，韩国人再也无法抵抗了，韩国宰相公仲侈被迫亲自入秦请罪求和。由于秦军也是强弩之末，难以再战，秦武王遂同意韩国的请和，秦韩战争结束。

宜阳之战，是秦国扩张史上非常重要的一场战争，秦武王夺得了梦寐以求的三川之地，在中原站稳了脚跟，为之后持续的扩张奠定了基础。

季君之乱

秦武王是秦国历史上一位比较特别的君王，他的特别之处，在于他更像武士而不是国王。他力大无比，武艺高强，崇尚武力。大约正是因为这个原因，他一直对耍嘴皮子的张仪颇为轻视，一上台张仪就失势了。秦武王豢养了一帮打手，包括任鄙、乌获、孟说等人，都是著名的力士。

当时流传这么一种说法："力则任鄙，智则樗里。"任鄙就是秦武王的打手之一，当时其知名度与号称"智囊"的樗里疾不相上下。若论对国家的贡献，任鄙是远远不及樗里疾的。由于秦人尚武，崇拜勇士，故而任鄙在当时乃是大众追星的偶像，后来他出任过汉中郡守。乌获是另一名勇士，传说他能力举千钧，也有说是百钧，是一位天生神力王。他也是一位寿星，活了八十多岁，这在战国算非常高寿了。与任鄙、乌获相比，另一个力士孟说就没那么走运了。他十分倒霉，因为与秦武王比试举鼎，出了意外，全家被灭族。

秦武王招罗这些力士后，都授给高官厚禄，希望他们能成为秦国人的榜样。勇武精神是秦的立国之本，秦武王把这种精神推向极致，他的喜好无疑深化了秦国的尚武之风。

为了实现"车通三川，以窥周室"的梦想，秦武王发动宜阳之战，打通三川，已隐隐望见周室的九鼎了。

此时周王室已经衰败到极点，甚至分裂为两部分。周室的分裂发生在公元前367年，一称为东周，一称为西周。这里的西周、东周是指周室分裂出来的两个小国，与周代分为西周、东周两个阶段是不同概念。周天子权力已是荡然无存，起初是依附东周自保，到公元前315年（宜阳之战前七年），周赧王转而迁往王城，依附西周。

周王室之所以还能苟延残喘，主要是诸侯七雄争霸胜负未决，天子还有一顶纸糊的王冠，上面写着"天下共主"的字样，勉强在列强的夹缝中求生存。天子还有一个别人都没有的宝贝——象征天下权力的九鼎。

如今，秦武王认为他才是天下第一，才配拥有九鼎。

秦武王以朝见天子为名，派右丞相樗里疾带着一百辆战车，雄赳赳气昂昂地进入西周王城。

在春秋战国史上，秦国有过几次勤王义举，与周王室的关系是不错的。但那些往事都是过去时了，如今的秦国，不再是当年质朴而又知恩图报的秦国，而是一个狡诈蛮横的秦国。

周赧王心里明白，樗里疾此来，是黄鼠狼给鸡拜年——没安好心。秦国一定是有所图的，图什么呢？图的就是九鼎。面对虎狼秦国，周天子怎么办呢？周赧王想了个办法，他派了一支军队，打着保护樗里疾的旗号，把秦国车队给团团围住。一队持戈的士兵在前面，一队强弩手在后面，任你樗里疾如何智慧超群，也甭想搞什么阴谋。

就在这个时候，传来一个令人震惊的消息：秦武王意外死了。

体格强健的秦武王，怎么会突然死了呢？

据《史记·甘茂列传》所记，秦武王是死于周都，即西周王城。如果这个说法属实，那么在樗里疾率领一百辆兵车入西周后，秦武王随后也抵达王城，大概是为了实现他“窥周室”的梦想。

为了展示自己夺取周室九鼎的决心，他与手下大力士孟说进行了一场举鼎大赛，看看谁举的鼎更重，举得更久。秦武王举的鼎，是否就是九鼎中的一尊呢？史书没有说，我们也不好臆测。

今天我们可以看到先秦时代保存下来的一些青铜大鼎，有些是相当重的。比如上海博物馆的镇馆之宝大克鼎，重量超过两百公斤；而超级大鼎后母戊大方鼎，重量超过八百公斤。秦武王与大力士孟说比赛用的鼎，重量肯定不轻。古人比赛举鼎，不仅要举起来，一般还要绕场走上一圈。

正是在这次举鼎比赛中，秦武王发生意外，他的腿骨断裂了。究其原因，很可能是举鼎时重心不稳，鼎的重量没有平均分配在两条腿上，致使其中一条腿受力过猛而折断。这是致命伤，伤势很快恶化，以当时的医疗条件，根本无法挽救秦武王的性命。最后，这位好勇斗狠的秦国君王在痛苦中死去。

想要夺鼎，却死于鼎之下。这就是秦武王的宿命，他也算是为鼎而生，为鼎而死了。

秦武王之死，让周室逃过一劫。看来天命未到，九鼎不可夺啊。当年秦武王称："寡人欲容车通三川，以窥周室，而寡人死不朽矣。"不料一语成谶，三川也通了，周室也窥了，人也死了，至于是不是不朽，那就不得而知了。

秦武王之死，引发了秦国的内战。

由于秦武王死得太突然，又没有儿子，只能从他的兄弟里挑选一人继承王位。最有资格继承王位的人，当属公子壮。他有两个别人都没有的优势：其一，公子壮是秦惠王的嫡子，秦武王的亲弟弟，从血缘上看，可谓根正苗红；其二，他得到惠太后与武王后的全力支持。惠太后是秦惠王的王后，也是公子壮的生母；武王后就是秦武王的王后，公子壮的兄嫂。

然而公子壮遭遇了一个强有力的竞争对手，此人便是公子稷。

公子稷是秦惠王的庶子，秦武王死时，他并不在秦国，而是在燕国当人质。看上去公子稷胜出的机会相当小，从血缘亲疏上看，公子壮是嫡出，他是庶出；公子壮人在国内，而公子稷人在国外，怎么竞争得过呢？

但是，公子稷有一个巨大优势，他背后有一个超级亲友团。

首先是他的母亲芈八子，就是电视剧里面所谓的"芈月"，这是个非常厉害的女人。芈八子是楚国人，是很有个性的女人，后来嫁给秦惠王成为王妃。她性情不羁，在性方面很开放，故而迷倒秦惠王，深得宠爱。芈八子极有心机，依靠秦王的宠幸，她把亲友大量安插在秦国高层，构建了庞大的权力关系网。

这个权力网的中心，是芈八子的两个弟弟，一个叫魏冉，是她的同母异父弟弟；另一个叫芈戎，是她的同父异母弟弟。魏冉被封为穰侯，芈戎被封为华阳君。魏冉在秦惠王时就担任重要官职，参与处理国家大事，是秦国政坛重量级人物。除了魏冉与芈戎外，芈八子集团还有一个重要人物，便是她的外族亲戚向寿。

芈八子与魏冉密谋从燕国秘密迎回公子稷，拥立为秦王，这便是秦国著名的一代雄君秦昭王。芈八子一跃成为秦国的太后，史称"宣太后"。与此同时，不甘示弱的惠文后、武王后也拥立公子壮为王，史称“季君”。秦国内乱由是爆发。

宣太后做了一件极为正确的事，便是继续留用樗里疾为宰相。鉴于樗里疾在秦国军界无可置疑的地位，宣太后得到了军方的支持，这一点对其胜利产生了不可低估的影响。同时，果断而有魄力的宣太后将弟弟魏冉提拔为将军，守卫首都咸阳。

尽管秦昭王继位备受争议，但宣太后先下手为强，赢得了政治上的主动权。同时，季君（即公子壮）的支持者也大有人在，这就使得这场秦国内战成为旷日持久的战争。战争持续了三年，最终在魏冉的铁腕下，昭王的军队彻底打垮了季君的军队。中国的历史，成则王败则寇，秦国的这场内乱被称为“季君之乱”，由于失败，季君反倒成了乱臣贼子。

宣太后在镇压敌人上毫不留情，她与汉代的吕后颇为类似，甚至比吕后更冷酷无情。在“季君之乱”中，在宣太后的指示下，魏冉尽诛公子壮（即季君）、惠文后、昭王异母兄弟，以及追随季君的大臣。这很明显是一个女人的报复，当年宣太后是惠文王妃，地位不及惠文王后，现在时来运转，她一定要把情敌置于死地。不仅如此，当年秦惠王其他妃子的儿子，她也一个不留，全部处死。从这点看，她确实比吕后做得还绝，吕后虽然残忍，还没有把刘邦的其他儿子都处死。在她的政敌中，只有一个人免于一死，就是秦武王的王后，她被逐回自己的娘家魏国。

此时秦昭王年龄尚幼，宣太后与魏冉遂专国政，威震秦国。

这场内战让秦国元气大伤，对外扩张的势头戛然而止，东方诸侯乘机又搞起合纵运动，以对付秦国这头西方巨兽。

第四编

扩张

诱擒楚怀王

正所谓“一朝君主一朝臣”，秦国也有这样的传统。秦孝公一死，商鞅就失势；秦惠王一死，张仪就失势；而秦武王一死，甘茂也失势了。这三人都是客卿，都为秦国的扩张做出过重大贡献。

秦昭王上台后，宜阳之战的英雄甘茂处境十分尴尬，受到公孙奭与宣太后外族亲戚向寿的排挤。两人制造谣言，诽谤甘茂。甘茂与张仪一样，最终选择逃离。当时战国七雄中，唯一能与秦国抗衡的便是东方的齐国。因此，甘茂不辞而别，只身投奔齐国去了。齐宣王对甘茂的到来热烈欢迎，以上卿待之。

甘茂的到来，对齐国的外交政策产生了重大影响。齐国自齐威王时代开始崛起于渤海之滨，自马陵之战后一跃成为最强大的国家之一，与西方的秦国遥相呼应。不过，与秦国相比，齐国在外交上略显保守，不如秦国积极进取。在甘茂的努力下，齐国在外交上，开始趋于活跃。

当时战国七雄中，魏、韩在秦国的频频打击下已经衰落，赵国与燕国分别在赵武灵王与燕昭王统治下锐意改革，无意诸侯混战。因此，齐国要想同秦国争霸，首先要争取与楚国的结盟。尽管在整个战国时代，楚国政坛死气沉沉、缺乏生气，但楚毕竟是个大国，拥有广阔的土地及百万大军，实力仍然未可低估。

在秦惠王时代，齐国与楚国曾达成战略同盟，不料楚怀王轻信张仪割让六百里土地的承诺，为蝇头小利，竟不惜与齐国绝交。最终，楚国赔了夫人又折兵。对于楚怀王绝交这件事，齐宣王内心十分不快，耿耿于怀。不过，事过境迁，他相信楚怀王吃一堑长一智，遂主动抛出橄榄枝，希望与楚国再次结为同盟，共同对抗秦国。

并不是所有人都能从失败中吸取经验教训，楚怀王就是如此。

宣太后与魏冉赢得秦国内战的胜利，让楚怀王对秦国新政府抱有一种侥幸心理。因为宣太后与魏冉都是楚国人，而且还是属于楚国的王族“芈”姓。秦国的政权，实际是落在楚国人手中，或者说，秦国可以算得上半个楚国了。在楚怀王看来，秦国一下子变得可亲可近了。楚国人在秦国掌权，这对楚国难道不是福音吗？

事实上，政治往往并非如此。就好比说在宣太后、魏冉之前的公孙衍、张仪都是魏国人，当他们成为秦国的权臣后，对自己的祖国也并不那么友好。

如今齐宣王抛来橄榄枝，楚怀王犹豫了。究竟要倒向秦国还是倒向齐国呢？楚怀王没了主意，便召集群臣发表议论。多数人认为应该与齐国结盟，楚国屡遭秦国的欺骗与羞辱，“必将取地于秦，而后足以刷耻于诸侯”。要报仇雪耻，就得与齐国结盟。

由于群臣反对与秦国结盟，楚怀王最终决定接受齐宣王的邀请，与齐国结为同盟。不久后，在宜阳之战遭到惨败的韩国也加入，组成三国同盟。

然而，齐、楚联盟不到一年的时间就破裂了，问题仍是出在楚怀王身上。

楚国与齐国结盟，让秦国深感不安。于是，拆散、破坏齐楚同盟，就成为秦国首要外交目标。为了达到这个目的，秦国煞费苦心。

首先，秦国以重金贿赂楚怀王及楚国大臣。都说有钱能使鬼推磨，秦人迷信金钱的威力。收了钱后，楚国君臣的立场马上就动摇了。其次，秦国恢复与楚国通婚。自从春秋时代始，秦、楚两国就有王室通婚的传统，秦国以此表明两国关系是经得起历史考验的。最后，秦国将其占领的上庸归还楚国。秦国人对楚怀王的性格太了解了，只要给点蝇头小利，他就没了原则。

楚怀王很快就背信弃义了，又一次宣布与齐国断交。但是他想不到，楚国的噩梦就此开始，他的个人悲剧也肇始于此。

对楚怀王的反反复复，齐宣王忍无可忍，决定教训一下楚国。甘茂出使魏国，成功地把魏国拉入合纵联盟。齐、魏、韩三国联盟磨刀霍霍，准备砍向楚国。

为了应对三国联盟的进攻，楚国只能把希望寄托在秦国身上。楚怀王把太子横送往秦国当人质，以换取秦国的保护。谁知楚太子横年少轻狂，在秦国居然惹出大祸，在一起打架斗殴中，把秦国大夫给打死了。太子横自知闯了大祸，不敢滞留，慌忙逃回楚国。楚国人质打死人还跑路，这简直是对秦国的侮辱与蔑视。

秦国不能容忍这种事发生，马上派遣庶长奂率领秦军进攻楚国。如果楚怀王识相的话，赶紧与齐国恢复关系，或许还能躲过一劫。可惜的是，他什么事也没做。齐宣王一看楚国与秦国交恶，大喜过望，立即纠集魏、韩两国共同出兵，由齐国名将匡章指挥三国联军，进攻楚国。

楚国陷入以一国敌四国、两线作战的不利局面。无论秦国还是齐国，实力都在楚国之上。

在西线战场，楚军根本无法抵挡秦军凶悍的进攻，两万名士兵被砍了脑袋。在北线战场，楚军败得更惨。齐、魏、韩三国联军在垂沙之战中几乎全歼楚军，击毙楚军统帅唐昧，楚国宛城、叶城以北的土地完全沦陷。

次年（前300），秦国宰相魏冉派弟弟芈戎大举伐楚，斩首三万，击毙楚军统帅景缺。国难当头，楚怀王做什么呢？他居然求神问卜，大搞迷信。据史料所说，他“隆祭祀、事鬼神，欲以获福助，却秦师”，把打败秦师的希望寄托在鬼神身上，只是鬼神并没有现身相助，却落了个惨败的下场。

面对秦军无休止的进攻，楚怀王不得不向齐国低头求助。此时齐宣王已去世，齐湣王刚刚登位。楚怀王把惹是生非的太子横送往齐国，换取两国结盟，以应对秦国的进攻。

为破坏楚国与齐国结盟，秦国向来是不遗余力的。这次，秦昭王也把弟弟泾阳君送到齐国当人质，换取齐国保持中立。齐湣王是个虚荣心很强的人，他刚上台，秦、楚两国争着来巴结，让他有一种飘飘欲仙的快感。于是齐国采取一种淡然态度，既不攻楚，也不助楚。

楚怀王避免了两线作战，但在与秦国的单打独斗中，仍然不是秦国的对手。

公元前299年，秦国第三次大举出兵进攻楚国，连下八城。事实证明，楚国所谓的“百万雄兵”，不过就是豆腐军罢了。

面对秦国疾风骤雨般的攻势，楚国连招架之力都没了。

就在楚怀王绝望之时，突然收到秦昭王的亲笔信。秦昭王在信简中解释伐楚的原因，归罪于太子横蛮横杀死秦国大夫并潜逃。秦国方面认为，秦楚有数百年的友谊，最好的解决方法是两国君主坐下来面对面谈判，重新订立条约。秦昭王把谈判的地点设在秦国的边关——武关。

收到信后，楚怀王心里很忐忑，拿不定主意。不去谈判吧，秦军攻势如潮，楚国根本抵挡不住；去谈判吧，武关是秦国地界，怕上了贼船，自投罗网。然而，性格决定命运。楚怀王的性格软弱，优柔寡断，尽管屡屡被秦国欺骗与欺负，却始终怀有一种侥幸的心理。他缺乏主见，耳根子软，当儿子子兰力主与秦国谈判时，他终于选择了一条不归路。

楚怀王启程前往武关，希望这次谈判能带来好运。但他的希望注定要落空，他抵达秦国时，并没有见到秦昭王的影子，迎接他的是一群如狼似虎的秦国士兵。他如同一只软弱的绵羊误入狼群之中，命运不再由自己主宰。楚怀王没有受到君王的待遇，而是被当作俘虏押往秦都咸阳。

曾几何时，秦国是一个讲信用、有情义的诸侯国，甚至楚国能避免灭国的命运，秦国有功焉。只是彼一时，此一时。自商鞅变法以来，仁义的传统价值理念被抛弃，取而代之的是纯粹的实用主义；到张仪时更是开启无底线的外交，为达目的无所不用其极。以谈判为手段诱擒楚怀王，如同商鞅诱擒公子卬的翻版，一个大国在外交上连续使出阴招，实属罕见。

秦昭王有自己的打算。尽管秦军战斗力远胜于楚军，但楚毕竟是大国，即便打垮楚国，秦也要付出相当大的代价。只要诱擒楚怀王，逼迫楚国割地，不战而屈人之兵，岂非更理想？面对失去自由的楚怀王，秦昭王狮子大开口，要求楚怀王割让巫郡与黔中郡。

身陷囹圄的楚怀王迸发出罕见的勇气，拒绝了秦昭王的无理要求。秦昭王软硬兼施，始终未能令楚怀王屈服，只能将其软禁，企图以此对楚国施压。

不过，秦昭王的计划还是破产了。

在得悉楚怀王被秦人软禁的消息后，楚人从齐国迎回太子横，立为国君，是为楚顷襄王。楚怀王因一念之差，不仅葬送了自己，也被自己的国家抛弃了。他已经不再是国王，只是一个囚徒而已。

秦昭王对这样的结果相当不满，再度派出大军伐楚。在虎狼秦师面前，楚军依然弱不禁风，一战下来，阵亡五万人，析城等十六座城邑沦陷。

由于楚怀王已经没有任何利用价值，秦人对他的看管也没有那么严了，这给了他一个难得的逃跑机会。公元前297年，被软禁了两年多后，楚怀王趁秦国人看管松懈时逃跑了。然而，当他历尽千辛万苦逃到秦、赵边境时，赵国却拒绝他入境。无奈之下，楚怀王试图绕道魏国，不幸被秦国追兵逮住，又一次被押回咸阳城。他终究未能逃脱宿命的安排，于次年病死于异国他乡。

大史学家司马迁评论说："人君无愚智贤不肖，莫不欲求忠以自为，举贤以自佐。然亡国破家相随属，而圣君治国累世而不见者，其所谓忠者不忠，而所谓贤者不贤也。怀王以不知忠臣之分，故内惑于郑袖，外欺于张仪，疏屈平而信上官大夫及子兰，兵挫地削，身客死于秦，此不知人之祸也。"

楚怀王的悲剧源于他自身的性格，做事优柔寡断，缺乏魄力与果敢精神，有忠臣屈原、谋士陈轸而不能用，内不能强国，外交上更是糊里糊涂，三番五次被秦人愚弄，智力堪忧，让这么一个人来统治一个大国，既是国家的悲剧，也是个人的悲剧。楚怀王死后，楚南公说了一句话："楚虽三户，亡秦必楚。"后来这成了一句预言，不过在当时，也仅仅只能看作楚国人自我激励的安慰话罢了。

两大超级强国的对抗

自商鞅变法后，秦国在西方强势崛起，把魏、韩、楚等邻国打得满地找牙。

然而，秦国最强大的对手却是远在千里之外的齐国。此时的齐国风头正盛，与秦国并列为超级强国。

齐国的强盛，始于齐威王。在战国七雄中，齐国的文化最为发达，战国时代最著名的学术中心稷下学宫就位于齐国首都临淄城的稷门外，这里汇聚了天下英才。在稷下学宫一百多年的历史中，曾迎来名家尹文、兒说、田巴，儒家孟子、荀子，道家宋钘，阴阳家邹衍，兵家孙膑，法家慎到等大师级的人物。兼容并蓄的思想，给齐国政治带来了生机勃勃的活力。

马陵之战是齐国通往霸权的里程碑，是役标志着魏国称霸时代的结束。在齐威王、齐宣王两代明君统治下，齐国国力蒸蒸日上，成为唯一一个可以与秦国匹敌的超级强国。在齐宣王时代，齐国曾创造五十天灭掉燕国的军事奇迹。尽管后来由于众诸侯干涉，齐国被迫退出燕国，仍足以见证其超强的军事实力。在齐宣王晚年，齐军在垂沙之战中重创楚军，此役是楚国盛衰的一个转折点。

正因为如此，秦国对齐国一直心怀忌惮，尤其害怕齐国与楚国结盟，故而三番五次破坏其关系。不过，由于秦、齐两国领土并不接壤，并没有产生直接的冲突。但是，公元前299年的一起事件，导致两国兵戎相见。

这起事件是这样的：秦昭王为了破坏齐、楚结盟，把弟弟泾阳君送到齐国当人质，以换取齐国保持中立。公元前299年，泾阳君人质期满回国，齐湣王派孟尝君护送他返回。这本是一个正常的外交活动，然而孟尝君到了秦国后，差点遭遇楚怀王的命运，险些沦为阶下囚。这是怎么回事呢？

我们知道，孟尝君是战国时代四公子之一，是赫赫有名的政治人物。他开启战国晚期养士之风，据说有门客三千，天下人莫不知孟尝君的大名。

孟尝君作为齐国使者，护送泾阳君归秦，这是齐国十分友好的表示。秦昭王见到孟尝君后，为其风采神韵所倾倒，竟冒出一个念头，想挽留孟尝君担任秦国宰相。但是，此时秦昭王虽是国王，实际上秦国大权掌握在其舅舅魏冉之手，魏冉是秦国宰相，怎么可能将相位拱手让给孟尝君呢？

有人在秦昭王面前打小报告，小报告是这样说的：孟尝君是齐国公子，齐国又是秦的劲敌，如果他当了秦国宰相，岂非处处为齐国的利益着想吗？那样秦国就危险了。我们完全有理由相信这是出于魏冉的指使。

秦昭王的想法确实不妥。既然不能为我所用，索性也把孟尝君给软禁了，不让他回齐国，秦国岂非少了一个强有力的对手？不能不说，秦国真是一个崇尚强权、蔑视公理的野蛮国度，弃道义如粪土。先是绑架了楚怀王，如今又打算绑架孟尝君，简直无耻到了极点。

还好，孟尝君毕竟朋友遍天下，耳目众多，很快便得悉秦昭王的阴谋。但要如何脱身呢？

孟尝君跟一帮门客商量了半天，决定从秦昭王的爱妾身上入手。一位能说会道的门客去求见秦昭王的爱妾，说明来意。这位妃子没有拒绝，但有一个条件，希望得到一件白狐裘衣。原来孟尝君使秦，带了一件礼物送给秦王，便是白狐裘衣，是以非常名贵的白狐皮制成的。秦国后宫女人多，人人都想得到这件名贵的衣服，给了这个女人，别的女人就不高兴，秦王也是很难办，索性收进府库。

爱妾一心想出风头，要求孟尝君也送她一件。只是白狐裘衣都送给秦王了，孟尝君哪里再去搞一件？只有一个办法：偷。

您还别说，孟尝君手下这帮门客，还真有人才，有人自告奋勇潜入秦国王宫去偷出这件宝贝。入夜时分，星光暗淡，只见一条人影身手矫捷地翻墙入了王宫，偷偷摸摸溜进府库，真把裘衣给偷了出来。在行窃过程中，这位神偷遇上巡逻队，他急中生智，学着狗叫了几声，把巡逻队给蒙混过去，大家以为只是条野狗，没去注意。

得到白狐裘衣后，爱妾喜欢得不得了，在陪秦昭王喝酒时，替孟尝君说了几句好话。秦昭王正在兴头上，心情舒畅，懒得去管什么孟尝君，发了张通行证，准许齐国使团离开。

对孟尝君来说，这张通行证就是救命符。他与门客飞一般地离开咸阳，向函谷关的方向没命狂奔。孟尝君是个很心细的人，在逃跑途中，把通行证上的名字给改了，改成张三李四之类的名字。这样每经过一个关口时，就不会引起注意了。

孟尝君的谨慎是对的。不久后，秦昭王就后悔了。孟尝君不是一般的人，在齐国他是呼风唤雨的人，要是他逃走了，一定会报复秦国的。秦昭王派出快骑，马不停蹄地追赶孟尝君一行人。

话说孟尝君以百米冲刺的速度狂奔至函谷关，只要出了这个关口就安全了。当他们风尘仆仆赶到函谷关口时，已经是后半夜。根据规定，到了晚上，函谷关就会关闭大门，禁止通行，要天快亮时才开门。当时没有时钟、手表或手机，黑灯瞎火的，怎么知道是几点呢？于是便立了一个规矩，雄鸡鸣叫时，就是打开关门的时候。

这群人鬼鬼祟祟地待在大路上，追兵要是赶到，那就是关门打狗，一个都逃不掉。孟尝君养士三千，奇人异士还真不少。前者有人会学狗叫，现在又来一个会学鸡叫的。这位“周扒皮”学起鸡叫来还真像，把附近的公鸡都叫醒了，公鸡也啼叫个不停。函谷关的守卒也搞不清几点钟，反正公鸡都叫了，开门吧。于是“咣当”一声，大门开了。孟尝君一行人故作镇定，恭恭敬敬递上通行证。守卒还睡眼迷离、神志不清呢，挥挥手示意他们出关。

待到天亮时，秦国追兵也到了，终究迟了一步，让狡猾的孟尝君给溜了。

孟尝君这次死里逃生，主要归功于两个人，一个是狗盗之徒，成功偷得白狐裘衣；另一个是鸡鸣之徒，诱骗守卒提早打开关门。这两人都是孟尝君门下的食客，在关键时刻，成为齐国使团的大救星。一千年后，北宋著名政治家王安石曾讥讽说：“孟尝君特鸡鸣狗盗之雄耳，岂足以言得士？”很明显带有鄙夷之意。

不过，我们要为孟尝君说句公道话，他能列为战国四公子之一，并非浪得虚名。回到齐国后，孟尝君卧薪尝胆，矢志报仇雪耻。

齐、秦两大超级强国，终于要面对面干上一场。

齐国跟秦国并不接壤，孟尝君要怎么攻打秦国呢？

自从甘茂逃往齐国后，齐国在外交上颇为积极主动，最大的成就是与韩、魏结盟。韩、魏两国深受秦国之害，也希望找个靠山。孟尝君回国后，被齐湣王任命为齐国宰相，总揽朝政。他派人前往魏、韩两国，说服魏襄王与韩襄王，联手对付秦国。

公元前298年，齐、魏、韩三国联手，进攻函谷关。

在此之前，由于楚人立楚顷襄王，秦昭王大举出兵进攻楚国，取得斩首五万与攻略十六城的辉煌战绩。在秦、楚交锋之际，孟尝君冷不防率领三国联军杀向函谷关，大大出乎秦昭王的意料。齐国兵团的战斗力还是很强的，在函谷关打败了仓促应战的秦军。函谷关是秦国的门户，一旦被破，联军将长驱直入关中。秦军失利的消息传到咸阳后，秦国为之震动。

自从商鞅变法以来，只有秦国打别人，哪轮到别人攻打秦国呢？因此，孟尝君伐秦，对秦人的心理震动非常大。尽管秦国军事力量十分强大，可精锐尚在楚国，根本来不及调回。

为了迟滞孟尝君的攻势，秦昭王决定割地求和。这真是不可想象，以前只有秦国割别人的地，不想今天自己也要割地求和了。秦昭王决定牺牲河东三城（武遂、封陵、齐城），换取孟尝君退师。

不过，秦昭王有所不知，孟尝君也遇到了棘手的问题——粮食紧张。齐国兵团千里伐秦，粮食要自备，一路过来，损耗许多，开始捉襟见肘了。因此，孟尝君对深入秦境作战也没有把握，最好的办法，当然是通过谈判捞到一些好处。

秦昭王想割三城求和，孟尝君却另有打算。大家想想，既然齐国与秦国不相邻，秦国割让的三城，只能被魏国或韩国得到，齐国能得到什么呢，两手空空？孟尝君想到秦昭王手中还有一张牌，就是被软禁的楚怀王。他提出和谈的条件：秦国必须释放楚怀王。

难道孟尝君要做助人为乐的活雷锋吗？当然不是了，他有自己的盘算。孟尝君的如意算盘是：把楚怀王弄到手后，向楚国索取东部土地以作为报酬。楚国与齐国是邻国，得到楚国的土地才是真正的实惠。至于秦昭王要割让的三座城，那只是浮云罢了。

对于这个条件，秦昭王满口答应。于是孟尝君从函谷关撤军，但是他忘了一件事，秦国早就是个没信用的国家了。秦昭王食言了，拒绝履行释放楚怀王的承诺。孟尝君的如意算盘最终成了竹篮子打水——一场空。

第一次伐秦之战没达到目的，孟尝君很不开心。他不是一个轻言放弃的人，既然秦国毫无信用可言，那也休怪我无情了。他开始着手准备第二次伐秦之战。两年后，即公元前296年，孟尝君第二次发动伐秦之战。

此时秦、楚战争结束，秦国精锐已经回国，秦昭王可以集中力量迎战孟尝君。但孟尝君是有备而来的，除了齐、魏、韩三国外，他又拉来两个国家入伙，一个是赵国，一个是宋国。五国联军浩浩荡荡杀向秦国，兵力比第一次伐秦更加强大。

秦军虽然勇猛，奈何以一敌五，明显居于劣势。东方诸侯联军兵锋很盛，一路攻至盐氏（山西运城）。一向霸气逼人的秦国露出怯意，言而无信的秦昭王又一次推出"割地求和"的解困战术。

大约在这个时候，被囚多年的楚怀王在悲愤与疾病的双重打击下，郁郁而死。楚怀王一死，孟尝君打算从他身上榨取油水的如意算盘就落空了。在这种情况下，他无心继续发动对秦国的攻势，因为攻城略地所得的一切好处，只会落到其他国家头上，对自己终究无益。于是，他同意了秦昭王的"割地"条件，根据该协定，秦国归还韩国河外之地及武遂（山西垣曲东南），归还魏国河外之地及封陵（山西永济西南）。

孟尝君在公元前298年及公元前296年两度发动的伐秦之役并没有重创秦国的军事力量，但其意义仍不可低估。秦国数十年来在东方鲸吞蚕食，不可一世，在孟尝君的攻击下第一次遭到挫折，虽然谈不上损失惨重，但"割地求和"毕竟颇为颜面扫地。同时也证明了齐国确实是秦国的一大对手，在诸侯中拥有广泛的影响力，能够越数千里发动对秦国的进攻，绝非易事。

在孟尝君之前，齐国尽管称雄于东方，却从来没有扮演过领袖的角色。孟尝君合纵诸侯攻打秦国，大大提升了齐国在国际上的威望。

西风压倒东风

孟尝君合纵魏、韩，两度发动对秦国的进攻，其壮举为他赢得了巨大的政治资本，得以在政坛上呼风唤雨。一时间，齐国人只知有孟尝君，不知有齐湣王。据史所记，孟尝君执政时，“上则得专主，下则得专国”，齐湣王简直成了一个摆设。齐湣王对孟尝君专权相当不满，两人矛盾开始激化。秦国又祭出其高超的外交伎俩，大肆宣扬孟尝君“名高其主而擅齐国之权”，终于让齐湣王铁了一条心，要剥夺孟尝君的宰相权力。

秦国的第一大敌人是齐国，能领导齐国合纵抗秦者，只有孟尝君。孟尝君的垮台，对秦国显然是个福音。秦昭王有一种如释重负之感，此时他的野心开始膨胀，认为以秦国之强，却跟其他诸侯一样只是一个“王”，很不过瘾。秦国傲视天下，理应在众国之上，于是开始了一场称帝的闹剧。

“帝”原本是指上帝，即主宰天地万物的最高天神。在上古时代，人们把五位德高望重的统治者称为“五帝”，包括黄帝、尧、舜等。他们虽是凡人，在历史上却有着神一般的地位。秦昭王显然也想把自己当作神一般的存在，为了显示高人一等的地位，他要用“帝”号来取代“王”号。

公元前288年，秦昭王在宜阳称帝。他把称帝的地点选择在宜阳，而不是秦国的都城咸阳，可谓别有深意。当时宜阳的地理位置，几乎是位于中国的中心。秦昭王故意挑了这么个地方，很显然摆明自己应该是天下至尊，能号令东西南北。

秦昭王称帝之举，无疑预示着一场新的政治革命已经呼之欲出了。诸王中的强者应当成为天下的领袖，帝者，王中之王也。秦国一统天下的野心，昭然若揭。

然而，我们必须说，秦昭王称帝为时过早。因为秦国尚没有强大到足以打垮所有敌人，秦国还有一个堪与其匹敌的对手齐国。不要忘了，不久前孟尝君伐秦，秦国还被迫割地求和呢。

秦昭王很快便意识到这个问题，秦国不应当忽视齐国的存在。秦国单独称帝显然不合适，于是宰相魏冉亲自出访齐国，怂恿齐湣王一同称帝，一为西帝，一为东帝，岂不快哉！

不过，秦国的如意算盘很快落空了。

自从秦昭王称帝后，所有东方诸侯都深感畏惧。尽管这些年来，魏、韩、楚等国在与秦的战争中一败涂地，但从国家角度讲地位是平等的，你是王，我也是王，大家都是王。秦国称帝，便是王中王，是要把地位凌驾于诸国之上。对此，东方诸国显然是不同意的，一时间，反对秦国称帝的浪潮汹涌澎湃。

齐湣王顺势而为，拒绝秦国提出称“东帝”的建议。齐国的这一表态，得到其他诸侯的拥护与支持，东方诸侯纷纷倒向齐国。

直到此时，秦昭王才懊恼地发现自己成为孤家寡人。秦国称帝，不仅没有实际利益，反而让齐国得以做大，实是得不偿失。称帝两个月后，秦昭王灰溜溜地宣布撤销帝号，恢复王号。这出称帝的闹剧就这样结束了。

齐湣王反对称帝，博得了东方诸侯的好感，自己也有点飘飘然。尽管齐国国力甚强，但是在土地扩张上远远逊色于秦国，长此以往，齐国势必无法与秦国抗衡。因此，齐湣王把实力较弱的宋国作为目标。

在战国时代，除了战国七雄外，还有两个较大的国家，一个是中山国，另一个就是宋国。中山国被赵国吞并，宋国就是仅存的一块大肥肉。

公元前286年，齐湣王发动对宋国的战争。齐军势如破竹，宋军根本无法抵挡，在很短的时间里，便灭掉了宋国。这是战国史上很重要的一场战争，此役既是齐国霸权的巅峰，又是其迅速衰败的开始。

从春秋时代开始，宋国便是中原一个重要国家，在国际上有很大的影响力。比如春秋晚期的两次弭兵之议，都是宋国主导的。宋国的国力虽然不及战国七雄，却也不是一般小诸侯能比，当时被称为“五千乘之劲宋”。因此，齐国吞并宋国，中原为之震动，鲁、卫、邹等一帮小诸侯纷纷称臣，拜倒在齐湣王脚下。

灭宋的胜利，刺激了齐湣王的雄心。他的野心急剧膨胀，把矛头指向楚国，从楚国人手中夺走淮北之地。紧接着，齐湣王又进攻淮河下游的淮夷，夺取七百里之地。仅仅一年的时间，齐国的土地几乎扩张了一倍，达到空前绝后的水平。头脑发热的齐湣王意犹未尽，甚至打算出兵吞并二周（东周、西周），自立为天子，成为天下共主。

此时齐国的疆域面积，已经不输秦国了。

齐国这种疯狂的扩张速度，让所有诸侯都感到害怕。因此，几乎所有大国都联合起来，一致压制齐国，这就有了五国伐齐的故事。

为了打压齐国，魏、韩、赵甚至同意与宿敌秦国暂弃前嫌，组成联军。不过，在伐齐一事上，最卖力的当属燕国。原因很简单，在齐宣王统治时，齐国曾经一度灭掉燕国，这是燕国历史上的奇耻大辱。

五国伐齐的主导者便是燕国。

燕国在公元前314年被齐宣王所灭，后来由于诸国干涉，燕国得以复国。燕昭王矢志雪耻，发愤图强，招贤纳士。在邹衍、乐毅、苏代等人齐心协力的经营下，燕国开始走向强盛。齐滑王灭宋后，大肆对外扩张，引起诸侯的恐惧。燕昭王利用这个机会，游说诸侯，成功地把秦、赵、魏、韩四国拉入反齐联盟，共同出兵伐齐。

在此之前，秦国也曾多次受到多国联军的进攻，但是联军每次都止步于函谷关。可以说，秦国优越的地理位置，成为阻止东方联军深入的保障。秦国据有黄河之险、峭函之固，险要的地形是天然的军事屏障，使东方军队至此，望而却步。

相比秦国，齐国在地利上毫无优势可言。齐国地处山东半岛，这里是丘陵地形，缺乏大山大河为屏障。尽管齐国军事力量雄厚，对付一个国家没问题，要对付群殴就不行了。

同时，齐国在军事上还犯了一个极其严重的错误。当时燕国派间谍苏代到齐国卧底，齐滑王竟然任命苏代为军事统帅，一国军事统帅居然是敌国的间谍，这在世界战争史上恐怕也是少有的。战争的结果一点也不出乎意料，在敌方间谍的指挥下，齐国在开战之初，就损失了五万最精锐的士卒。

伐齐战争的主角是燕国，名将乐毅率燕师横扫齐国。不过，一心想打倒齐国的秦国在战争中也十分卖力。秦昭王派大将斯离、蒙齐率领一支远征军，杀入齐国，攻城略地，夺取齐国河东九城。

这场战争差点毁掉齐国。在齐国焦头烂额之际，唯一没有参加伐齐的楚国突然下黑手，干掉了齐湣王。因此，战国七雄中，除齐国外的其余六国，都卷入了伐齐战争。齐湣王之死，意味着齐国霸业的终结。齐国最狼狈时，只剩下两座城池，其余土地全部沦陷。也算齐国天命未绝，燕昭王去世后，乐毅遭新上台的燕惠王怀疑而被解职，齐国名将田单乘机反攻，奇迹般地收复失地。不过，经此一难，齐国已经从一流强国沦为二流国家，完全丧失了与秦国争霸的资格。

秦国在伐齐之战中获得巨大的利益。首先，秦国在东方得到一块土地，称为陶邑，这是以前宋国最肥沃丰饶的土地。由于陶邑与秦国本土并不接壤，故而是一块飞地，后来成为铁血宰相魏冉的封邑。其次，伐齐之战干掉了秦国最强大的对手，客观上为秦国去掉了心腹之患。此后，秦国再无可以匹敌的对手，即便是后来的赵国，也与秦国不在一个重量级。

笔者个人认为，五国伐齐对战国历史的影响，可能比后来的长平之战还大。在商鞅变法后，能够与秦国并列为超级强国的只有齐国。哪怕是后期的赵国，也未达到超级强国的水平。

孟尝君两度率齐师千里伐秦，迫使秦昭王割地求和，这在秦国崛起后是绝无仅有的。秦昭王自称“西帝”时，不忘给齐湣王送上“东帝”的称号，这也可以看出齐国在秦人眼中的分量。

秦昭王敢于凌驾于众王之上，却把齐湣王视为平起平坐的对手。齐国在很短时间内，灭掉宋国，夺楚国淮北之地，取淮夷七百里之地，都证明其军事力量的强大堪与秦国媲美。

东方诸国虽然把齐国给打趴下了，但绝非福音。因为他们终将发现，没有齐国制约后的秦国，将张牙舞爪，把东方诸国撕扯得粉碎。

以寡击众的伊阙之战

自从张仪提出“征韩论”以来，历代秦王都希望以韩国为跳板，夺取二周（东周与西周）。这个目标，在秦武王时差点实现了，只可惜这位尚武君王兴奋过了头，举鼎举死了。秦昭王继位后，当然也没有忘掉夺取二周的初心。

公元前293年，一支大约十万人的秦军从三川出发，向东周挺进。一直把二周视为自家后花园的魏、韩两国，当然不能坐视不理。于是，韩僖王与魏昭王达成秘密协定，决定乘秦军孤军深入之机，集中优势兵力歼灭之。为此，韩国与魏国联手，出动二十四万大军，欲一鼓作气消灭秦国远征军。

在兵力上看，韩魏联军是秦军的两倍以上，占据绝对优势。况且秦军劳师远征，士卒疲惫，而韩魏联军则是以逸待劳，更是占尽地利。从作战地点看，秦军远离大后方，补给线长，没有后援，劣势明显。无论从哪个方面看，韩魏联军似乎都胜券在握。倘若这一战能歼灭这支十万人的秦军部队，将大大改变韩、魏与秦国的军事力量对比。

秦军统帅向寿侦察到韩魏联军的动向，发现自己处境相当危险，赶紧从东周撤军，退至伊阙。双方三十几万军队陈兵于此，一场大战已是在所难免。

铁血宰相魏冉接到从伊阙发回的军事情报后，忧心忡忡。他心里明白，向寿并不是一个优秀的将领，没有能力解决如此复杂的局面。那么向寿是靠什么当上秦军统帅呢？靠的是关系。向寿是秦国实际掌权者宣太后、魏冉姐弟的外族亲戚，也是秦昭王从小玩到大的朋友。靠着这层关系，向寿成为秦国政坛上呼风唤雨的人物，当初就是这家伙把甘茂给逼走的。由于秦国的军功爵制度，军功是加官晋爵的阶梯，因而向寿也想上战场的捞点资本。本想着十万大军攻打弱不禁风的东周，实是杀鸡用牛刀，哪想到半路杀出程咬金，韩、魏突然出兵，兵力还两倍于己，这如何是好？

魏冉毕竟是大风大浪过来的人，他做出一个极其大胆也是出乎所有人意料的决定：临场换将，以级别低得多的白起代替向寿，出任秦军统帅。

白起的军爵是“左更”，位列二十等爵的第十二级。史书没有记载白起的年龄，但从他未来还有四十年军事生涯推断，几乎可以肯定此时他只有二十来岁。

为什么魏冉会选择白起呢？这还得从一年前说起。

伊阙之战前一年，即公元前294年，魏冉派遣白起进攻韩国新城。当时白起的军爵是“左庶长”，在二十等爵中是第十级，属于中间水平。新城之战的经过，史书并没有详述，但白起的用兵韬略肯定引起了魏冉的关注。这场战役不仅让白起的军爵跃升两级，还为他晋升为伊阙战役总指挥打下了基础。

把十万秦军的性命交给一位年轻统帅，魏冉果然是在豪赌。不过，历史将证明魏冉眼光之毒辣，魏冉的非常规提拔，铺就白起一代战神之路。

白起临危受命，面对错综复杂、敌强我弱的战场形势，他将如何应对呢？这位年轻的统帅没有自乱阵脚，而是以冷静的头脑分析敌我双方的优势与劣势，知彼知己，方能百战不殆。

先说说秦军的劣势。

其一，兵力上的劣势。史书并没有准确记录伊阙之战秦军的兵力，笔者认为秦军人数在十万人左右，主要是依据《战国策》中一段记录：“韩魏相率，兴兵甚众，君所将之，不能半之。”由于韩魏联军有二十四万人，秦军“不能半之”，就是不到联军的一半，推算起来，在十万人左右。其二，在伊阙之战前，秦军已发动对东周的进攻，又从东周撤退到伊阙，一路跋涉，已是疲惫之师。其三，秦军孤军深入，不可能得到其他部队的援助。

然而，秦军也有优势。

其一，在以往战争中，秦对魏、韩胜多负少，心理优势明显，魏、韩士兵普遍有恐秦症；其二，魏、韩兵力虽占优势，但没有统一的指挥，各自为战，难以协同；其三，秦军单兵作战能力，要远远强于魏、韩士兵，在很大程度弥补了兵力不足的弱点。

白起通过搜罗情报，分析敌情后认为：“韩孤顾魏，不欲先用其众。魏恃韩之锐，欲推以为锋。”当时韩军在人数上要少于魏军，因而韩军统帅公孙喜认为魏军应该打头阵；但魏军统帅犀武则认为，韩军的战斗力强，理应打头阵。我们从先前的宜阳之战可以看到，韩军的战斗力的确比较强悍。由于没有统一的指挥系统，韩、魏两军统帅在谁充当先锋这个问题上争执不下，双方都想保存实力，相互扯皮，谁都不愿主动出击，白白错失进攻的良机。

韩、魏的矛盾，给了白起各个击破的机会。后来白起在回顾伊阙之战时说："二军争便之力不同，是以臣得设疑兵以待韩阵，专军并锐，触魏之不意。"韩、魏的统帅都希望对方打头阵，等到秦军不支时，自己再上就可以抢下首功。因此，白起制订的作战计划具体如下：

秦军先佯攻实力较强的韩军，设疑兵让敌人误判此为主攻方向；秦军主力则对魏军发动突袭，韩军必不会援救。在势均力敌的情况下，白起有把握迅速击败魏军，待魏军退走后，再回过头集中力量打败韩军。

制订作战计划后，白起先声夺人，主动发起进攻。他先派出一支小部队，广置旌旗，虚张声势，逼近韩军营地，实施佯攻。白起的判断是，韩国军队抱着保存实力的想法，肯定不会主动出击，只要牵制住韩军，以最快的速度击败魏师，然后再掉转马头对付韩师，达到各个击破的目的。韩军统帅公孙喜果然上当，以为遭遇秦军主力，不敢迎战，闭营不出，坐等魏军前来会师。

与此同时，白起亲率主力部队，以迅雷不及掩耳之势，进攻魏军。韩、魏两军本是遥相呼应之势，秦若攻魏，则韩师前来助阵；秦若攻韩，则魏师前来助阵。然而，无论韩军还是魏军，都认为自己遭遇秦军主力，自然谁也不会去援救谁。

白起先进攻魏军，主要是考虑到魏军的战斗力较差。战国第一个霸主魏国，现在已经沦为落水狗了。在所有诸侯国中，魏国与秦国交锋最多，也败得最惨。自魏国霸权凋零后，与秦国的战争几乎一打就输，一输就割地，故而魏军上下对秦军有一种极端的恐惧心理。从这点看，魏国还不如韩国，韩国尽管在宜阳之战中败给秦国，仍然打得非常顽强，也给予秦军重大杀伤。

面对如狼似虎的秦军，魏军尽管人数上略占优势，仍然毫无招架之力。秦国士卒打仗真是不要命，直杀向魏军指挥中枢，把魏军统帅犀武给砍死了。统帅一死，魏军群龙无首，很快就没了章法，一片混乱，最终全线溃败，尸横遍野。

击破魏军后，白起按照既定的计划，转而攻击韩军。韩国大将公孙喜得知友军被击破的消息后，心中大为惊慌，自认为独木难支。三十六计，走为上计，遂率军仓皇撤退。善于捕捉战机的白起下令全线追击，追上公孙喜，这位韩军统帅成为阶下囚。接下来完全是秦军的表演时间，他们夺旗斩将，锐不可当，如入无人之境，连拔五城。在三十五年后，白起谈论起这场战役时这样说道："魏军既败，韩军自溃，乘胜逐北，以是之故能立功。"

伊阙之战是战国时代规模最大的会战之一，秦军在兵力不到敌方一半的劣势下，击破韩魏联军二十四万，取得了辉煌的战果。伊阙之战的胜利，与白起的军事天才是分不开的。他能因势利导，化不利为有利，展示"庖丁解牛"般精湛的指挥艺术，以他自己的话说是"皆计利形势，自然之理"。此役对中原战局产生了巨大的影响，魏、韩两国在此役巨大失败的阴影笼罩下，更无力与秦国抗衡。后来秦国著名宰相范雎评论说："韩、魏以故至今称东藩，此君（指白起）之功，天下莫不闻。"

这次大会战是白起的成名之战。在此之前，他还没什么知名度，正因如此，魏、韩两军统帅都对他掉以轻心。白起是战国时代最擅长指挥大兵团作战的将领之一，他果断而冷静，有着精确的分析能力，善于把握战争大局，就如同一位高明的弈者。伊阙之战，令白起名震诸侯，对敌人来说，他是最可怕的人物，是惊天战神，是战地屠夫。他一生杀略无数，冷酷无情，与他共处一个时代的将领在他耀眼的光芒下都黯然失色。

战神白起横扫楚国

取得伊阙大捷后，秦昭王乘机挥舞大棒，震慑楚国。

自从秦昭王诱擒楚怀王后，秦、楚关系跌至冰点，两国势不两立。由于秦国在外交上翻手为云，覆手为雨，毫无原则底线可言，故而秦国在国际上根本没有朋友。秦国并不需要朋友，它只需要别的国家对它臣服。

伊阙之战结束后，秦昭王给楚顷襄王写了一封信，这封信是这样写的："楚背秦，秦且率诸侯伐楚，争一日之命，愿王之饬士卒，得一乐战。"这是公然向楚国下的一封挑战书，有种就战场上见。

事实证明，楚顷襄王并不比老爹楚怀王强多少。楚虽号称大国，幅员广阔，拥兵百万，实则比魏、韩强不到哪去，与秦国交锋，百战百败。面对秦昭王的威吓，楚顷襄王哪敢应战呢？再说了，楚怀王也已经去世多年，管他什么家仇国恨，苟安一时算一时吧。

无奈之下，楚国只得屈辱地选择与秦国和解。楚顷襄王迎娶秦女为夫人，两国重新联姻，恢复外交关系。

然而，楚顷襄王的软弱，引起了国人的强烈不满。想想秦国是如何把楚国耍得团团转的，甚至以谈判为名义就把一国之君给扣押了，有没有公理可言？当然，要跟秦国谈公理，无异于对牛弹琴。与魏、韩相比，楚国更丢人。楚国民众对秦国抱着深深的敌意，同时也对楚顷襄王深感失望。

楚国曾是一个伟大的国家，楚人向来有复仇的传统，就好比当年的伍子胥，在父兄被杀后，不忘报仇雪恨，最后鞭尸楚平王。楚人是有血性的，怎奈统治阶级软弱无能，国家积弱，百万大军只是摆设罢了。

在沦为秦国的傀儡后，楚顷襄王也闷闷不乐。有一回，他召见一位武士时，这位勇气颇嘉的武士当面批评楚顷襄王：楚与秦有不共戴天之仇，一个寻常百姓尚且有仇必报，何况是万乘之君。楚国方圆五千里，有甲兵百万，足以在疆场上纵横驰骋。而大王却坐困于此，岂非令人大惑不解？

大家还记得吗？楚顷襄王还是太子时，曾在秦国当人质，跟一位秦国大夫打架，并把人给打死了。应该说楚顷襄王也是个比较横的人，之所以软弱，实是国力不如人。被该武士的一番话刺激后，楚顷襄王的血性也被激发出来了。他突然想到一件事，既然光凭楚一国之力无法对抗秦国，何不重新捡起合纵战略，联合东方诸国对付共同的敌人呢？

公元前281年，楚顷襄王派出使者，游说诸国以合纵抗秦。

不过，楚国的合纵计划严重受挫。

这里，我简要说一下东方其他五国的大体情况。

首先是齐国，在经历五国伐齐后虽然艰难复国，但从此一蹶不振。特别是楚国人杀了齐湣王，齐国更不愿意参加楚国主导的合纵运动。

齐国衰败后，东方诸侯中实力最强者是赵国。赵国经赵武灵王胡服骑射改革后，国力突飞猛进，成为秦之外的第二军事强国。以赵国在诸国中第二把交椅的地位，怎么会听命于楚顷襄王呢?

至于燕国，与秦国不接壤，事不关己，高高挂起。

最有可能与楚国合纵的国家，当属魏国与韩国，可这两个国家是泥菩萨过河——自身难保。在伊阙之战后，秦国对魏、韩两国展开一轮接一轮的鲸吞蚕食。先是白起夺取安邑以西至乾河的韩国大片土地；紧接着秦军兵分两路攻魏，攻城略地。公元前290年，魏冉伐魏、韩，魏昭王被迫割让河东四百里之地，韩国则割让武遂等二百里之地。公元前289年，白起与司马错伐魏，魏国连失六十一城!

魏、韩两国固然有合纵的意愿，但是由楚国来主导合纵，他们却并不感兴趣。说句不好听的，你楚国的军队还比不上我们魏、韩两国呢！这三个国家，无一不是得了恐秦症，因而合纵只能是句空话。

对于楚国的合纵抗秦企图，秦昭王相当愤怒。为了集中力量打击楚国，秦国与赵国在渑池达成和平协定，解除后顾之忧。关于渑池之会，后文详述，这里先略过。

公元前279年，秦国宰相魏冉以爱将白起为伐楚兵团统帅。白起率数万秦军进攻楚国。说实话，秦军也真不把楚军放在眼里，攻打拥有百万大军的楚国，只派出不到十万人的军队，这是赤裸裸的蔑视。

这一次，白起还能续写神话吗?

如果说孙子是最杰出的军事理论家，那么白起应该就是最杰出的军事实践家。这又是一场以寡击众的战争，孙子曾说“多算胜，少算不胜”，开战之前，白起首先就要评估胜算几何。

楚国的问题是什么呢？不是军队少，不是士兵不勇敢，而是楚国内政太糟糕了。后来白起总结说：“是时楚王恃其国大，不恤其政，而群臣相妒以功，谄谀用事，良臣斥疏，百姓心离，城池不修，既无良臣，又无守备。”楚顷襄王敢叫板秦国，无非仗着兵多地广，这固然是楚国的优势。然而，楚国上至国君，下至群臣，多是庸碌之辈，内政极为混乱。奸臣用事，像屈原这样的忠臣却遭到排挤，民众虽有拳拳爱国之心，奈何遇到不作为的当权者，又能怎样呢？更糟的是，自楚顷襄王以来，楚国几乎不修军备，破旧的城池也没修缮，防御能力低下。

楚国虽号称有百万大军，实际上恐怕缺员严重。与如此庞大武装不相匹配的是，楚国几乎没有一位将领可称为名将。这不能不让人怀疑其军事制度的有效性。名将的产生需要土壤，楚国的军事土壤是否太过贫瘠呢？我想是的。庞大的兵力并不是战斗力的保证，这一点白起看得非常清楚，所以他以不到十万之众的军队，便敢于深入楚国。

秦军攻入楚国后，直取鄢城（湖北宜城东南）。鄢城是楚的别都，名为军事重镇，实则城防有许多弱点。白起觑准其薄弱之处，便是鄢城的防洪能力特别差。秦军决开汉水的堤坝，引水灌城。这种非常规的作战手段，很快就让鄢城守军陷入灭顶之灾。洪水汹涌而下，把鄢城变为一片汪洋。作为秦国的战争机器，白起铁石心肠，对生命实无怜悯之心，他追求的只是胜利，毫不在意杀生。

鄢城一战，楚国军民死者数十万，这里简直成了人间地狱！攻陷鄢城后，白起一鼓作气，再下邓、西陵等城池。

一个和平时期不修武备的国家，临时才抱佛脚，幻想侥幸赢得胜利，这就是孙子说的“无算”，是毫无胜算的。在秦军面前，楚国就是一支豆腐军，没有什么战斗力可言。鄢城大捷后，白起信心百倍，尽管他只有几万人的部队，仍然大胆突进，孤军深入，直逼楚国的郢都。

为了显示有进无退的信念，白起在军队渡河后，拆毁桥梁，焚毁船只。后来西楚霸王项羽破釜沉舟、背水一战，恐怕就是受到白起的启发。应该说，白起的军事行动是存在一定风险的，一旦不能攻破郢都，军队就没有退路，有可能被楚军反包围而全军覆没。不过，在白起看来，鄢城一战，楚国君臣已胆破，此时早已风声鹤唳、草木皆兵了。整个楚国朝堂之上，找不出一个有才干的大臣，试问又如何能阻止秦军前进的脚步呢？

有人会问了，几万秦军深入楚国，自己焚毁船只，断了退路，那么物质补给从哪来呢？要是没有粮食，秦军再强，也打不了仗啊。对此，白起有自己的解决方法，后来他自己这样说："掠于郊野以足军食。"没有吃，没有穿，就靠抢掠的手段补充。因此，战国时代的战争，比起春秋时代要残酷得多。

通过掠食的方式，秦军一路长驱，杀到郢都城下。

郢都一片混乱，陷入恐慌之中。

这时秦军与楚军的士气是不同的。来看看秦军的情况："秦中士卒以军中为家，将帅为父母，不约而战，不谋而信，一心同功，死不旋踵。"这足见秦军训练之有素，在战场上视死如归，当然也是因为白起带兵有自己的一套办法。秦军的荣誉感很强，只要杀敌建功就可以晋爵，这也是他们勇往直前的动力。

相比之下，楚国人又是怎样呢？

在自家门口作战，难道没有表现出应有的勇气与大无畏的精神吗？很可惜，并没有。白起后来评论说："楚人自战其地，咸顾其家，各有散心，莫有斗志。"那我们不禁要思考了，楚军到底怎么了呢？楚国根本没有一套激励军队的机制，和平时期也没有发展国防力量，一旦灾难来临，只有被动挨打的份儿。

郢都根本没有激烈地抵抗，便沦于秦军之手。楚军一溃千里，白起的数万人马竟然得以蹂躏楚国的心脏地带，毁楚先王之庙，西烧夷陵，向东攻至竟陵，而后向南挺进，攻至洞庭湖一带。那个妄想复仇的楚顷襄王呢？远远逃往陈地，以避开秦军的兵锋。经此一役，楚顷襄王信心崩溃，以后再也不提"复仇"二字了。

伐楚之役是白起继伊阙之战后的又一个军事杰作，他再度以寡击众，把楚国大片的土地收入秦国囊中。白起凭此一役，受封武安君，他的赫赫战功已然超越秦国历史上的任何一位将领。不过，他的传奇还远未结束。

赵国崛起与渑池之会

秦国没有朋友，但是还有盟友，这个盟友就是赵国。作为晋国分裂出来的三国之一，魏、韩不断遭到秦国的鲸吞蚕食，为什么赵国反而是秦的盟友呢?

此事说来话长。

在战国之初的三晋战争中，赵国遭到魏国的沉重打击，魏惠王曾经一度攻破邯郸，迫使赵国臣服。对此，赵国深感奇耻大辱。赵武灵王上台时，赵国国力衰微，风雨飘摇。这位意志坚强的君主决定大刀阔斧推行“胡服骑射”，以达到富国强兵的目标。要改革国内军政，就必须有一个相对稳定的外部环境，避免与周边国家发生战争与冲突，特别是要避免与秦国的交战。为此，赵武灵王决定改变与秦国敌对的立场，推出“结秦连宋”的外交政策，就是与秦国、宋国结为三角同盟。

与秦国结盟，使得赵武灵王解除后顾之忧，全力变革军事。赵武灵王的聪明之处，在于他不卷入中原混战，而把扩张的矛头对准北方的蛮族。在灭掉狄人建立的中山国后，赵国的疆域面积大大扩张，一跃成为新兴的军事大国。

赵武灵王选择与秦国结盟，只是权宜之计，大家都是相互利用而已。这种貌合神离的盟友关系，注定不可能长久的。事实上，雄心勃勃的赵武灵王正在悄然策划一次大行动，他在云中、九原集结大批兵力，打算对秦国发动出其不意的突袭。为了全身心投入对秦作战，赵武灵王做了一个令人震惊的选择：他把王位让给儿子赵惠文王，自己则一心扑在军事上。为了侦察秦国虚实，赵武灵王又干出一件不可思议的事，他竟然自己冒充为赵国使节，只身入咸阳见秦昭王。

可惜的是，一代雄主赵武灵王在其事业蒸蒸日上时，竟意外地死于一场国内政变，这场政变是他的两个儿子为争夺最高权力而引发的。赵武灵王之死，不仅让筹划已久的闪击秦国计划流产，也使得赵国的改革大业半途而止，终究不如商鞅变法来得彻底。赵武灵王壮志难酬，含恨而终，后继者又缺乏他那样的气魄与能力，故而赵国虽然崛起，但实力终究无法超越秦国。

在赵武灵王去世前一年，即公元前296年，赵国与秦国的同盟关系便不复存在了。是年，赵国加入孟尝君主持的五国合纵运动，并派出军队参加对秦国的战争，秦国战败割地请和。自从“胡服骑射”改革以来，赵国军事力量的跨越式发展是举世公认的，以秦国之强，也不能不有几分忌惮。

当时赵国的实力，在七雄中排名第三，次于秦国与齐国。由于赵国横亘在秦、齐两大强国之间，这个地理位置是相当不利的，一旦秦、齐两国从西、东两面夹击，赵国很难幸免。正好在这个时候，燕昭王有伐齐复仇之志，打算纠集众诸侯共同打击齐国。赵国权臣李兑欣然应允，并在五国伐齐中扮演极为重要的角色。

倘若没有赵国的全力支持，五国伐齐是不可能的。“五国伐齐”的构想始于燕国，却成于赵国，因此在《战国策》中称“赵收天下且以伐齐”，这足见赵国在反齐联盟中的特殊地位。由于秦国一直为东方诸侯所排斥，它之所以能越境参加对齐战争，与赵国从中穿针引线是分不开的。我们有理由相信，秦军正是借道赵国开赴齐国战场。赵国的战略思想很明确，先干掉齐国，自己就少了一个强有力的对手。

在伐齐之战中，赵国非常卖力，名将廉颇在这场战争中脱颖而出。伐齐之战的结果，前文已经有详述，齐国虽然侥幸未亡，但从一流强国沦为二流国家，再也无法对秦、赵构成威胁。由于赵国与秦国都想整垮齐国，共同利益也使得两国关系得以修复。

伐齐之战期间，赵惠文王得到了一件稀世珍宝，这便是著名的和氏璧。秦昭王听说后，派人前往赵国，希望以十五座城来交换和氏璧。看上去这是一件十分划算的买卖，一块玉换十五城，不吃亏啊。问题是秦人之不讲信用，世人皆知。就说当年张仪答应给楚国六百里之地，到了移交时，却变成六里之地。如今秦国承诺以十五城换和氏璧，谁晓得到时会不会如实交割。

为此，赵惠文王决定派一个机谨且才智过人的使节前去与秦昭王交涉，他挑中了一个人，此人便是蔺相如。

蔺相如带着和氏璧上路了，风尘仆仆来到秦都咸阳。见到秦昭王后，蔺相如献上宝玉。秦昭王见了后爱不释手，众人对这块美玉也啧啧称赞，却只字不提割十五城的事。蔺相如看出秦王根本无意以十五城来交换，只是想以无赖手段强取豪夺罢了。他假称美玉上有瑕疵，把和氏璧骗了回来，然后怒气冲冲地斥责说：大王并没有诚意用城池来交换和氏璧，我把玉璧收了回来。如果大王一定要逼我的话，我就跟和氏璧同归于尽。

说罢，蔺相如便举着和氏璧要往柱子上砸去。秦昭王一看急了，赶紧向蔺相如赔礼道歉，并吩咐取来地图，胡乱圈点了十五座城池。蔺相如心知秦昭王不可能交出十五城，便祭出拖延战术，提出一个条件：既然这是秦、赵两国的一次大交易，理应有隆重的仪式，秦王应该先斋戒五日，到时再正式交割。

五天后，秦昭王在朝堂上以隆重的礼仪接见蔺相如。他惊愕地发现，蔺相如两手空空而来，和氏璧哪去了呢？原来蔺相如早已派人偷偷把和氏璧送回赵国去了。秦昭王极其愤怒，蔺相如却从容不迫地说：秦国自从秦穆公以来，共有二十多位君主，没有一个曾经信守盟约的。我担心被大王蒙骗，就派人走小路，把和氏璧送回赵国了。

好家伙，蔺相如一开口，把秦国历代君主都嘲讽了一遍。一句话，你秦国就是个无赖国家，毫无信用可言。这还真是大实话，秦国君臣没法反驳。蔺相如如此戏弄秦国君臣，早把生死置之度外，要杀要剐随你们的便。

要如何处置蔺相如呢？有人认为该杀，这家伙气焰太嚣张了。秦昭王没同意。秦昭王尽管是个毫无信义的人，但我们从史料看，他并不是嗜杀之人。他喜欢搞坑蒙拐骗的事，但不怎么杀人。于是蔺相如侥幸逃过一劫，毫发无损回到赵国。

由于完璧归赵的壮举，蔺相如被赵惠文王提拔为上卿。

过了若干年，时间已是公元前279年，秦昭王突然向赵惠文王抛来橄榄枝，希望与赵国结为同盟，并邀请赵惠文王前往渑池会晤。

秦昭王这是唱哪出戏呢？

莫非又是一出鸿门宴？当年楚怀王傻乎乎地前往武关会晤，一去不返，自投罗网，沦为秦人的阶下囚，客死异国他乡。往事尚历历在目，秦昭王莫非又要故技重施，以会晤之名，把赵惠文王也掳走不成？

这回还真有所不同。

当时楚顷襄王打算策划一次新的合纵运动，秦国对此极其敏感，只要一出现苗头，势必要破坏之。秦昭王最担心的事，莫过于赵国加入合纵联盟。自齐国衰落后，赵国已经跃居东方第一强国。因此，秦昭王的意图，一方面是阻止赵国加入合纵运动，另一方面是对楚国发动军事打击。秦国在外交上的能力炉火纯青，稳住赵国，才能在进攻楚国时无后顾之忧。

面对秦昭王的邀请，赵惠文王犯难了：要不要去呢？

当时赵国也有自己的小算盘，打算从魏国、齐国手中抢夺地盘，因此与秦国结盟，可以让赵国致力于向东扩张。从国家利益考虑，赵惠文王应该去；但想到楚怀王的下场，他又有些后怕。

廉颇与蔺相如都认为赵惠文王应该前往渑池与秦昭王会晤。为防不测，机智过人且不乏勇气的蔺相如随赵王参加会议，而廉颇则陈兵于国境线上，严阵以待。

赵惠文王、蔺相如等一行人抵达渑池，秦昭王设宴接风洗尘。酒过三巡后，秦昭王假装有点醉意，便提议说：我听说赵王十分喜好音乐，不如就在这里奏瑟一曲吧。

赵惠文喝了酒后，兴致颇高，当场奏瑟一曲。秦国御史故意让左右记录：某年某月某日，秦王与赵王喝酒，命令赵王奏瑟一曲。

这是对赵国赤裸裸的凌辱。

蔺相如不甘示弱，手持盆缻，走到秦昭王跟前，请求秦昭王击缻助兴。缻就是装酒的瓦罐，秦人经常击缻而歌。秦昭王不肯动手，蔺相如威胁道：我与大王仅五步之遥，大王要是不答应，蔺相如颈部的鲜血就要溅到大王身上了。

你要不答应，我就跟你拼命。秦昭王吓坏了。他知道蔺相如是个不怕死的人，要是把这家伙惹毛了，说不定什么事都干得出来。无奈之下，秦昭王勉强用筷子敲打一下缻。蔺相如唤来赵国御史，吩咐记下来：某年某月某日，秦王为赵王击缻。

这个酒宴就是一个没有硝烟的战场，虽然没有鲜血四溅，却是斗智斗勇的舞台。威震天下的秦王，却被赵国大夫蔺相如羞辱，也太没面子了吧。于是有一位秦国大臣便想出一招：“请赵国用十五座城来为秦王贺寿。”蔺相如回应道：“请秦国用咸阳城给赵王献礼。”

大堂之上，蔺相如不卑不亢，兵来将挡，水来土掩，见招拆招。在外交战中不可一世的秦国人，居然讨不到半点便宜。毫无疑问，在这场较量中，蔺相如是真正的赢家，他的精彩表现足以成为后世的范本。

渑池之会，双方唇枪舌剑，在口水战场上唾沫横飞。尽管言语有时能起到投枪、匕首的作用，但终究是杀不死人的。没有刀光剑影，总算是以很文明的方式较量。这次两国君主会晤，达成互不侵犯的协定。在此后几年，秦国与赵国大体上都恪守此协议，两个国家都利用这段时间积极对外扩张，进一步确立了军事大国的优势地位。从结果来看，这是一次双赢的会议。

阏与：秦国栽了大跟头

渑池之会后，秦、赵两国心照不宣，各自开始新一轮的扩张之路。

公元前276年，赵国将领楼昌、廉颇伐魏，取幾邑。公元前275年，赵国大将廉颇再攻魏国，夺取防陵、安阳。公元前274年，赵国将领燕周进攻齐国，夺取昌城与高唐。

与秦国的疯狂扩张相比，赵国则相形见绌。

公元前279年，秦国名将白起伐楚，攻破郢都，占领楚国大片土地。公元前277年，秦将白起、张若分别夺取楚国的巫郡与黔中郡。公元前276年，白起伐魏，攻下两城。公元前275年，秦国宰相魏冉伐魏，打败前来救援的韩军，斩首四万，魏国被迫割八城请降。公元前274年，魏冉再次伐魏，取四城，斩首四万。

面对赵国与秦国的轮番进攻，魏国再也吃不消了，要是这样耗下去，魏国非亡不可。魏安釐王只有两条路可以选择：要么投靠秦国，要么投靠赵国，二者必择其一。秦国贪得无厌，投靠秦国，无异于自寻死路。魏安釐王决定投靠赵国，赵国与魏国都是从晋国分裂出来的，好歹是同根生的兄弟。

要投靠赵国，也得有个见面礼，得递上投名状。如今的赵国也是一匹饿狼，要它放弃一块嘴边的肥肉，就必须送上另一块肥肉。到哪里找另一块肥肉呢？韩国！

在这个尔虞我诈的时代，还讲义气的国家实在太少了，韩国大概能算一个。在魏冉伐魏时，韩国两度出兵相救，损兵折将数万人。魏国为了自保，却要牺牲这个肯两肋插刀的小兄弟。

就这样，魏国投靠了赵国，摇尾乞怜，并且甘做马前卒，充当先锋，与赵国联手进攻韩国的华阳城。

这个世界有时候就是好人吃亏，今天如此，古代亦如此。

谁都可以对韩国不友善，但不应该是魏国。不要说魏、韩两国是难兄难弟，在历史上关系亲密，光说这两年韩国对魏国的无偿军事援助，魏王也没理由背信弃义啊。如今魏国恩将仇报，天底下还有道义二字吗？

韩僖王不由得怒火中烧。韩国的国力本来就比较弱，又遭秦国一轮接一轮地蹂躏，如何能抵挡赵魏联军的进攻？无奈之下，韩僖王只能向虎狼秦国求援。

东方诸国本来在实力上就逊于秦国，又不能团结一致以对付秦国，缺乏长期战略思想，只图眼前利益。特别是三晋之间，倘若能尽弃前嫌，共同抵抗秦国，那么还有东山再起的希望。三晋之间这样互相斗来斗去，最终获益的却是秦国。

然而，韩僖王的求援信送至咸阳后，却石沉大海，秦国没有任何回音。秦国宰相魏冉在是否援救韩国一事上，颇多疑虑。对于韩国前来归附，秦国当然是欢迎的，但是一旦秦国出兵，势必将与赵国为敌，那么渑池之会的协定就作废了。

有人可能会说，秦国在外交上一向不讲信用，毫无原则可言，为什么魏冉会这么看重渑池之会与赵国达成的互不侵犯协定呢？并非魏冉有什么正义感，他是有自己的私心的。

秦国参加“五国伐齐”后，从齐国占了一块地盘叫陶邑，这是一块非常肥沃的土地。陶邑就是魏冉的封地，魏冉一直有个梦想，想把陶邑经营成为“战国七雄”之外的第八强国，自己也可以过过当君王的瘾。但陶邑是一块飞地，与秦国本土并不相邻，孤悬于东方，魏冉的战略是向东扩张，打通秦与陶邑之间的联系，这样才能让陶邑有更大的发展空间。

一旦与赵国开战，秦国的战略重心将转向北方，而赵国是个强劲的对手，在短时间内，秦国是很难把它击倒的。正因为如此，魏冉在是否援韩以对抗赵、魏一事上，举棋不定。

秦国迟迟没有表态，韩僖王如热锅上的蚂蚁，急得不得了。他派了一名说客入秦，游说秦相魏冉。

这名说客名叫陈筮，也是个学习纵横术的谋士。陈筮到了咸阳，便去拜访秦相魏冉。大家不要看秦昭王在国际舞台上表现强势，其实在国内受制于舅舅魏冉，秦国的军政大事魏冉说了算。

魏冉见到陈筮后便问：韩国现在形势很危急吧，所以派你来秦国。

陈筮却满不在乎地答说：不会危急。

魏冉很不高兴，怒道：韩国使臣络绎前来，都说情形危急，你却说不急，这是为什么？

陈筮答说：韩国若危急，就会背叛秦国，改附他国了。正因为不急，才派我前来。

这是打心理战，陈筮暗示秦国若不出兵，韩国顶不住压力就会投降赵国。一旦韩国投降赵国，赵国实现三晋大联合，会不会重现春秋时代霸主晋国的辉煌呢？

这一番话，令魏冉醍醐灌顶。要是韩国尾随魏国之后，投靠赵国，三晋合为一体，魏冉想经营自己在陶邑的一亩三分地，就难上加难了。想到这里，魏冉霍然起身，对陈筮说：我立即发兵救援韩国。

武安君白起再次被魏冉委以重任，客卿胡阳作为副将，率秦军开赴华阳前线。

我们不能不说，秦军的军事动员能力之强，没有哪个国家比得上。大兵团出国门远征，一般需要比较长的准备时间，需准备好大量的车马武器、粮食草料及锅碗瓢盆，这些都得花时间。可是从陈筮使秦到秦军抵达前线，只用了八天的时间，足以见秦军作战效率之高。对于瞬息万变的战场，哪一方能出其不意，攻其无备，就可以掌握先机。白起无疑是最懂得把握战机的将领，他的快速出击，令对手防不胜防。

华阳之战，是白起继伊阙之战、鄢郢之战后所取得的又一场巨大胜利。这简直不能说是战争，而是一场屠杀。秦军率先进攻魏军，斩首十五万，魏国主帅芒卯落荒而逃。白起乘胜追击，连下卷、蔡阳、长社三城。紧接着，秦军与贾偃指挥的赵国兵团遭遇，赵军大败，两万人溺死于黄河之中，秦军占领观津。

白起出马，谁与争锋？

经此惨败，魏国差一点成为七雄中第一个出局者。白起不满足华阳之战的胜利，他想乘机灭掉魏国。秦军挟胜利之威，挺进魏都，包围大梁城。

魏安釐王大恐，提出割南阳之地，以换取和平。秦昭王考虑到白起的部队刚刚打了一场大仗，加上大梁城高墙厚，易守难攻，且赵国与燕国都派出军队救援魏国，遂同意魏安釐王的条件。魏国割让南阳后，秦军从大梁城撤围。

华阳之战是一场影响深远的战役，它直接导致了秦国与赵国的全面对抗。

自渑池之会后，秦、赵两国的和平维持了六年。这段时间里，两国基本上恪守协议，互不侵犯。华阳之战的爆发，中断了和平局面。其实秦、赵开战只是时间问题，因为两个国家都是军事强国，积极扩张，势必要一决高下。

秦、赵两国交恶，除了华阳之战的因素外，还涉及一起换地风波。

事情的起因是这样的：在渑池之会后，秦、赵有过一次土地交换。当时赵国提出以焦、黎、牛孤三城来交换秦国控制下的蔺、离石、祁三城。三城换三城，这是一笔公平的交易，秦国方面同意交换。然而，赵国接收蔺、离石、祁三城后，却迟迟不把另三城移交给秦国。

这是为什么呢？

因为这三座城原本就是赵国的城池，是在秦、赵战争期间被秦国占领的。赵国在接收三城后不久，华阳之战爆发，秦与赵的关系恶化了，赵国便开始耍赖，不想把另三城交出去。

秦昭王当然很不高兴，这些年只有他坑别人，没想到这次也被坑了一回。大家想想，秦昭王是想称帝的人，能够让别人占便宜吗？于是他派公子缯出使赵国，以强硬的态度要求赵王履行交换协议，把焦、黎、牛孤三城交割给秦方。

赵惠文王却装出一脸无辜的表情，表示自己对此全然不知情。他认为这件事，准是个别大臣背着他干的。三言两语，把责任推卸得一干二净，就是不愿割让所交换的三城。华阳之战已经撕毁了双方停战的协定，秦与赵实际上已经开战，赵国还损失了两万多人。大家想想，若是赵国在这个时候交割三城，岂不是搬起石头砸自己的脚吗?

公子缯一无所获，空着手回去交差。

秦国对这样的结果当然无法接受，既然来软的不行，只能来硬的。于是，一场大战已是在所难免。

战争是政治的延续，是流血的政治。

秦、赵换地风波无法以政治手段解决，只能诉诸武力。

公元前270年，秦国以中更胡阳为统帅，借道韩国上党，进围赵国的战略要地阏与城，阏与之役拉开序幕。胡阳是秦国的一名客卿，他本是卫国人，在华阳之战中以副将身份参与指挥作战，被视为秦国军界的后起之秀。

为解阏与之围，赵惠文王召集群臣，商议对策。说到行伍之事，久经沙场的廉颇最有发言权，赵惠文王自然希望这位将军能勇挑重担。不料廉颇却面有难色道："阏与城距邯郸遥远，且道路险阻，难以救援。"另一位赵军将领乐乘也表达了同样的看法，认为救援阏与几乎是不可能完成的任务。

只有一个人有不同的看法，此人便是赵奢。赵奢为人沉勇有大略，能担大任，他以坚定的语气说：虽然阏与城路途遥远，道路险阻，但是就如两只老鼠在洞里争斗，狭路相逢勇者胜。

不好救援并不等于不能救援，关键是看谁更勇敢。赵奢临危受命，率部救援阏与。

尽管赵奢主张"狭路相逢勇者胜"，但他打仗主要是靠过人的智谋，并不只靠勇气。为了迷惑敌人，他实施了一系列令人眼花缭乱的欺骗手段。

首先，他率领大军从邯郸出发，刚行三十里就停下扎营，并下令："有敢进谏者斩。"阏与距邯郸约有二百七十里，赵奢才走九分之一的路就不走了，让人看不懂。非但不走，他还修筑起堡垒。堡垒很明显是用来防守而不是进攻的，赵奢有什么用意呢？秦军统帅胡阳也很纳闷，便派一名间谍潜入赵奢兵营，刺探究竟。间谍发回的情报，认为赵奢只是个胆小怕事、无勇无谋的将领罢了，不足为虑。胡阳判断，赵国出动援兵只是虚张声势罢了，于是全力进攻阏与。

就在胡阳对赵奢军队不再戒备时，赵奢忽然下令，全军立即打点行装，卷起甲衣武器，迅速通过秦军不设防的天险要隘，快速向阏与挺进。仅用两天一夜，赵奢便杀到阏与附近，派一万人马占据北山制高点，控制有利地形。胡阳闻讯大惊，他做梦也想不到赵奢来得这么快。当秦军进攻赵奢兵团时，赵军依托有利地形，发扬一不怕苦二不怕死的精神，与秦军决一死战。

正如赵奢所说，狭路相逢勇者胜。在阏与之战中，赵军表现得更勇敢无惧。在经历"胡服骑射"变革后，赵国实行全民皆兵的制度，每个成年男子都能骑马射箭，军事技能扎实，单兵作战能力不输秦军。如果有好的军事将领，赵国军队完全可以抗衡秦国军队。幸运的是，赵奢就是优秀的将领。

阏与之战，最后以秦军大败而告终。此役是商鞅变法以来，秦军打的最大的败仗。尽管之前秦军曾被孟尝君的合纵联军打败过，但那毕竟是以一国敌数国，的确是有点吃不消。而这一战，赵国完全凭借一己之力，打败秦国的入侵，同时打破了秦军不可战胜的神话。

范雎的人生逆袭之路

阏与之战后的第三年（前266），掌控秦国大权近四十年的权臣魏冉终于失势，范雎取而代之成为秦国的宰相。这个范雎是何方神圣呢？他怎么能够挤掉在秦国呼风唤雨的大人物魏冉呢？

我们先来了解一下范雎这个人。

范雎又称为范且，出生于魏国。在战国时代，一个平民百姓想要出人头地，最好的办法莫过于学习纵横术，当一名说客。只要被哪位君王或权臣相中，就有机会改变自己的命运。范雎也不例外，他刻苦钻研纵横术，后来投靠魏国中大夫须贾，当了门客。

有一次，魏安釐王派须贾出使齐国，范雎一同前往。可是没想到，这次他倒了大霉了。原来齐襄王对范雎的才华十分欣赏，送给他一份大礼包，包括十斤黄金及牛肉酒食。范雎把食品收下，十斤黄金则原封不动退还。

当范雎回到魏国，宰相魏齐在毫无证据的情况下，认定范雎是内贼，出卖国家情报以换赏金，便把他抓起来，严刑拷打。范雎被打断了肋骨，牙齿也被打掉了，奄奄一息。但他脑袋还算清醒，照这样打下去，自己非没命不可。他急中生智，躺在地上一动不动，装死。魏齐一看，范雎不吭气了，以为真打死了，便让人用草席把“尸体”卷起来，扔在厕所里。当时魏齐有几个门客，喝醉酒了，上厕所去方便，看到范雎的“尸体”被扔在那儿，便往上面撒尿。

范雎并没有死，肋骨被打断好几根，动弹不得，要怎么脱身呢？相府里的厕所不同于公厕，是有人看管的。范雎只能赌一把了，突然开口说话，把看厕人吓了一大跳，找半天才发现声音是从裹尸体的草席里发出的。他把席子掀开，原来里面躺着的这个家伙遍体鳞伤，可还没死。范雎央求看厕人把他救走，并承诺会重金酬谢。

在看厕人的帮助下，范雎得以捡回一条命。范雎有一个好友，名叫郑安平，颇重义气，为朋友也算两肋插刀。他冒着生命危险，把范雎藏在一个偏僻的地方，治伤养病。为了避人耳目，范雎改名换姓，用了“张禄”这个假名。这不是长久之计，只要仍待在魏国，总有一天会暴露身份的。最安全的办法，莫过于离开魏国。

可是，要去哪里呢？

正巧在这个时候，秦国使臣王稽抵达魏国。郑安平得知消息后，便通过一些关系，乔装打扮成一名士兵，负责伺候王稽。当时秦国喜欢四处挖人才，有一回，王稽就问郑安平：魏国有什么贤人可以跟我一起回到秦国呢？

郑安平说：我有一个同乡，名叫张禄，他想见您，谈论天下大事。只不过他的仇人很多，不敢在白天来见您。

王稽有外交家独特的嗅觉，觉得这里面有隐情，便吩咐郑安平待天黑后与张禄同来。等到晚上，两人偷偷跑去见王稽。范雎畅谈对时局的看法，见解精辟，他话还没说完，王稽心里便有数了，嘱咐说：稍晚一些，请先生在三亭南面等我。

王稽连夜向魏王辞行，在约定的地点接范雎上车，一路西去。由于是秦国使节的马车，一路上没有遇到盘查，范雎顺利地离开魏国。魏国又一次把一个难得的人才拱手让给了秦国，后来魏国亡于秦人之手，也实在怪不得别人，前有张仪，后有范雎，这两人都是秦国强盛不可或缺的人物。

马车进了秦国境内，范雎总算安全了。车子到湖关时，前方有许多车马驶过来，范雎便问王稽：那边来的人是谁呢？

王稽张望了一下，答道：是秦相穰侯魏冉到东部巡视各个城邑。

范雎皱了皱眉说：穰侯魏冉在秦国独揽大权，他特别讨厌各国来的说客，要是知道我在这里，一定会来羞辱我，您别告诉他我藏在车里。

车队近了，来的人果然是穰侯魏冉。魏冉停下车问：关东局势有什么变化吗？

王稽回答说：没有。

魏冉看看王稽身后的那辆马车，问说：你该不会把东方的说客带回来吧？那些说客一点用处都没有，只会扰乱别人的国家罢了。

王稽恭恭敬敬地回答说：不敢。

魏冉的车队远去后，范雎对王稽说：穰侯魏冉是个聪明人，只是对事情的反应稍有点迟钝，刚才他已经怀疑车子内有人，但他没有搜。这时他一定后悔了，肯定会回来搜查。

说完后，范雎从车上跳下来，改为步行。果不其然。魏冉驶出一段路后，越发感觉王稽的马车有问题，便派一队骑兵返回，前去搜查。这时范雎早已不在车上，骑兵们没搜到人，只得悻悻离去。范雎的智慧让王稽佩服得五体投地，躲过搜查后，两人一路无阻，终于到了咸阳城。

进城之后，王稽便去晋见秦昭王，并趁机推荐了范雎：魏国有一位张禄先生，能言善辩，是个难得的人才。他说秦国已经危若累卵，如果用他就能转危为安，只是这件事得当面说，不可用书面方式。所以我就自作主张，把他带回秦国了。

直到这时，他还以为范雎名叫张禄呢。

听到这里，秦昭王不高兴了。到秦国来的江湖骗子太多了，牛皮吹得一个比一个响，这不又来一个了吗？再说了，张禄是什么人呢，从来就没听说过。秦国如此强大，这家伙却说危若累卵，岂不荒谬？

秦昭王不相信王稽说的话，没有接见范雎。范雎在咸阳待了一年多，无所事事，连秦昭王的面都没见着。

与前几任秦王相比，秦昭王对外国说客相当反感。这是有原因的：其一，他受到穰侯魏冉的影响，魏冉掌权四十年，当然不想自己的地位受到动摇，极力排斥来自东方各国的说客，以免这些人成为自己的政治对手。魏冉对说客的态度，对秦昭王影响很大，有意无意之中，秦王的脑海中便产生排斥说客的思想。其二，在秦昭王时代，秦国对外战争取得了许多重大胜利，这也使他的自信心极度膨胀，认为根本不需要那些夸夸其谈的说客。

在秦国一枝独秀的今天，如果说客还停留在合纵连横的老一套说辞上，肯定引不起秦昭王的兴趣。要打动秦昭王，关键要弄清楚秦昭王需要什么，他的弱点在哪里。作为风光无限的君王，秦昭王还有什么不满足的吗？是的。因为风光只是表面现象，秦昭王虽然高高在上，实际上被几个人给架空了。

这几个人，包括昭王的舅舅穰侯魏冉、华阳君芈戎，以及弟弟泾阳君与高陵君。此四人拥有的私人财产，甚至超过王室，其中又以魏冉最牛。他们的地位尊贵显赫，即便秦昭王亦不能制之，因为背后的靠山就是宣太后。

自“季君之乱”以来，魏冉执政时间达四十年，四度出任秦相，权倾朝野。不仅如此，他野心勃勃，不满足于当一个宰相，他渴望成为万乘之王，把自己的封地陶邑建设成为战国七雄之外的第八个强国。

魏冉的封地陶邑，位于齐、魏、韩之间，面积相当于一个中等诸侯国，土地肥沃。当时有人拍魏冉的马屁，怂恿他出兵攻打齐国。由于魏、韩在华阳之战后臣服于秦国，秦国可以借道进攻齐国。若是打下齐国，并入自己的封邑陶地，那么陶国将取代齐国成为万乘之国。马屁精们还说：到时就可以带着一帮小诸侯，朝拜周天子，成就春秋五霸的事业。

这些话把魏冉说得心花怒放，他假公济私，率领秦军越过韩、魏两国，攻打齐国，夺取刚、寿两城，并入陶地。这样，魏冉的私家地盘面积更大了。

对于魏冉的所作所为，秦昭王心怀不满，却无力对抗。范雎对秦国的权力格局看得非常清晰，秦昭王的不满，就是自己的机会。只要有机会觐见秦昭王，自己就有出头之日了。

问题是范雎连见秦昭王的机会也没有，怎么办？范雎决定写一封自荐信，赌上一把。这封信的结尾，范雎恳求秦昭王给他一次见面的机会，如果秦昭王认为自己说的全是废话，愿受刀斧之刑。

对范雎来说，这无异于一封生死书，把命豁出去了，要么成功，要么成仁。这封信由王稽转交给秦昭王，秦昭王看了信后，见范雎如此执着，决定召见，派人用专车去接范雎入宫。

经过一年多的等待，范雎终于有机会见到秦昭王。为了达到目的，范雎故意耍了个小手段。秦昭王安排在离宫召见范雎，太监在前面带路，到了宫殿前，秦昭王来了，太监高喊道：秦王驾到。

范雎故意装糊涂说：秦国哪有国王啊，只有太后与穰侯罢了。

这不明摆着是要刺激秦昭王吗？范雎这一招可谓是险招，他难道不怕秦昭王发怒吗？君主的内心是很难揣测的，不过范雎在洞察人心方面确实有过人之处，他知道秦昭王有心病，却从来没有人敢去触碰。他采用激将法，倒可以给秦昭王留下深刻的印象。

果然，秦昭王听到范雎的话，非但没生气，反倒更加客气，恭恭敬敬地请范雎入座。一位君主，特别是大国的君主，最忌讳的事莫过于大权旁落。秦昭王之所以礼待范雎，正是因为范雎的话一针见血，戳中自己的痛点。

作为一国之主，秦昭王四十年来，从来没有独断专行的权力。尽管秦国对外扩张几乎无往而不胜，他所取得的成就远远超过之前的任何一位君主，他却高兴不起来。自己仿佛只是别人控制的傀儡，国家大事的决定权是在太后与魏冉手中，他根本不能放手去做想做的事情。

范雎入座后，与秦昭王侃侃而谈，然而一谈到某些敏感话题，总是欲言又止。昭王知道范雎有所顾忌，便屏退左右，宫内除了他们两人之外，再无他人。

秦昭王向范雎行礼道：请先生赐教。

范雎只是嗯嗯两声，不吭声了。秦昭王以为他没听清楚，重复一遍：有请先生赐教。

范雎仍然没吭声。秦昭王一头雾水，第三次向范雎请教，可是范雎还是不答话。

秦昭王失望地说：先生难道不肯赐教吗？

范雎这才解释说：我是一个外国臣子，与大王的关系疏远，我想说的事情，牵扯到您的至亲，却不知晓您的真实想法。大王上则畏惧太后的威严，下则被奸臣忽悠，身居深宫之内，不离保姆之手，一辈子受迷惑，没法辨别奸邪。这样下去，从大处说可以倾覆宗庙社稷，从小处说可能自身难保。这正是臣所担心恐惧的事情。

听到这些肺腑之言，秦昭王动情了：寡人遇见先生，实是上天的恩赐，欲以保存先王的宗庙。托先王之福，上天不抛弃他的遗孤，让我得以向先生请教。不论什么事情，上至太后，下到大臣，先生尽管畅所欲言，不要怀疑寡人的诚意。

范雎把批评的矛头指向大权独揽的魏冉，认为魏冉并不热衷于为国家做贡献，而只是考虑自己的利益。比如说越韩、魏而攻打齐国，这就是带有私心的。

当范雎准备谈得更深入点时，突然发现宫殿帷幕之外有动静，仿佛幕后有人在偷听，不由得赶紧住嘴。尽管这里是王宫，也不一定是安全之地，隔墙有耳，魏冉的眼线无所不在！范雎感到不寒而栗，赶紧转移话题，以免闯下大祸。

秦昭王也担心言多必失，遂中止与范雎交谈，但两人已是心有灵犀一点通。

范雎与秦昭王的这次会晤，是他人生的转折点。他的成功之处，在于他知道秦昭王需要什么，作为一位君王，需要的是不受到限制的权力。秦昭王被舅舅魏冉压制几十年，各种不满与郁闷积压在心头那么久，突然遇到了一个知音，能不把他当作心腹吗？

从此，范雎受到秦昭王的重用，任命为卿，在秦国政坛平步青云。不过，他仍然使用“张禄”这个化名，而没有使用自己的原名。因为魏冉一旦知晓范雎的底细，一定会把他踢出秦国的。

铁血宰相的垮台

要扳倒铁血宰相魏冉，显然不是容易的事。范雎要做的，首先是强大自己，削弱敌人。出于谨慎，范雎闭口不谈太后、魏冉专权之事，以免祸从口出。

如何削弱魏冉的势力呢？范雎必须提出自己的战略思想，并以此战略思想来影响秦国政策的制定。为此，“远交近攻”战略隆重出台。

魏冉为了自己的私利，战略重心是进攻齐国。这个战略明眼人一看，就知道很荒唐。秦国在西方，齐国在东方，中间隔了赵、魏、韩、楚及一些小诸侯。秦国放着周边的国家不打，却偏偏去攻打遥远的齐国，根本就不合理。

针对魏冉的做法，范雎提出：魏、韩近，而齐国远，舍近求远，这不是好的战略。正确的做法是远交近攻，攻打近邻，得到的每一寸土地都是秦国的。

范雎“远交近攻”的战略得到多数人的支持，魏冉权力再大，也无法反驳范雎战略的正确性。很快，秦国以蚕食策略，又从魏国那里得到怀与刑丘，并入秦的领土。随着秦的扩张，范雎的地位也水涨船高。公元前266年，入秦已四年的范雎羽翼丰满了，是时候除掉魏冉了。

于是，范雎与秦昭王又进行了一次密谈。

范雎说：我在山东时，只听说齐国有孟尝君，没听说有齐王；只听说秦国有太后、穰侯、华阳君、高陵君、泾阳君，没听说有秦王。能独揽国家大权才能称为王，能掌控生杀大权才能称为王。如今太后随心所欲，不必顾及大王的意见；穰侯派人出使诸侯，可以不禀报大王；华阳君、泾阳君独断专行，没有任何忌讳；高陵君任用罢免官员，不必事先请示。遇到这种情况，没有哪个国家不陷入危险之中，君主大权旁落，所以说秦国没有王。

紧接着，范雎把矛头直指穰侯魏冉：穰侯派使节出使各国，打着大王的名号以令天下，同诸侯缔约，剖符于天下，挟武力四处征伐，没有谁敢不听从。如果打了胜仗，好处统统归陶邑所有；倘若打了败仗，灾难就要由国家来承担。如今太后与穰侯当权，又有高陵君、华阳君、泾阳君为其羽翼，秦国人都不知有大王存在。如今秦国上下，从各级官吏到大王身边的侍从，无不是相国的人。大王在朝廷孤立无援，我私下里感到担心，恐怕秦国以后不再是大王子孙所能拥有了。

说实话，秦昭王当了四十年的国君，却当得很窝囊，现在若不放手一搏，一辈子恐怕就这样了。君臣俩开始商量，怎么样才能推倒压在头顶的几座大山。

首先要搬掉的一座大山，就是秦昭王的母亲宣太后。

宣太后才是秦国真正的统治者，尽管秦昭王是她的儿子，但她似乎并不太喜欢他。她偏爱两个比较小的儿子高陵君、泾阳君，在政治上又严重依赖他们。如果没有宣太后的支持，魏冉也不敢那么任性，不把秦昭王当回事。

中国历史往往揭示一个事实：在政治斗争中，权力超越亲情。父子、兄弟、母子这些关系都是靠不住的。

要整倒魏冉等人，就得先整倒宣太后。宣太后毕竟是秦昭王的母亲，要怎么废掉她呢？有没有充足的理由呢？

有。

因为宣太后淫乱内宫。

关于宣太后，有很多有趣的事情，这是一个非常不简单的女人，是战国时代的开放女。她本是秦惠王的妃子，秦惠王死时，她尚年轻，不愿意独守空房。宣太后情人众多，淫乱内宫，还不是偷偷摸摸，而是公开的秘密。她的情人最著名的有两个，一个是义渠王，另一个是魏丑夫。

义渠是一个戎人部落，原本归附于秦国，后来又反叛。到了秦昭王时代，宣太后居然采用了一个非常规手段：色诱义渠王。义渠王就这样成了宣太后的情夫，两人如漆似胶，还生下两个孩子。时间一长，宣太后移情别恋，觉得义渠王碍手碍脚，便把他骗到甘泉宫中，设计将其杀死。义渠王死后，秦国大举发兵，灭了义渠。宣太后的这段淫乱史，倒为秦国解决了义渠，算是奇功一件。

义渠王死后，宣太后又有了新的情人，他就是魏丑夫。虽名叫“丑夫”，实是帅哥，宣太后实在太爱他了。爱到什么程度呢？有一回，她得了重病，担心自己会死掉，便公开说：我要是死了，要魏丑夫陪葬。

宣太后敢如此放纵，毫不遮掩，就是仗着自己牢牢掌握着权力。但是，政治毕竟是政治。作为一国之母，淫乱秦宫，这是极大的丑闻，也是给王室脸上抹黑。说实话，秦昭王是个很软弱的人，竟然一直忍气吞声。后来秦始皇也遇过类似的事，大家会看到他的处置手段是雷霆霹雳般的威猛。

在范雎的支持下，秦昭王开始反击，第一步就是废黜太后。把“太后”的名号拿掉，就意味着失去干涉政治的权力。对比后来秦始皇的做法，秦昭王已经算很温和了。宣太后被废后，穰侯、高陵君、华阳君、泾阳君等人就无法幸免了，纷纷失势。

秦昭王与范雎发动的政变，可以说是一次不流血的政变，比较轻松就获得了成功。有些人就会想，何以宣太后、魏冉掌权四十年却输得如此快呢？其实并不奇怪，有几个原因：

其一，秦昭王只是要回原本就属于自己的权力，夺权行动名正言顺。宣太后与魏冉把持权柄那么久，也该交还给秦昭王了吧。

其二，宣太后、魏冉差不多都是七旬老人了。“人生七十古来稀”，在战国时代，能活到七十岁，相当于今天活九十、一百岁，算很长寿了。都这个年龄了，也不必去拼死拼活了，反正也剩不了几年可活。

其三，秦昭王的手段是很温和的。魏冉等人只要交出权力就行，不杀不关不判刑不没收财产，封地照样保留，但有一个条件：必须离开关中，到关外居住。于是魏冉回到封地陶邑，其长达四十年的权臣生涯宣告结束，但是生活得不错。

他把所有的家当都运往陶邑，运输的车辆竟然有一千多辆，后来经调查，他的财富比王室还要多。

魏冉下台了，范雎名正言顺地成为秦相，封于应县，后来他被称为“应侯”。此时大家都以为他叫张禄，所以称呼他为“张君”。范雎成了第一强国的第一权臣，但他还有心愿未了。他还要向另一个人报复，便是差点害死他的魏国宰相魏齐。

当时魏国获悉魏冉下台，秦国换了一个名为张禄的新宰相。张禄是什么人，谁都不知道。魏王便派须贾出使秦国，一探究竟。须贾是范雎以前的老东家，曾帮助过范雎，也陷害过他。范雎是个恩怨分明的人，有恩报恩，有怨报怨，他便乔装打扮成一个下人，穿了一身破衣服，前往驿馆求见须贾。

须贾见到范雎时，脸上露出几分惊讶的神情，他以为范雎早被打死了。尽管范雎衣衫褴褛，须贾还是尊称他为“范叔”，不过并没有把他与秦国宰相张禄联系起来。但就是这么一声“范叔”，令范雎觉得有点温暖，须贾还是有点人情味的。

看到范雎一身落魄的模样，须贾动了恻隐之心，留下他来一起吃饭。看到范雎衣服太破旧了，须贾动情道：范叔竟然贫寒到这样的地步啊。

他马上让人取来一件上等袍子送给范雎。就是这件袍子，最后救了须贾一命。

吃饭时，须贾告诉范雎，自己此来是为了拜会秦相张禄。范雎就说，没问题，我家主人跟张先生很熟，不如我带您引见张先生。须贾一听，如此甚好。于是范雎驾着马车，把须贾拉到相国府。

进了相国府后，范雎假称要前去通报，让须贾在堂前等待。须贾等了半天，也不见范雎出来，觉得奇怪，便问看守大门的人：范叔进去这么久，怎么还没出来呢？

看门人也很奇怪，说这里没有一个叫范叔的人。须贾说，就是跟我一起坐车进来的那个人。看门人以狐疑的目光看着须贾：那个人就是宰相张先生啊。

须贾一听，差点瘫倒在地上，原来秦国宰相张禄，就是当年的范雎！

这下惨了，须贾脑袋一片空白。当年范雎被毒打，起因就是须贾怀疑他私通齐国。真是冤家路窄，今天范雎成为秦相，自己落到他手中，还能保得住小命吗？为了谢罪，他袒露上身，跪着爬进内堂，只见范雎高坐在堂上，神情严峻，再也不是刚才下等人的模样。

范雎想起当年受辱的情形，斥责须贾三条大罪：第一，你以为我私通齐国，在魏齐面前诬陷我；第二，魏齐对我用私刑，把我打得晕死过去，用席子卷起扔在厕所里，可是你并没有出面劝阻；第三，客人们喝醉酒往我身上撒尿，你却视而不见。我曾是你的门客，你何以忍心到这种地步呢？

最后，范雎说道：今天我不杀你，你之所以能不死，是因为你见我衣衫褴褛，以袍子相送，总算还有老朋友的一份情意在。

在须贾离开秦国前，范雎要他转告魏王：赶紧把魏齐的脑袋送过来，否则就血洗大梁城。

回到魏国后，须贾直奔魏齐府中，拉着魏齐的手说：您赶紧逃命去吧。您不会想到，秦国新任相国张禄，就是当年被您暴打后扔到厕所、生死未明的范雎。我在秦国见到他了，他放言，倘若魏王不送上您的脑袋，就要血洗大梁城了。您快逃命去吧。

凡事有因必有果，不是不报，时候未到；时候一到，统统要报。魏齐听罢魂飞魄散，他知道以范雎今日之地位，一定是说得到做得到的，他只能亡命天涯了。于是他抛弃了豪宅妻妾，逃到赵国，投奔战国四公子之一的平原君。

直到须贾使秦后，大家才知道原来秦相张禄就是以前在魏国被当作间谍处置的范雎。范雎是一个恩怨分明的人，史书上称他“一饭之德必偿，睚眦之怨必报”。除了报仇之外，他也报恩。对他有救命之恩的郑安平、王稽，他一一给予回报。王稽成了河东郡守，郑安平则当上了将军。同时，范雎还把自己的全部家当拿出来扶危救困，帮助那些穷困潦倒之人。

至于大仇人魏齐，范雎一定要将他置于死地，此仇不报，非大丈夫也。

为了帮范雎报仇，秦昭王亲自出马。秦昭王给平原君写了一封信，邀请他来秦国访问，并愿结为“布衣之友”，说得够谦虚的。平原君便动身前往秦国，秦昭王又祭出当年对付楚怀王、孟尝君的无赖精神，要求平原君交出魏齐，否则就不放他回国。作为战国四公子之一，平原君就是靠养士而闻名的，要是出卖朋友，名声就毁了。因此，平原君坚决不答应。秦昭王也不客气，直接把平原君扣留了。

秦昭王又给赵孝成王写了一封信，要求赵国交出魏齐，否则平原君就别想回国。赵孝成王觉得没必要为了一个外国人跟秦国翻脸，便派人包围平原君府第，暗地里给魏齐通风报信，让他有时间逃走。魏齐在赵国混不下去了，连赵国都不敢收留他，还有哪个国家敢收留呢？无奈之下，魏齐只得回到魏国。然而，一向畏惧秦国的魏国又怎么敢得罪秦王呢？无奈之下，魏齐选择了自杀。

在秦昭王的帮助下，范雎终于得以复仇。大权独揽后的秦昭王，对范雎言听计从，而范雎也不余遗力地为秦国的扩张出谋划策。在范雎相秦期间，最重大的事件就是赢得长平之战的胜利，此役为秦国最终统一中国奠定了基础。

战国最大规模的会战

范雎相秦后，坚定不移地推行“远交近攻”的战略，实力较弱的韩国理所当然成为秦国鲸吞蚕食的首选。

尽管韩国在华阳之战中倒向秦国，希望以臣服的方式保全国家，但是范雎上台后，秦国的扩张政策愈发激进，已经不满足于诸侯的臣服，取而代之的是掠夺土地，开疆拓土。范雎的目标，是彻底征服韩国。如此一来，战争就不可避免了。

范雎制订了一个征韩计划，核心是夺取荥阳。荥阳地处交通要冲，只要控制荥阳，就可以切断上党与韩国首都之间的联系，从而夺取上党。

这个军事计划交由名将白起执行。从公元前264年至公元前262年，白起连续三年发动征韩战争，消灭数万韩军，攻略十余城，切断太行山通道，把韩国领土一分为二，韩国完全失去了对上党的控制。

面对秦国持续发动的战争，韩国政府心力交瘁，加之上党地区已被隔绝，遂以割让上党为条件，向秦国求和。韩国政府的卖国行径遭到上党军民的抵制，郡守冯亭率军民奋起抵抗秦军，双方激战三十余日。然而，仅凭上党一郡的力量，如何能顶得住如狼似虎的秦军呢？于是冯亭做出一个重大决定：献上党十七城以归附赵国。

放眼天下，能与秦国一较高低的，也只有赵国了。特别是阏与之战的胜利，赵奢打破秦军不败的神话，证明了赵国强大的军事力量。

冯亭献上党十七城，似乎是天上掉下一个大馅饼，但细细一想，实是一个烫手的山芋。这十七城是韩国割让给秦国的，赵国横刀夺爱，秦人如何会善罢甘休呢？天底下没有免费的午餐，你想饱食大餐之前，先想想代价会如何。

要不要接受上党，在赵国高层引发了激烈的争辩。

平阳君赵豹认为这是韩国的伎俩，想嫁祸给赵国，赵国不可与秦国争锋，不能接受上党。平原君赵胜曾因为魏齐之事被秦昭王绑架，十分厌恶秦国，因而力主接受上党。以秦国远交近攻的战略，秦、赵战争的全面爆发是迟早的事，若上党落入秦人之手，对赵国的安全更不利。

一旦接管上党，赵国就必须直视一个问题：赵国能否顶得住秦国的进攻呢？这是非常现实的问题。应该说，赵国还是比较自信的。首先，赵国在七年前的阏与之战中大败秦军，在心理上有一定的优势；其次，赵国在一系列对外扩张的战争中都取得了胜利，军队素质是比较高的；最后，赵国有军事人才，尽管赵奢已去世，但还有廉颇。平原君认为，廉颇勇猛善战，爱护士兵，遇事不避艰难，能忍辱负重。要论野战，能力不如白起，但论持久战，足以抵挡。

在考虑以上因素后，赵孝成王不惜与秦国一战，派平原君前往接收上党十七城。同时，赵国军队进入上党，由名将廉颇统率，驻军于长平。

秦国的报复随之而来，秦昭王以王龁为将，率军进攻上党。

长平之战拉开序幕。

很多人会有个疑问，为什么长平之战之初，秦国派王龁指挥，而不是白起呢？我想可能有几个方面的原因：其一，战争之初，谁也没料想到此役会演变为一场旷日持久的大战，因而不一定需要白起亲自出马；其二，由于廉颇入驻长平后，采取坚壁清野之战术，长于野战的白起未必能发挥其优势；其三，由于上党未能交割，秦、韩战争并未结束，白起仍然在韩国指挥作战。

面对秦军的进攻，廉颇祭出坚守战术。

从秦、赵两国的实力对比上看，秦国占有优势。在所有国家中，秦军的攻击力是最强大的，鲸吞巴蜀，蚕食韩、魏之后，秦国获得了大量的土地、人口资源，足以支撑国家庞大军事机器的运转。秦国士兵训练有素，作战勇猛，经验丰富，军事后勤能力相当强。赵国自胡服骑射变革后，军事上也有突飞猛进的发展，但整体上与秦军还是有差距的。不过，赵国也并非没有胜算，上党军民有抗战之决心，廉颇久经战阵，恃险御敌，攻虽不足，守则有余。

廉颇的战略，就是孙子兵法说的“先为不可胜，以待敌之可胜”。秦军纵横天下，野战能力天下无双，赵军若与之拼野战胜算不大。能否赢得胜利，关键在于顶住秦军的三板斧，以坚壁清野的战术，守住长平防线，最终拖垮秦军。从一开始，廉颇就打算进行一场持久战，秦军在上党地区作战，补给运输线漫长，利于速战，不利于持久。

这场战争的难度，大大出乎秦昭王的意料。

长于机动作战的秦军难以发挥优势，尽管在局部的攻击战中取得若干小胜利，但对大局无补，根本无法重创赵军主力。很快，这场战役变得十分沉闷。秦军像一头猛虎，张牙舞爪；而赵军形同刺猬，我龟缩起来，不跟你斗，你上来我就扎你一下。

只要廉颇能坚守三五年，秦军再厉害，恐怕也吃不消。双方相持一年多，战争规模不断升级，两国都不断投入生力军。长平之战成为天下关注的焦点，东方各国都密切关注战争的进程。

秦国虽然强大，但有后顾之忧。秦昭王最担心的事，莫过于东方诸国联合起来，一致对抗秦国。在战国七雄中，其余五国是怎样的态度呢？

韩国就不用说了。在长平战争期间，秦国又一次派白起领兵进攻韩国，攻取两座城池。连续四年遭秦国打击的韩国早已是泥菩萨过河——自身难保，不太可能卷入长平之战。

燕国在燕昭王时曾强盛一时，可惜后继之人实无雄才伟略，加之燕国与秦国向来无甚瓜葛，参战的可能性也不大。

剩下来的三个国家，齐国、魏国、楚国都有可能援助赵国。

齐、魏、楚三国都明白一个道理，不能让秦国坐大，秦国的疯狂扩张已经严重威胁到这些国家的安全。自从长平之战爆发后，齐国与楚国都在密谋援救赵国。这引起秦国高层的极大担忧，秦昭王与范雎私下商议，一旦齐、楚参战，秦国必须果断退兵。不过，齐国的态度摇摆不定，齐国属于秦国“远交”的对象，秦国极力拉拢之，因此所谓的救援赵国也只是停留在嘴上罢了。

楚、魏两国受秦国伤害最深，明白唇亡齿寒的道理，援赵的可能性还是很大的。不过，赵国下了一步臭棋，对未来战争进程产生了重大影响。

经过一年多的对峙，战争依然望不到尽头。赵孝成王内心焦急，决定与秦国谈判以结束战事。这无疑是示弱的表现。赵孝成王派大臣郑朱出使秦国，商谈停战请和事宜。

事实证明，这是赵国外交的大败笔。

深谙外交术的范雎利用赵国主动谈和一事大做文章，大肆宣传秦军在战场上的胜利，刻意营造赵国即将战败的假象。

赵国的外交方向，本是应该派使者前往魏、楚两国寻求援助，而不是前往秦国谈和。这一重大失误，断了魏、楚两国援赵的可能性。大家想想，赵国自己都想与秦国讲和了，魏国、楚国还出什么兵呢？因为这一外交失误，导致赵国失去建立统一战线的机会，从而陷入与秦国的单打独斗中。

赵与秦的谈判没有成功，双方不断把精锐部队投入战场。转眼间，长平之战进入第三个年头，时间是公元前260年。

从该年四月起，秦国发起一轮声势浩大的夏季攻势，连续突破赵军的几道防线。赵军遭到开战以来最大的损失，共有七名军尉战死或被俘。不过，老将廉颇临危不乱，稳住阵脚，依托新的防线，阻止秦军的进攻。

此时秦、赵两军的对垒格局，有这么一段资料，出自《水经注》中所引的《上党记》：“长平城在（上党）郡之南，秦垒在城西，二军共食流水，涧相去五里。……城之左右，沿山亘隰，南北五十许里，东西二十余里，悉秦赵故垒，遗壁旧存焉。”从这个记载可以看出，当时秦、赵基本上是隔水对峙，秦军营垒与赵军营垒绵延分布在南北五十里、东西二十里的区域，总计约一千平方里的范围。

王龁发动的夏季攻势虽然取得了一些战果，并未达到歼灭赵国主力的目的。廉颇的军队仍有四十万人，损失可以忽略。反观秦军，战场的胜利不能掩盖其窘境，连续几个月的进攻，已是强弩之末。

倘若消耗战一直持续下去，秦军可能前功尽弃，甚至以失败而告终。

此时，范雎打探到一个重要的情报：赵孝成王对廉颇的连连失利已经越发不满了。

赵孝成王对军事很外行，这并不能说是个缺点。但是如果外行偏要充当内行，这就是问题了。古代行军作战有一个不成文的原则，叫“将在外君令有所不受”，就是君主不能过分干涉前线将领的决策。但赵孝成王开始出手干涉前线的指挥，他一而再，再而三地催促廉颇主动出击。廉颇不理睬，仍然坚持自己的战略主张。

范雎敏锐地意识到，这是离间赵王与廉颇的绝佳时机。廉颇是赵国最出色的将领，他的位置无人可以取代，换掉廉颇，秦军胜利的机会将大增。如果廉颇被撤职，赵军会换谁为将呢？范雎认为可以通过间谍制造舆论，把善于纸上谈兵的赵括捧上统帅的位置。

范雎开始行动，派人携千金入邯郸，目的就是游说高层，并制造流言。这个流言是这样：秦国根本不怕廉颇，廉颇没水平，容易对付；秦军怕谁呢？只怕赵奢的儿子赵括。

为什么范雎要捧赵括呢？自阏与之战后，赵奢便成为赵国人心目中最伟大的英雄，中国人的思维，总认为虎父无犬子，赵奢这么厉害，他的儿子也差不到哪去吧。吹捧赵括容易被赵孝成王接受。赵括的水平如何呢？范雎当然事先把他的底摸清楚了，结论是：只会夸夸其谈，没有实际才干。

秦国间谍在坊间酒肆四处传播流言，无非是贬廉颇，捧赵括。很快，赵括的大名整个邯郸城都知道了，大家以讹传讹，更把他神化成一个军事天才。赵孝成王仿佛看到了希望，便召赵括入见，跟他谈论军事。赵括对兵法烂熟于胸，倒背如流，讲起来头头是道。赵孝成王懂什么军事，看到赵括引经据典，佩服得不得了。再说了，赵括乃是名将之后，出身将门，少不了父亲赵奢的真传，定会青出于蓝而胜于蓝。

赵孝成王终于做出决定：解除廉颇的职务，任命赵括为前线统帅，全权指挥长平之役。

这一个致命决定，最终葬送了几十万赵军将士。

赵国为何输掉长平之战?

在此之前，赵括取得的唯一战绩，就是打败了父亲赵奢，但这是口水战。

由于出身将门之家，赵括从小就熟读兵法，喜欢谈兵论战，认为天底下的人，没有一个能超过他。论起兵事，他经常把父亲驳得无言可对，但赵奢并不认可他。为什么呢？在赵奢看来，口水仗是一回事，打仗是另一回事。打仗是置之死地而后生，赵括把战争看得太简单了，似乎就是动动嘴皮子的事。

赵奢甚至预言，倘若赵括当了将军，军队必定会毁在他手里。知子莫若父，赵奢是个明智的人，早就看穿赵括肚子里那点东西，中看不中用。

赵括被任命为统帅，遭到不少人的反对。名臣蔺相如就不客气地指出，赵括只会读兵书，还达不到随机应变的水平。在反对者中，有一个很特别的人，就是赵括的母亲，她向赵孝成王进言，认为赵括在思想境界上与其父赵奢差距很大，不足以担此重任。然而，刚愎自用的赵孝成王都听不进去，一意孤行。

赵括走马上任后，就把廉颇的那一套防御策略全部废除了，取而代之的是主动进攻。赵国的军事战略发生了根本性的转变，长平之役由相持阶段进入决战阶段。

在赵国更换主将的同时，秦国也悄悄更换了主将。

军界传奇人物、不败战神武安君白起秘抵长平前线，取代王龁成为秦军统帅。秦国严密封锁此消息，有泄露秘密者，杀无赦。

这又是范雎下的一步妙棋。

白起是歼灭战大师，长于大兵团作战，擅长在运动战中把握战机，一举消灭对手。如今赵国欲放弃固守战术，主动出击，与秦军在野战中决胜负。野战岂不是白起的拿手好戏？武安君此时不出，更待何时！

知彼知己，百战不殆。赵国的排兵布阵，皆在秦国的掌握之中；而秦国秘密更换统帅，赵国却一无所知。这就是情报战的差距。决战尚未开打，赵国已经棋输一着了。

还未弄清敌方底细之前，赵括就迫不及待要发动进攻了。

他急于进攻，有两个原因：第一，赵孝成王任用他，就是要打进攻战，而不是防御战；第二，赵括要表现自己，要镇住其部将，必须用一场胜利来证明自己不只懂得纸上谈兵，还能赢得战争。

可是，赵括的每一步都在秦军的算计中了。

白起已做好了应对的准备。他要打一场史无前例的歼灭战，这场战役规模之大，即便放在今天来看，仍然令人瞠目结舌，参战的人数多达一百万。为了诱使赵括上钩，白起故意示弱，命令前线部队佯装不敌，稍一交锋，便往后撤。

第一次出击，便打得秦军落荒而逃，赵括对自己的指挥水平更加自信了。自命不凡的赵括自以为就是秦军的克星，他要以一场辉煌的胜利，来嘲弄廉颇这个老古董。他完全放弃守势，把长平一线军队都集中起来，四十五万大军倾巢而出。

白起采取诱敌深入的策略，故意节节败退，直到把赵军主力引诱到预设的战场。赵括大军追击至此，发现前面就是秦军坚固的壁垒，如铜墙铁壁，根本没有办法继续推进了。白起要做的，是截断赵军的退路。他早就安排了两支奇兵，一支两万五千人的骑兵部队出其不意地迂回到赵军后方，切断其运粮通道；另一支五千人的骑兵则插入赵军与长平壁垒之间。

《史记》是这样写的："秦二万五千人绝赵军后，又一军五千骑绝赵壁间，赵军分而为二，粮道绝。"

如果是一位有经验的将军，发现军队被合围后，就应该马上撤退，趁合围圈尚未合拢之际逃之夭夭。赵括的做法却很奇怪，他抱着侥幸的心理，想从正面击破秦军，反败为胜。白起派出轻骑兵出击，这时赵括才真正见识到秦军战斗力之强，赵军的骑兵被打败了。

这时赵括还没打算撤退，而是下令就地修筑防御工事，白白丧失了突围的良机。以赵军四十几万大军，全力突围是完全可以做到的，可是他没有。赵括的失误，让赵军陷入万劫不复之中。

仅仅是第一次出击，赵括就陷入重围，这足以证明会读书是一回事，真正打仗又是另一回事。赵括的问题在哪里呢？他没有在军事上磨砺过，纸上谈兵，不过是自己与自己打仗，当然对假想敌的思路一清二楚。真正的敌人，却不会让你轻易看穿他的思想。春秋战国时代的兵书，有很多流传到现在，《孙子兵法》也好，《吴起兵法》也好，我不相信谁只钻研这些书就可以成为名将。就算赵括对兵法倒背如流，并不意味着领会到兵法的精髓。比如《孙子兵法》里几个简单而重要的原则，都被赵括忽视了。

第一个原则，"知己知彼"，赵括做到了吗？显然是没有的。他连对方的统帅是谁都没搞清楚。第二个原则，"先为不可胜，以待敌之可胜"，赵括做到了吗？同样没有。"先为不可胜"，就是要先立于不败之地，遇到危机时，要有解决方案，要有后备力量，生存下来是前提。赵括有没有考虑到后路被抄截的危险呢？有没有留后手来应急呢？统统没有。

白起完成对赵军的分割包围后，秦国又一次体现出军事行动的高效性。秦昭王亲自前往河内郡，以重赏的方式征召郡内所有可以参加战斗的男子，全部上前线，彻底歼灭赵括兵团。

这场围歼战从七月到九月，持续了四十六天。在粮道被切断后，赵军的粮食越来越少，直至断绝。一支没饭吃的军队是毫无战斗力的。饥荒铺天盖地而来，赵军士兵甚至开始吃人肉，这无疑又蔓延了恐慌的气氛。

绝望中的赵括开始做最后一搏，他把军队分成四队，冲击秦军的包围圈，试图突围。可是幸运并未降临，尽管赵军拼命冲杀四五次，任何突围的尝试都以失败而告终。统帅赵括亲自率军冲锋搏杀，在最后一次突击时，一支飞来的利箭洞穿其胸，这位悲情将军被射杀了。统帅一死，赵军群龙无首，加之士兵饥饿难忍，最后只能放下武器，向秦军投降。据《史记》所记，投降的赵军总计四十万人。

接下来发生的故事，是历史上最悲惨的一幕。

由于战俘太多，白起下令将赵军降卒集体坑杀。如此大规模地屠杀战俘，在历史上是罕见的。白起为什么要屠杀赵国战俘呢？他的解释是赵军士卒反复无常，如果不杀掉，会留下极大的隐患。更可能的原因，是秦军的后勤也接近极限，没有足够的粮食来养这么多俘虏。这些降卒都是赵军的精锐，也不能释放，因而只能采取屠杀的手段，以绝后患。

据《史记》所记，赵国数十万俘虏中，只有二百四十人得以生还，主要都是未成年人，白起把他们放了，回邯郸报信。杀降一事给白起留下千古骂名，“秦以为功，天下以为贼”，这成为他一生洗不去的污点。

这场旷世大战就这样尘埃落定。长平之战是战国时代规模最大的一场会战，也是对历史产生深远影响的一场会战。自齐国衰落后，赵国便成为东方诸侯抗秦的唯一希望。从国力上说，赵国固然不及秦国，但是单就军事而言，还是具备与秦军抗衡的实力的。然而，长平之战的失败，把赵国从一流强国打回二流国家，再也没有叫板秦国的资本。从某种意义上说，长平之战后，秦国统一中国的趋势就不可阻挡了。

在长平之战的最后决战阶段，赵国投入四十五万军队，相当于全国总兵力的四分之三，秦国投入多少兵力呢？史书没有给出一个答案。我认为秦军人数可能稍多于赵军，五十万左右。应该说，赵军在兵力上并没有很大劣势，那么赵国失败的原因何在呢？

首先当然是赵括的原因。

最近网上兴起一种言论，极力为赵括洗白，甚至认为他是个不错的将领，理由是他在被围后还能坚持四十几天。我认为这种说法是站不住脚的。廉颇指挥赵军抵抗秦师三年，都没有遭遇多大损失，而赵括仅四十几天就把军队全报销了，这怎么能算有能力呢？又有人归因于赵国缺粮，这个证据也是靠不住的。在《战国策》中的确有赵国向齐国借粮的记载，却不是长平之战，而是后来的邯郸之战。赵括军队缺粮，原因是粮道被断，而非赵国粮食不足。

赵括用兵，从一开始就犯了严重错误。首先是情报上的失误，连敌方主将已经换人都不知道，获取情报的能力极其低下。其次，在出击时，急于求成，甚至没有留下战略预备队，导致全军被包围后，陷入无援兵的处境。再次，粮道被轻而易举切断，对后勤补给的重要性认识不足。最后，当秦军合围之势已成，没有果断突围，而是驻营固守，陷大军于灭顶之灾。

从以上分析可以看出，赵括读兵书只停留在纸上谈兵的层次，对于复杂的战场形势毫无把控力。

但是，我们也不能把失败全推在赵括身上，赵国失败实有更深层的原因。为什么赵国会让一个战场经验不足的赵括去指挥一场关系到国家存亡的大战呢？如果换成秦国，会出现这种情况吗？我认为不会。这就涉及军事制度了。

秦国的军事制度是军功爵制，高级将领要通过战争的考验，才能一步步升迁，绝对不可能一步到位。没有战功的累积，是无法成为军队的统帅的。能担任统帅的，势必也是战功卓著的名将。反观赵国，在将帅选择上有很大的随意性，君主的个人喜恶会影响择将的结果。如果赵国有严格的军事将领选拔制度，怎么也轮不到由赵括出任统帅。

另外，赵国失败的一大原因是外交的失败。长平之战不是打几个月，也不是打一年，而是打了三年。三年的时间，赵国有充裕的时间寻找外援，可是赵国政府无所事事。从这点看，赵国在外交能力上是远远比不上秦国的。

再者，长平之战中，秦国情报部门发挥了极其重要的作用，不仅派出间谍搞破坏活动，甚至在赵国换将一事上起到主导作用。以赵括取代廉颇，就是秦国情报部门一手策划的杰作。反观赵国，情报部门几乎毫无成绩，对秦国间谍的渗透毫无察觉，对秦军高层的变动一无所知。

因此，赵国在长平之战的失败，不只是战场上的失败，不只是将领的问题，而且表现出军事制度特别是将领选拔制度不如秦国，外交能力不如秦国，情报部门效率不如秦国。此中的原因，在于秦国的商鞅变法是全方位的国家变革，而赵国的胡服骑射仅仅是军事变革，故而在政治组织综合能力方面，秦国更胜一筹。这也是秦国能最终赢得长平之战的深层原因。

攻不下的邯郸城

秦国在长平之战中取得决定性的胜利，同时也埋下一个隐患。这个隐患就是秦相范雎与武安君白起的矛盾激化，导致两人失和。

范雎是秦国第一权臣，由于他挤掉魏冉，让秦昭王摆脱傀儡的命运，故而官运亨通，权势在秦国无人可及。然而，白起凭借一系列令人眼花缭乱的战功，地位直逼范雎。长平之战结束后，白起欲一鼓作气灭掉赵国。当时赵国残存兵力大约只有十五万，已被逼到生死边缘。范雎担心白起一旦灭掉赵国，自己“一人之下，万人之上”的地位难保，遂以秦军疲惫为由，阻止白起进攻邯郸。

白起对范雎的拆台十分恼怒，两人的矛盾开始公开化。

经过一年的休整，秦军恢复元气，秦昭王欲再度发动对赵国的战争。作为长平之战的英雄，白起理所当然成为伐赵战争的统帅人选。然而，白起竟以生病为由，拒绝赴任。白起此举，显然是对范雎示威：当初你阻止我灭赵国，现在想让我去，没门！

为了说动白起，秦昭王以探病为由，亲自登门拜访。

白起旗帜鲜明地反对伐赵，认为秦军已丧失灭赵的最佳时机，显然其矛头直指范雎。他分析说：自长平之战后，赵国君臣同忧共惧，白天早早上朝，晚上很迟才退朝，勤于政事。同时，他们的外交很积极，大批使臣携厚礼出使各国，与燕国结亲，与齐、楚连好，把防患秦国进攻作为国家头等大事。如今，赵国国内殷实，外交成功，这个时候，不可以伐赵。

作为一名出色的战略大师，白起的分析不无道理，但也只是借口罢了。赵国虽然利用一年的停战时间补足短板，特别是在外交上有了根本的改观，但四十几万精锐部队的损失，却不是一年时间能弥补的。赵与秦的军事差距是明显的，硬说秦不可伐赵，实有勉强之处。

白起拒绝出战，让秦昭王相当不满。出于对名将的尊重，秦昭王没有勉为其难，遂以王陵为主帅，统领大军进攻赵国。

有一点白起是说对了，秦国确实失掉了灭赵的最好时机。

倘若是别的国家，损失了四十五万军队后，早就一蹶不振了。但赵国不愧是个伟大的国家，在大灾难之后，赵国军民不仅没有意志消沉，反而痛定思痛，知耻后勇，奋发图强，举国上下，同心勠力，抗击秦军。

秦军全力进攻邯郸，遭遇到极其顽强的抵抗，在攻城战中损兵折将，光是校尉军官就有五人战死。快速决战的幻想破灭了，秦国又一次陷入持久战的僵局。

尽管秦昭王时代秦军所向披靡，但细细一看，几乎所有重大胜利都是白起取得的。白起一个人，撑起了秦国军事扩张的一片天。无论伐魏还是伐韩，伐楚还是伐赵，只要白起出马，秦军没有打不赢的仗。我认为白起是中国历史上最伟大的军事奇才之一，没有他，秦国是不可能创造那么多军事奇迹的。

围攻邯郸遭遇挫折后，秦昭王只好放下面子，派秦相范雎前往游说白起，请他出山。白起对范雎早有怨言，乘机批评长平之战后匆匆撤军的决定，认为秦军没有趁赵国举国恐慌时，一鼓作气将其灭国，这是犯了极大的错误，给了赵国喘息之机。

同时，白起指出，如今赵国君臣齐心协力，励精图治，“耕稼以益蓄积，养孤长幼以益其众，缮治兵甲以益其强，增城浚池以益其固，主折节以下其臣，臣推体以下死士”。他认为：秦国出兵攻打赵国，赵国必然死守城池；他们不会出战，而会用坚壁清野的战术对付秦军，就算掠其郊野，也一无所获。倘若秦军出征无功，各诸侯国一定会背叛，派兵增援赵国。因此，攻赵只有坏处，没有好处。

最后，白起又以生病为理由，拒绝出征。

显然，白起幸灾乐祸，就是为了看范雎出洋相。我们从白起对战局的分析中，可以看得出他是一名伟大的统帅，不光能打仗，更能洞悉战争背后的经济、政治、外交甚至心理等因素。他对战局的预测，没有人相信，赵国精锐都被摧毁了，怎么可能顶得住秦军的猛烈一击呢？

由于白起又一次拒绝出战，秦昭王以长平之战的副帅王龁取代王陵，继续围攻邯郸。

王龁围城九个月，仍然被阻挡在城墙之外，秦军死伤惨重，邯郸城巍然屹立。

战报传来，白起以略带嘲讽的语气说：当初不听我的建议，现在如何呢？这个风凉话说得不是时候。秦昭王勃然大怒，顾不上面子，亲自跑到白起家中，强迫他领兵出征。

白起也是一根筋，不管你怎么说，我就是不去。他还劝秦昭王放弃攻打赵国，这注定是一场打不赢的战争，自己宁可伏诛受死，也不愿成为败军之将。对白起复杂的心态，我们知之甚少。除了与范雎有过节而不愿出征外，我觉得白起似乎对自己屠杀数十万赵国俘虏有一种悔意，良心受到谴责，打算金盆洗手，永远离开战场。

秦昭王给白起下了最后通牒，白起仍然固执己见，抗命不从。秦昭王雷霆震怒，把他连降十八级，从大将军降为普通小兵。

对范雎来说，心里未必想让白起复出。作为秦相，范雎虽然权倾朝野，在军队中却根基甚浅。他利用邯郸之战的机会，推荐亲信王稽出任河南郡守，郑安平为将军，以此扩大自己在军队中的影响力。

赵国暂时顶住秦军的进攻，但邯郸形势危若累卵，随时都有沦陷的危险。为此，赵国必须得到诸侯的援助，否则注定要惨淡收场。

能援助赵国的，主要是两个国家，一个是楚国，一个是魏国。在长平之战时，这两个国家就有援赵的打算，可惜赵国自己把事搞砸了。战国四公子之一的平原君出使楚国，由于门客毛遂的出色表现，成功地与楚考烈王结盟，在外交上取得了重大突破。然而，在是否出兵援赵一事上，魏安釐王却非常纠结。魏国不及楚国兵多地广，害怕援赵会引起秦国的报复。秦昭王也派使者恫吓魏安釐王，若魏国胆敢援赵，必是秦国下一个要灭掉的国家。

鉴于魏王的软弱，平原君把希望寄托在魏王的弟弟信陵君身上。当时信陵君名满天下，他慷慨有义气，解人之困，救人之危，实为当时一偶像级的人物。对于邯郸危局，信陵君心急如焚，屡屡劝说魏王出兵，却毫无成效。信陵君明白“唇亡齿寒”的道理，也为了拯救难兄难弟于水火之中，打算豁出去了，于是便有了“窃符救赵”的经典传奇。

公元前257年，邯郸之战已进入第三年。

信陵君手上没有军队，如何救赵呢？他设计了一个计划，先是想办法从魏王手中盗走虎符，而后拿着虎符到军队，要求统帅晋鄙交出兵权。晋鄙心中狐疑，信陵君身边的大力士用铁锤将他砸死，控制了军队。信陵君精选八万精兵，开赴邯郸前线，开始了荡气回肠的救赵之战。

此时赵国已到生死关头，据史书所载：“邯郸之民，炊骨易子而食。”如果救兵不至，邯郸就无法坚持了。幸运的是，信陵君的援军终于到了。与此同时，楚国也出兵了，春申君黄歇率楚国兵团也赶到前线。

魏、楚援军的参战，终于使得邯郸战场形势发生逆转。这场旷日持久的战争历时三年，无论赵国还是秦国，都已筋疲力尽，达强弩之末矣。有魏、楚助阵，赵军士气大振，而秦军败势已露。秦军郑安平部被联军包围，这位范雎的亲信很快就放下武器，连同部众两万多人投降赵国。在秦国军事史上，一场战役投降两万人，这是绝无仅有的。

郑安平投降后，秦军的士气更加低落。王龁情知大势已去，不敢恋战，带着残兵败将，撤了邯郸之围，逃回秦国去了。

至此，邯郸战役终于以秦军的失败而告终。

邯郸保卫战是战国时代一次重要的会战，秦国在取得长平之战胜利后，企图动用优势兵力灭掉赵国的计划破产了。

这场战役虽然未能挽救东方诸侯的命运，但是大大推迟了秦国一统天下的时间。如白起所预料的那样，秦军终于输掉这场战争。如果是白起来指挥，结局会不同吗？我认为肯定是大大不同的。事实上，邯郸之战的结局，带有很大的偶然性。其关键之处在信陵君“窃符救赵”，而这一冒险举动充满不确定性，最后竟得以成功，实是侥幸。

倘若白起亲临指挥，以他过人的军事才能，在信陵君窃符救赵前，赵国恐怕已经陷落了。因此，我认为邯郸之战对赵国来说，是一次险胜，而非必然性的胜利。

秦昭王征服赵国的梦想破灭，一腔怒火都倾泻在白起身上。

白起连降十八级后，秦昭王仍不解气，一纸令下，发配阴密。白起不得不卷铺盖走人，他出了咸阳城，往西赶了十里路，到了一个名为杜邮的小地方。范雎决定趁秦昭王余怒未消之际，置白起于死地。如果白起不死，一定有东山再起的机会，东方六国一个都还未灭，白起的价值还是不可低估的。

于是，范雎派人悄悄跟踪，收到这样的报告：白起被赶出咸阳，心怀不满，满脸怨气。

这不废话吗？从秦军统帅一下子降为小兵一个，还遭流放，谁没怨言呢？可是在范雎看来，这就足以除掉白起了。他向秦昭王打小报告：白起被贬，心有怨言。

有怨言怎么就能置死呢？这里还有另一个原因。白起是铁血宰相魏冉一手提拔起来的将领，他与魏冉的关系极为密切。在魏冉掌权的四十年里，秦昭王如同傀儡，并无实际军政大权。比如说，伊阙之战魏冉以白起代替向寿，根本无需经秦昭王批准；华阳之战更是如此，魏冉公然对韩国使臣说，不必去见秦王，他就可以做决定。后来魏冉垮台，白起因其过人的军事才干未受牵连。夺回至高王权后的秦昭王，自然想得到应有的尊重，而非像过去那样“只知有太后、魏冉，而不知有秦王”。恰恰在这一点上，白起犯下大忌，他一而再，再而三地抗命不从，大大伤害了秦昭王的自尊心。如今范雎举报白起心怀怨恨，秦昭王很容易把他与魏冉余党联系在一起。再者，白起作为战争机器，只有打仗才能体现其价值，如今他想金盆洗手，也就成了无价值之人。既然没价值了，留之何用呢?

秦昭王派人给白起送去一把剑，赐剑就是赐死。当初白起称宁愿伏诛也不愿出战，不想一语成谶。在自杀前一刻，白起想起了被他坑杀的数十万赵国士兵，自言自语道：长平一战，赵国士兵投降数十万人，我却骗了他们，把他们全坑杀了。就凭这个，我也该死了。

尽管范雎最终斗赢了白起，但他的好日子也所剩无几。

亲信郑安平率两万秦军降赵后，范雎就身处舆论的风口浪尖。不久后，他的另一个亲信、河东太守王稽因私通外国，出卖情报，被判处死刑。郑安平与王稽都是范雎的救命恩人，范雎知恩图报，大力提携二人。令他尴尬的是，此二人最终都成了叛国者。在巨大的压力面前，范雎不得不引咎辞职，结束其宰相生涯。

范雎辞相后四年，秦昭王去世，在位共计五十六年。随着魏冉、白起、范雎、秦昭王先后退出历史舞台，一个时代终结了。这半个世纪可以说是秦国历史上的大扩张时代，齐、赵这两个最强大的对手都被打残了，楚、魏、韩的大片土地被秦国收入囊中。已经没有任何力量可以阻止秦国一统天下，一个崭新的时代即将到来。

第五编

统一

吕不韦的长线投资

公元前257年，邯郸之战进入第三年，赵国都城随时都有沦陷的危险。这种情况下，赵国政府决定杀死秦国人质、秦昭王的孙子子楚，以泄心头之恨。然而，子楚却突然人间蒸发了，躲开了这场杀身之祸。那么，子楚为什么在赵国当人质呢？又是谁帮他逃跑的呢？

这件事，还得从头说起。

子楚又名异人，是安国君的儿子。公元前265年，安国君被册立为秦国太子，当时秦、赵长平之战尚未爆发。出于外交的需要，秦国需要派一位王室成员到赵国当人质，当人质风险很大，一旦两国交恶，人质就有被处死的可能。因此，安国君在二十几个儿子里，挑选了一个最不得宠的子楚，派往赵国当人质。

可以说，子楚被自己的老爹给抛弃了。在赵国期间，他入不敷出，日常费用尚且不足，还得养车养马，可以说是捉襟见肘，狼狈不堪。正当子楚为自己的命运长吁短叹时，一个贵人的出现，使其命运发生了翻天覆地的改变。这个贵人，便是大商人吕不韦。

吕不韦是卫国人，是一位豪商巨贾，很有经商头脑，生意遍及魏、韩、赵等国。他是个不安分的人，并不满足于当一名商人，更渴望能在政治上大展身手，因而留心于政局，寻找政治投机的机会。

子楚人质赵国，引起吕不韦的关注。为什么呢？因为子楚的身份不一般啊，其父安国君是秦国太子，未来的秦王。作为商人，吕不韦相信金钱的魔力，有钱能使鬼推磨，如果能把子楚扶为安国君的接班人，等子楚当上秦王，自己岂非就是秦国第一功臣？

当时没有人看好子楚，因为安国君有二十几个儿子，子楚排名居中，毫无优势，况且还在赵国当人质。然而，吕不韦看法不同，他认为子楚“奇货可居”。

于是，吕不韦亲自登门拜访。当他表示可以帮助子楚成为安国君的接班人时，子楚不禁哑然失笑。倘若有这个命，他也不致沦落到当人质的地步。瞧瞧自己寒碜的样子，爹不疼娘不爱，没死在赵国就算谢天谢地了，至于大富大贵的美梦，还是别做的好。

吕不韦却不以为然，谋事在人，事在人为，人的命运不是别人安排的，而是自己奋斗出来的。吕不韦并非信口开河胡说八道，而是经过缜密的调查，得到的信息是这样的：安国君成了秦国太子后，迟迟未确定接班人选，因为他最宠爱的华阳夫人没有儿子。如果能以华阳夫人为突破口，讨取她的欢心，子楚完全有机会成为一匹黑马，脱颖而出。

子楚听了吕不韦的分析后，不免心动。但是自己身在赵国，既无钱财又乏人脉，连给人送礼的钱都没有，能做什么事呢？吕不韦当即表示，自己愿意提供千金，为子楚上下打点，派人游说安国君与华阳夫人。一句话，全包在我身上。

吕不韦当然不单是助人为乐，作为商人，他把这当作风险投资。投资失败，无非损失千金，以后还可以挣回来；如果投资成功，自己将实现心愿，迈向权力之巅峰。看来，吕不韦是铁了心要把自己的未来与子楚捆绑在一起。

子楚大为感动，许下承诺：倘若将来自己真成为秦王，愿把秦国土地与吕不韦共同分享。两人就如同共生动物，缺了子楚，吕不韦只能是商人；缺了吕不韦，子楚只是落魄公子。但两人一结合，就可能创造奇迹。

要投资，就得舍得花钱，在这一点上，吕不韦一点也不吝啬。吕不韦取五百金给子楚，当作日常花费，让他多结交一些朋友、宾客；另取五百金，购置奇珍异宝，西行入秦。

吕不韦先找到华阳夫人的姐姐，托她把奇珍异宝转送给华阳夫人。当然，礼物是以子楚的名义送出的。姐姐收了吕不韦的好处，在妹妹华阳夫人面前夸子楚既贤能又聪明，在国外很吃得开；最重要的是，子楚非常敬爱华阳夫人，当作亲娘看待，无时无刻不在思念，有时想着想着便泪流满面。

说实话，这些话说得过于肉麻了，太装了。

姐姐又劝说华阳夫人：女人要是老了，男人的爱就靠不住了。应该早为自己做打算，何不把子楚收为养子呢？子楚贤能孝顺，要是立为继承人，夫人一辈子都不用害怕失去荣华富贵。

这一番话，让华阳夫人怦然心动。所谓政治者，就是互相利用，子楚可以依靠她而成为接班人，她也可以依靠子楚而终生得以荣华富贵，何乐不为呢？为自己的前途着想，华阳夫人也得接受姐姐的建议。就这样，吕不韦通过一番运作，打开了华阳夫人的心扉，同时也为子楚的未来打开了一道光明的大门。

华阳夫人不断地给安国君吹枕边风，尽说子楚的好话。话一说多，安国君对子楚的印象也有很大变化。特别是华阳夫人认了子楚为养子，那么立他为继承人便是水到渠成之事了。安国君还刻了个玉符给华阳夫人，当作承诺的凭证。如此一来，身在赵国的子楚地位水涨船高，安国君派人给他送去许多礼物，并正式聘请吕不韦担任他的老师。

然而，秦、赵关系的恶化，给子楚的未来蒙上一层阴影。长平之战的爆发，对子楚的生活也产生了巨大的影响，他的行动肯定要受到极大限制。更重要的是，作为人质，他的脑门上永远悬着一柄大斧，随时可能被赵国人当作报复的对象。在这种情况下，温柔乡或许成为唯一的慰藉之所。

一位绝色女子适时出现了，她便是吕不韦家里的歌伎，也是他的情人赵姬。当子楚遇到赵姬时，很快便为她的美貌所吸引，以至于向吕不韦提出一个不太礼貌的请求：把赵姬送给自己。或许这本来就是吕不韦的故意安排，据《史记》的说法，此时赵姬已经怀上吕不韦的骨肉，但子楚并不知情。后来赵姬产下婴儿，取名赵政，便是未来的秦始皇。

秦始皇究竟是不是吕不韦的儿子，引起后世的广泛争议。否认者的一个证据，是《史记》里的一句记载：“姬自匿有身，至大期时，生子政 。”主要在于“大期”二字，据古人的注释，大期是“十二月”的意思，就是说赵姬怀胎十二个月才生下婴儿，这显然有悖于“十月怀胎”的经验。因此，赵姬可能并未提前怀孕，秦始皇很可能是子楚的儿子。

然而，这里也有一点难以解释。既然《史记》明确记录赵姬在认识子楚前便已怀孕，又何必埋下一处含糊不清的记录以推翻呢？因此，我又查了“大期”二字的含义，实际上还有另一个意思，便是指妇女足月分娩的日期，“十月而产，妇人大期”。从这个释义看，《史记》说的只是赵姬到了分娩时间时，产下了儿子，并非特指十二个月。

从日后秦始皇与吕不韦微妙的关系看，我个人认为他是吕不韦之子的可能性很大。比如说，他称吕不韦为“仲父”，这显然是出自母亲的要求。以吕不韦的聪明才智及政治上的野心，完全有可能设计一出狸猫换太子的戏码，让自己的儿子最终成为秦王乃至天下的统治者。

赵国在公元前260年的长平之战中遭到惨败，损失四十五万士兵。战争结束后，子楚并没有返回秦国，仍然被赵国扣为人质，他被赵国视为一张护身符，关键时刻可以拿出来与秦国谈判。

一年后，秦、赵战争又爆发了，秦始皇正是出生于邯郸之战的这一年。到了公元前257年，邯郸城危在旦夕，随时都可能被攻破。到了生死关头，赵国决定打出子楚这张牌，以处死人质作为逼迫秦国退兵的筹码。然而，神通广大的吕不韦再次展现金钱的魔力，他收买了守城官吏，把子楚秘密送出邯郸。

不久后，信陵君窃符救赵，邯郸得以保全，秦军被迫撤退，子楚也随同大军回到了秦国。人质的逃跑令赵王十分生气，下令逮捕滞留在赵国的赵姬母子。不过，由于吕不韦的保护，赵姬母子躲了起来，一躲便是六年。

公元前251年，执政五十六年之久的秦昭王终于死了，安国君继位，史称秦孝文王，子楚名正言顺成为秦太子。此时赵国由于受到燕国的进攻，迫切想与秦国缓和关系，便借着秦王新立的机会，把赵姬母子护送回秦国。

一年后，秦孝文王病死，太子子楚继位，他就是秦庄襄王。至此，吕不韦的整个计划实现了。秦庄襄王没有忘掉吕不韦的功劳，他以“定国立君”之功，任用吕不韦为秦国宰相，并封为文信侯，食河南洛阳十万户。吕不韦实现了华丽转身，从一名商人一跃成为天下最强国家的一号权臣。

秦庄襄王在位的时间也很短，仅仅三年时间。公元前247年，秦庄襄王去世，太子政即位，是为秦王政，也就是后来的秦始皇。秦王政的母亲赵姬成了赵太后，吕不韦仍然是秦相。由于秦王政年仅十三岁，军政大事皆决于吕不韦，其被尊为“仲父”。

我们都习惯于把秦始皇的名字称为“嬴政”，实际上在先秦是不存在这种叫法的。秦属于“嬴”姓，这点是没错的，但是先秦姓与名并不合在一起用。与名合在一起用的是“氏”而不是“姓”。今天“姓氏”已经是一个词，但先秦“姓”与“氏”是不同的。我们可以这样简单理解：姓是大宗，而氏是小宗，是姓的分支。“嬴”姓并不只是秦国有，赵与秦是同源，赵国王族也是“嬴”姓。

在先秦所有历史文献中，没有哪个人的名字与姓同用，因此“嬴政”这样的叫法，在当时肯定是不存在的。只是后世这么称呼，以讹传讹，反而成了约定俗成的叫法。至于一些影视、小说，把秦国君王的名字前统统加一个“嬴”字，比如秦昭王叫“嬴稷”，秦武王叫“嬴荡”等，这些叫法都是不对的。

如果嬴政的叫法是错的，那么应该怎么叫呢？《史记》里写了，秦始皇出生时，以赵为氏，叫作赵政。因为后人怀疑他是吕不韦的儿子，又称吕政。无论是“赵”或“吕”都是氏，氏与名字是可以合用的。但是，叫赵政或吕政都不完全对，为什么呢？

先秦的姓氏是非常复杂的，如果某人的身份是国君或公子（国君之子）或公孙（国君之孙），那么他就不再使用原来的氏，不称氏而称国，就是以国名为氏。先秦姓氏的特殊原则：国君无氏，公子无氏，公孙无氏，皆称国而不称氏。因此，王族成员的称谓，是随着身份的变化而变化的。我就以秦始皇为例来说明。

秦始皇刚出生时，身份并不特别，既非公子也非公孙，这时可以有个氏，因他出生在赵国，就以“赵”为氏，此时他可以称为“赵政”。安国君继位后，他就是国君之孙，身份是公孙，这时就不能叫“赵政”，正确的叫法是“公孙政”或“秦公孙政”；等父亲子楚继位后，他的身份就成了公子或王子，正确的叫法是“公子政”或“秦公子政”；自己成为国君后，就称“秦王政”或“秦政”。至于嬴政的叫法，实是后人牵强附会，在先秦是不存在这样的叫法的。秦朝灭亡后，继起的汉朝就不采用如此复杂的姓氏学，姓与氏逐渐合一，故而采用汉代的叫法就成了“嬴政”。但我们要明白一点，在秦始皇生前，绝对不存在“嬴政”这样的称谓。

太后及其男宠

秦庄襄王（即子楚）死时，赵姬的身份从王后成了太后。说到“太后”，大家经常想到老态龙钟的女人，其实赵姬这时最多也就三十出头，还很年轻。作为歌伎出身的女子，她如何能耐得住后宫的寂寞呢？于是，她与老情人吕不韦鸳梦重温，又好上了。有了太后撑腰，又是秦王政的“仲父”，一时间吕不韦权倾朝野。

然而，吕不韦毕竟是有政治抱负的人，可不想被人当作吃软饭的。作为商人而蹿居高位，吕不韦可谓是第一人。但是大家别忘了，自商鞅变法以来，商人在秦国地位可不高。因此，吕不韦处心积虑把自己打造成一位“思想家”，招罗了一帮文人门客，编纂了一本书，这便是战国学术名著《吕氏春秋》。

我们必须肯定吕不韦对中国文化所做出的贡献，尽管他本人并没有多少墨水，但如果没有他的努力，这部巨著是不可能得以问世流传的。《吕氏春秋》一书完成后，吕不韦显然把它当成得意之作，他把书简全文悬挂于咸阳城门，向天下士人挑战，倘若谁能改动其中一字，即赏千金。

当然，对吕不韦来说，他的兴趣更在于政治而非文化。权力让人痴迷，欲罢不能，沽名钓誉的吕不韦显然想做一番青史留名的伟业。然而，与太后的暧昧关系看似甜蜜，实则危险。秦王政一天天地长大，这件事迟早要露馅，应该及早脱身才行。可是太后“性趣盎然”，如何一走了之呢？只能给太后物色一个新情人才行。于是他在市井之间物色到一个猛男，此人名唤嫪毐，本是咸阳街头的一个小混混，没有别的本领，就是器大活好。

吕不韦把嫪毐偷偷摸摸送入后宫，太后果然十分欢喜。但是，后宫怎么可以是外人随便进出的呢？每次都偷偷摸摸送入宫，迟早会被发觉。吕不韦想了个办法，只要嫪毐是个宦官，不就可以名正言顺待在后宫了吗？于是他让人把嫪毐的胡子全拔光了，换了一套宦官的衣服，与宦官看上去没什么两样。就这样，吕不韦把太后这个包袱给丢了，而嫪毐也乐不思蜀，与太后两人日夜寻欢。

自从有了嫪毐后，太后很快就把老情人吕不韦抛诸脑后，与新情人如胶似漆。不料几番云雨后，太后竟然怀孕了。尊贵无比的秦国太后，居然怀上一个假太监的野种，这个事情要是传出去，岂不成为天下人的笑柄？怎么办呢？太后打算离开咸阳，避人耳目。于是她谎称占卜不利，需换个清静的场所，便带着情人前往故都雍城。

到了雍城，太后深居简出，难得露面。后来，她生下了一个儿子，除了身边的亲信外，谁也不知道。当然，远在咸阳的秦王政也一直被蒙在鼓里。不久后，太后又怀上了嫪毐的第二个儿子，也顺利生产。

吃软饭的嫪毐很快成为雍城的土皇帝，爱得发狂的太后给了他多得不可胜数的赏赐。嫪毐有庞大的宅第，有童仆数千人，其显赫程度直逼宰相吕不韦。公元前239年，嫪毐甚至被封为长信侯，赐山阳、河西、太原为其封地。从街头小混混到长信侯，嫪毐也该知足了吧。可是权力只会让人越发贪得无厌，不知收敛。嫪毐完全忘乎所以了，他的宅第几乎成了一个政事厅，那些想当官的人纷纷投其门下，人数多达上千人。一个宦官却显赫到如此程度，这能不令人生疑吗？嫪毐越是高调嚣张，离身败名裂的日子也就越来越近了。

公元前238年，这年秦王政二十二岁，在位已是第九个年头。按照秦国旧例，秦王政要接受加冠礼，前往故都雍城祭拜先王。

秦王政与朝中大臣抵达雍城后，土皇帝嫪毐为了表示欢迎，设宴款待大臣们。当然，这个宴会秦王政是没出席的，秦王怎么可能去参加一个宦官的酒宴呢？这一天，嫪毐兴致很高，看到朝中大臣们对自己毕恭毕敬，不免得意扬扬。然而，也有人鄙视嫪毐，认为他不过是个宦官罢了，耻于与之为伍。酒宴过半，有人喝高了，胆也壮了，就跟嫪毐顶撞起来。偏偏嫪毐也有几分醉意，怒斥道：你们知道我嫪毐是什么人吗？我今天就告诉你们，我乃是秦王的假父，秦王都得叫我阿爹呢。

一个宦官，居然自称是秦王的假父，背后有什么不为人知的故事吗？客人们吓傻了，哪里还敢逗留，赶紧溜走了。

很快，这件事传到秦王政耳中。

血气方刚的秦王政不由得勃然大怒，区区一个阉人，胆敢自称秦王的“假父”！秦王政当即派人前往捉拿嫪毐，却扑了个空，嫪毐竟跑了。原来嫪毐酒醒之后，懊恼地发现自己酒后失言，闯下大祸了。他吓坏了，想到的第一件事就是逃跑。他逃出雍城，逃到自己的封邑。

秦国历史上最大的宫廷丑闻，就此浮出水面。在秦王政的穷究下，纸终于包不住火，真相大白于天下。他没有料到，自己的雍城之行，竟然挖出一个惊天大秘密：嫪毐根本就是一个假宦官，还是太后的情人，淫乱后宫，还秘密生下两个孩子。嫪毐说得没错，他真就是秦王的后爹，还给他带来两个同母弟弟。

秦王政的愤怒可想而知，怒火如火山般喷发。同时，他又获悉另一桩不可告人的秘密：太后与嫪毐约定，如果秦王政死了，就让他们的私生子继承王位。这无异于母亲希望儿子早点死掉，那一刻，秦王政的心死了。

在此之前，秦王政或许是比较单纯的人，这桩宫廷丑闻让他对世界的看法改变了。突然间，他发现身边几乎没有一个值得信任的人。嫪毐事件，细思极恐：嫪毐是如何进宫的？他的假宦官身份怎么来的？他与太后生下两个私子生的消息为什么能做到密不透风？作为秦王，他竟然这么多年对此一无所知，可想而知被蒙蔽到怎样的程度，而自己的权力又何等脆弱！

困兽犹斗，嫪毐被逼到死角，只能狗急跳墙了。由于一言之失，他的好日子结束了，与其等死，不如殊死一搏。嫪毐或许早就预感到这一天终会到来，所以有所准备。除了豢养一批打手死士外，他还偷偷伪造了两块御玺，一块是秦王玺，一块是太后玺。他拿出伪造的御玺，欲调动郡县的军队、卫队、官骑及戎人。然而，秦王的通缉令已抢先一步发到全国各地，嫪毐的诡计没能得逞。于今之计，嫪毐只能依托自己的地盘，拼凑一支杂牌军。

由于不相信身边的大臣，秦王政做出一个大胆的决定，把军队交给两个楚国来的贵族，一为昌平君，一为昌文君。政府军与叛军激烈交战，嫪毐的本事只会泡女人，要说起打仗那就外行了。叛军死了数百人，其他人纷纷向政府军投降。眼看大势已去，嫪毐只身逃跑，最终落入法网。

秦王政以最残酷的车裂之刑处死了嫪毐，也就是五马分尸。嫪毐三族悉被夷灭，他与太后所生的两个儿子，被装入麻袋中，活活打死。朝廷中与嫪毐有牵连的官员，包括卫尉、内史、中大夫等二十人，或枭首，或车裂，均被灭族。还有四千余家受到牵连，被夺爵流放至巴蜀。

至于太后赵姬，由于是秦王政的生母，当然杀不得。但秦王政也不认这个娘了，幽禁太后于萯阳宫。当时有一些大臣上书，替太后说情。尽管母亲做错事，身为儿子囚禁母亲，毕竟有违中国文化中的“孝道”精神。秦王政勃然大怒，下一道命令：“敢以太后之事谏者，戮而杀之。”一口气杀了二十七名谏者，把他们的尸体堆积在宫阙之下。直到一年后，事过境迁，秦王政余怒渐消，稍有悔意，才把母亲从雍城迎回咸阳，居住于甘泉宫。不过，对于太后来说，嫪毐一死，她的心恐怕也死了。

嫪毐是吕不韦物色给太后的男宠，嫪毐事件后，吕不韦离垮台也就不远了。

吕不韦之死

吕不韦与商鞅、张仪、范雎等同被列为秦国名相，他担任秦相期间，大力瓦解东方合纵同盟，为秦国赢得对东方六国的绝对优势奠定了基础。

长平之战后，东方六国中的任何一国都不是秦国的对手，唯一能对抗秦国的方法只有合纵，几个国家抱团取暖，以求生存。的确，合纵是东方诸侯自保的最好手段，但合纵有个前提，必须有一个大家都信得过的人出来主持大局。举目四望，只有一个人是最佳人选，便是以“窃符救赵”闻名天下的信陵君。

当年信陵君背着兄长魏安釐王，擅自夺兵权救赵，事后便不敢回魏国，而是留在赵国。直到公元前247年，秦国大将蒙骜挥师进攻魏国，连克高都、汲城，魏国大恐。这时魏安釐王希望信陵君重新出山，拯救国家于水火之中。信陵君不愧是条汉子，毅然回国，举出合纵的大旗，众诸侯纷纷响应。信陵君率领合纵联军，不仅把秦军赶出魏国，还一路追击至函谷关才罢手。

信陵君再度名扬天下，成为秦国的克星。对秦国来说，只要信陵君还掌握魏国的兵权，以其巨大的国际影响力联合诸国一致抗秦，秦国就很难有所作为。因此，吕不韦决定设计除掉信陵君。

洞悉人性的吕不韦找到了信陵君的软肋。魏安釐王迫于秦军的压力不得不请回信陵君，但内心深处很难原谅他当年“窃符杀将”的背叛。当年信陵君杀魏国大将晋鄙虽是不得已而为之，但晋鄙本人并无过错。晋鄙被杀后，其门客对信陵君恨之入骨，对吕不韦来说，这是一个可以利用的资源。

秦国宰相吕不韦不惜耗费万金，寻求晋鄙的旧门客，让他们想方设法离间魏安釐王与信陵君的关系。这些门客一方面见财眼开，另一方面也想为晋鄙报仇，便在魏安釐王面前进谗，认为信陵君有南面称王之野心。而后，吕不韦又派出形形色色的间谍，在魏国传播流言。甚至让他们在信陵君面前，当着众人的面问是不是快要当王了，还故意献上贺词。

平心而论，魏安釐王算得上是一个比较英明的君主，但也架不住秦人的反间计。最终信陵君被罢掉“上将军”的头衔，从此便称病不朝，借酒消愁，日渐消沉，纵情于声色。公元前243年，由于长期纵酒过度，信陵君去世。

信陵君去世后两年（前241，秦王政六年），东方诸侯在楚国春申君主持下，又搞了一次合纵抗秦运动。然而，春申君的魅力及影响力距信陵君甚远，这次合纵运动几乎颗粒无收便宣告失败。此后，吕不韦加大对东方诸侯的分化瓦解，合纵运动基本停止了，这就为后来秦国逐一消灭六国奠定了基础。

击破东方合纵联军后，秦国开始展开了一系列的报复行动，重点打击军事实力较强的赵国。公元前239年，秦国派公子成蟜率军击赵。然而，成蟜竟然临阵倒戈，投降了赵国！

这件事十分蹊跷，内中原因很难搞清楚。

从现存的史料来看，对成蟜降赵一事没有做任何解释，秦始皇对这件事讳莫如深，估计在统一六国后，把相关的记录全部删除了。那么成蟜是个什么人呢？在一些史料中，成蟜又称为“盛桥”，是秦庄襄王的儿子，秦王政的同父异母弟弟，封长安君。作为秦国公子，却叛逃到赵国，这里面肯定牵扯到了宫廷权力斗争。

后世有一种说法，与秦始皇的身世有关。《史记》不是说秦王政是吕不韦的私生子吗？一旦这件事情曝光于天下，秦王政必定要垮台，而成蟜将是秦王的不二人选。于是，吕不韦把成蟜视为眼中钉，必除之而后快，便派他领兵去前线打仗。成蟜大概也听到一些消息，知道吕不韦想除掉自己，遂叛逃到赵国。

这种说法，有一定合理性，但没有足够的证据。我觉得还有一种可能性，是成蟜对赵太后与嫪毐的奸情有所察觉。

翻阅秦史，寻找一些蛛丝马迹，来看看成蟜叛变之前，秦国发生了什么大事。主要有两件：其一，秦夏太后病逝，她是秦庄襄王的母亲，成蟜的祖母；其二，嫪毐被封为长信侯。

这两件事情与成蟜叛变有关系吗？

有可能。

夏太后在世时，赵太后虽然淫乱宫中，还不致太嚣张。夏太后一死，嫪毐不过一宦官却得封长信侯，这肯定会引起成蟜的注意。成蟜会不会是因为发现了太后与嫪毐的丑事，而被吕不韦以伐赵为借口调往外地呢？我觉得可能性很大。如果赵太后的丑事曝光，不排除有一股支持成蟜的政治力量出现，到时将对秦王政的王位构成严重的威胁。

总之，成蟜最终是叛逃了。秦国政府立即出兵镇压，把成蟜在内的叛军全部处死。处决令可能出自秦王政，但更可能出自吕不韦，因为吕不韦与当年的魏冉一样，是真正的幕后操纵者。

我们从史料可以看出，早年的秦王政与秦昭王并无太大区别。他十三岁被扶上君王宝座，形同木偶，上台时年龄还小，大权旁落。太后与仲父吕不韦高高在上，后来又冒出一个嫪毐权倾朝野，竟然还是个假宦官。这么多年来，秦王政并没有发现嫪毐与母后的丑事，这说明他确实缺乏自己的羽翼与耳目。

对于仲父吕不韦，秦王政既敬重又有几分畏惧。在他年幼时，要没有这位“吕伯伯”相助，他与母亲在赵国肯定遭殃。当他一天天长大，吕不韦却丝毫没有打算把大权交还给他。如果不是嫪毐事件东窗事发，秦王政或许还要长时间生活在吕不韦的阴影之下。

嫪毐事件对秦国晚期历史有极重要的影响，直接导致吕不韦下台。嫪毐不仅是吕不韦送入宫的，也是吕不韦给了他假宦官的身份。后宫丑闻的始作俑者就是吕不韦，试想他怎么可能置身事外呢？

这对秦王政或许是个好事，让他有充足的理由把吕不韦一脚踢开。嫪毐事件后的第二年，宰相吕不韦终于被免职，赶出咸阳城，出居河南。吕不韦机关算尽，最后还是棋差一着，阴沟里翻了船。

如果秦王政真的是吕不韦的私生子，那么他自己是否知晓呢？这是一个解不开的谜团。可以肯定的是，就算他真的是吕不韦的儿子，也不可能视之为亲生父亲。他只能是秦庄襄王的儿子，只有这样，他才有资格当秦王。

权臣吕不韦下台了。不过，他经营秦国这么多年，势力遍及全国。在自己的封地里，他仍然可以呼风唤雨。特别是吕不韦在免职后一年，他的封邑几乎成了秦国的另一个政治中心，各国宾客使节络绎不绝前来，仍然像对待秦国宰相那样对待吕不韦。

看来吕不韦果然是个有能耐的人，搞商业，搞政治，搞外交，搞文化，都能取得不俗的成绩。即便闲居在家，也能让天下诸侯对他毕恭毕敬，这个人能量太大了。倘若他割据造反，外连诸侯，恐怕谁也不能阻止，这让秦王政如坐针毡。一山难容二虎，他给吕不韦写了一封信，以责备的口气说道：君对秦国有何功劳？秦国封你在河南，享十万户食邑。君与秦王有何亲属关系？却号称仲父。

秦王政要否定吕不韦的功劳，更要撇清与他有血缘关系，这真有点“此地无银三百两”的味道。紧接着，秦王政收回河南封地，把吕不韦全家流放蜀地。

应该说，秦王政对吕不韦已经是非常非常客气了。大家想想，要论吕不韦的罪行，简直可以说百死莫赎，单是一条欺君之罪就可以杀头了。秦王政只是把他赶到河南，后又赶到蜀地，根本没想杀他。这也是我倾向于认为二人确为父子关系的理由之一，秦王政只希望吕不韦能收敛一点，低调点过日子就行了。这种处罚力度，还比不上囚禁自己的母亲呢。

不过，吕不韦并没有去蜀地，而是选择了自杀。自杀的原因我们弄不清楚，也许是落差太大，从一国之相到一个流放的罪人。他曾自以为天下之事，尽在掌控之中，殊不料自己毕竟只是个人，而不是神，岂能把一切都算得精准无误。冒险是有代价的，他在赌局中曾经赢得盆满钵满，到头来又输得一干二净。流放蜀地，意味着吕不韦的政治生命结束了。一个曾经大权在握的强者，突然又跌回普通小民，这种落差是很难承受的，自杀就可以理解了。

吕不韦死后，秦国将迎来大一统的“秦始皇时代”。

李斯的拼搏人生

秦国两大权臣嫪毐与吕不韦先后垮台，秦王亲政，大权独揽。秦王政还有一个心病，他认为秦国的政治之所以会出现如此混乱的局面，都是因为外国人太多了。秦国自从商鞅之后，政坛几乎为东方人所垄断。商鞅来自卫国，张仪来自魏国，魏冉来自楚国，范雎是魏国人，吕不韦是卫国人，等等。在秦王政看来，为什么嫪毐、吕不韦有这么大的权势呢？因为他们都有一帮门客，人数成百上千，来自五湖四海，为其出谋划策。

不仅如此，在入秦的形形色色人物里，不乏东方诸侯派来的间谍、密探，对秦国的安全构成极大的威胁。随着一起间谍案的曝光，终于令秦王政下达了“逐客令”。

这起间谍案的主角名唤郑国，是当时著名的水利专家，他还有另一个秘密身份——韩国间谍。到了战国后期，韩国实力最为弱小，为避免迅速亡国，韩王想了个办法，派水利专家郑国前往咸阳，游说秦王投入大量人力物力，修建水利工程，以此拖延秦国的军事进攻。

秦王政听从郑国的建议，在洛水、泾水兴修大型水利工程，挖一条灌溉渠以发展关中的农业生产，这便是后来著名的“郑国渠”。按韩国的如意算盘，这是一个“疲秦”的计划，就是让秦国人折腾得疲惫不堪，不能发动军事袭击。可是对于志在天下的秦国来说，修水利是好事，可彻底解决关中地区耕地用水不足的问题。只要农业发展了，秦国便有强大的经济后盾以消灭六国。所以韩国“疲秦”之计，并不算高明。

后来郑国的间谍身份暴露了。秦王政勃然大怒，打算把郑国抓起来杀头，以儆效尤。郑国在狱中上书秦王，承认自己是间谍，同时指出修渠对秦国大有好处。确实，大修水利固然会拖延统一中国的时间，但促进农业发展，这是功在当下，利在千秋的事业。因此，秦王政不仅没有杀郑国，还把他留下来，继续修建水利工程。据《汉书》所说，郑国渠建成后，“关中为沃野，无凶年，秦以富强，卒并诸侯”。

不过，郑国一案暴露出东方间谍在秦国的活动已经到了无孔不入的地步，秦国宗室大臣们纷纷上书，认为应该把秦国的外国人驱逐出境。于是秦王下达“逐客令”，在秦国当官的外国人，一律在驱逐行列。

许多人上了“逐客令”的黑名单，其中有一个当时并不太显眼的名字——李斯。

李斯原是楚国上蔡人，早年曾担任基层小吏，负责看管米仓。他发现米仓里的老鼠都白白胖胖的，看到有人来了也不怎么惊吓，而厕所的老鼠则脏兮兮的，十分恶心。同样是老鼠，待的地方不同，境况也有天壤之别。由此李斯联想到：一个人境遇的好坏，就跟老鼠一样，关键看他处在什么环境。这就是他悟出的人生哲学：环境决定论。要想出人头地，就得选择对自己最有利的环境。这个人生哲学，贯穿了他的一生。

要如何改变自己所处的环境呢？首先，必须提升自己的学识。于是李斯投到一代儒学宗师荀子门下，学习帝王之术。李斯聪明好学，深得荀子的赞赏。在求学期间，李斯还认识了一个同学，韩国公子韩非。有意思的是，两人都师从儒学大师，最后却都成为法家巨擘。原因很简单，当时的政治环境，儒家是不吃香的，而法家更具有实用价值。

完成学业后，李斯依自己的“老鼠哲学”选择去向。当时天下七雄中，秦国最为强大，秦国就是米仓，而东方六国如同厕所，聪明的老鼠去米仓，聪明的人去强国。于是他抱定决心，西行入秦。同样，到了秦国，当然得投靠最有权势的人了。李斯的这一原则从不变更，他毫不犹豫地投靠了权倾朝野的吕不韦。

吕不韦虽是商人政治家，但颇沽名钓誉，喜欢装成有文化的人，还捣鼓一本《吕氏春秋》。因此，以李斯的才学，自然很快得到吕不韦的重视，被任命为郎官，这使他有机会在秦王政面前推销自己的政治主张。

李斯第一次见到秦王政，就鼓吹一统天下的主张，认为秦国武力雄霸天下，六国如同秦之郡县罢了。以秦国之强，扫灭诸侯，成就帝业，一统天下，这是万世之伟业。如果不一鼓作气消灭六国，一旦给予东方诸侯喘息之机，各国又将用合纵手段来对付秦国，到时要吞并天下就难了。

这一番见解很合秦王的口味，于是李斯官运亨通，被提拔为长史，负责对东方六国发动外交攻势。李斯一手金银财宝，一手利刃匕首，对各国政要，能收买的花钱收买，不能收买的就搞暗杀恐怖手段。在李斯的策划下，秦国在东方大力开展间谍战，离间诸国君臣关系，一旦离间成功，便派军队进犯。正因为李斯在外交战、间谍战中所取得的卓越成绩，他被秦王提拔为客卿，彻底摆脱了布衣身份。

正当李斯踌躇满志之时，秦王政发布了“逐客令”。而李斯的名字，也在逐客的黑名单上！

按照李斯的理论，老鼠应该盘踞在米仓，而不是躲在厕所里。秦王却要把他赶出米仓，环境决定命运，要是离开秦国，试想一下，东方六国中，有哪一个国家能给他大展拳脚的机会呢？逐客令要断送他的政治前途，怎么办？

李斯从来不是个理论家，而是个彻头彻尾的行动家。他必须挺身而出，以笔为剑，挑战秦王的权威。于是他写下了千古流传的名篇《谏逐客书》。

在这篇著名的上书中，李斯开门见山就说，逐客令的出台，是大错特错的。为什么呢？因为秦国的强大史，就是一部客卿史。李斯从春秋五霸之一的秦穆公开始说起，秦穆公手下五位杰出大臣，都是从国外引进的人才；秦孝公时的商鞅、秦惠王时的张仪、秦昭王时的范雎，都是客卿。这些国外的人才为秦国做出巨大的贡献，现在秦王却要开历史的倒车，把客卿驱逐出境，这样怎么对呢？

李斯在文中用了很文学化的警句：“泰山不让土壤，故能成其大；河海不择细流，故能就其深；王者不却众庶，故能明其德。”在文章最后，李斯向秦王指出，逐客令的实施，是“逐客以资敌国”，只会使“天下之士退而不敢西向”，最后只能是搬起石头砸自己的脚，倒退回秦孝公改革之前的蛮荒年代罢了。

这篇文章滔滔雄辩，有理有据，以理服人。李斯的主动出击为自己赢得了机会，志在天下的秦王政听取了他的建议，最终废止了逐客令，恢复李斯的官职，并继续采纳他的计谋。李斯一步一脚印，步步高升，后被提拔为廷尉，掌秦国刑狱之事。

继李斯之后，另一位法家巨擘也来到秦国，他便是李斯的同学韩非。

韩非入秦的原因很偶然。韩非也是荀子的学生，却成了法家集大成者，他写的文章流传很广，影响很大，有人刻了抄本送给秦王政。秦王阅罢大为叹服，当时他以为是古人的著作，感慨道："寡人得见此人与之游，死不恨矣。"应该说，秦王政是很好学的，连学术界最新的成果，他都很快读到了，求知欲很强。秦王政不知道这些文字是谁写的，李斯告诉他：此韩非之所著书也。

原来文章的作者是当代高人，秦王政一听开心了，既然还活着，就可以见上一面，促膝长谈。为此，他以武力手段逼迫韩国政府把韩非送入秦国。韩非写起文章来洋洋洒洒，说话却不利索，犯有口吃的毛病。为此，他在晋见秦王时，预先写好一篇文章，后来存入《韩非子》一书中，篇名为《存韩》。

作为韩国公子，韩非当然不愿坐视国家被秦国吞并，他在文章中极力辩称韩国不是秦国的敌人，赵国才是。这是想嫁祸给赵国，以换取韩国的苟安。

秦王政与韩非的这次会面，据《史记》的记载，"秦王悦之，未信用"。首先，他对韩非的印象不错，所以"悦之"，特别是韩非的文章，读起来是一种享受。可是秦王"未信用"，既不信任，也不重用韩非。为什么呢？韩非的上书，明眼人就可以看出来，都是算计韩国的利益。秦王政隐隐察觉到，韩非势必不能为秦国所用。

不久后，韩非卷入一起政治旋涡之中，最终招来杀身之祸。

这起事件的起因是这样的：

韩非入秦后，楚、赵、燕等国为了自保，又一次策划合纵以抗秦。沉寂许久的东方合纵运动有死灰复燃的迹象，秦王政十分担心，遂召集众臣商议对策。有个名为姚贾的大臣自告奋勇出访东方诸国，以拆散合纵同盟。当时姚贾提出一个条件：需要马车百辆，黄金千斤，作为贿赂各国政要的款项。

姚贾靠三寸不烂之舌与千斤黄金，成功阻止东方诸国的合纵，以金钱外交为秦国立下大功。回到秦国后，秦王政非常高兴，把他提拔为上卿，封千户。这件事与韩非本来没什么关系，但他突然跳出来，大肆攻击姚贾。以韩非的立场，当然希望看到东方诸国能联合起来抗秦，因而他对拆散合纵的姚贾便有一种深深的敌意。

韩非攻击姚贾两点：其一，姚贾送出千斤黄金，是资财予敌，穷了秦国，富了敌国；其二，姚贾出身低贱，不适宜担上卿。

然而，韩非的攻击着实毫无说服力。姚贾逐一反驳：首先，没有千斤黄金，如何能轻易化解东方合纵呢？其次，说到出身低贱，历史名臣姜太公、管仲、百里奚等，都曾经落魄潦倒，不也都成就了一番伟业吗？很显然，公子出身的韩非有很强的阶层观念，看不起下等人。

韩非对姚贾的攻击可谓十分不明智，造成了很严重的后果。

首先是他加重秦王的不信任。自从张仪时代始，抑制东方合纵就是秦国的基本国策，是外交的基石，韩非却要挑战这一基本国策。说白了，韩非尽管身在秦国，却终究不为秦国所用。

其次，他得罪了姚贾，甚至包括他的同学李斯。韩非的“出身论”，对于底层出身的姚贾、李斯等人都是极大的蔑视与不尊重。他的偏见，无疑令李斯极为反感，挫伤了他的自尊心。两人虽然都是荀子门下的高徒，但似乎交情一直就很冷淡。

以上两点，为韩非之死埋下了伏笔。

善于察言观色的姚贾、李斯已经看出来，秦王政对韩非的态度发生了一百八十度的转变，他们决定趁热打铁，反咬一口。两人认为，韩非是韩国公子，终究只考虑韩国的利益，既然无法用他，不如杀之以绝后患。绳之以法，总要有个罪名。依《战国策》的记载，韩非之死，与攻击姚贾有关，因此罪名可能就是“诽谤罪”“离间秦国君臣”之类的。

秦王政遂下令，将韩非逮捕入狱。要怎么处置呢？秦王政也犹豫不决，毕竟他还是十分欣赏韩非的文章与才华的，舍不得杀他。

李斯并不想让韩非活命，索性派人把毒药送进监狱里，勒令韩非吞毒自杀。韩非请求见秦王，或者写一封信，为自己的冤情辩白。身为廷尉的李斯断然拒绝韩非的请求，无奈之下，韩非只能吞下毒药。

如果不是李斯相逼，韩非不一定会死。秦王政终究爱才，他最终下发一道赦免令，但已经迟了。很快他便收到监狱里的消息：韩非已经畏罪服毒自尽了。

韩非虽然死了，可是他对秦王政的影响不容低估。作为法家大师，韩非吸收商鞅、申不害等人的思想，认为应该把商鞅的“法”与申不害的“术”有机结合起来，在国家强大的同时，君主的地位不受动摇；君主应该把自己内心隐藏起来，让别人看不透摸不清，神神秘秘，以达到震慑群臣的目的。这种见解，无疑令秦王政如获至宝。这位后来的秦始皇能成为中国历史上最大的独裁者之一，可以说是深得韩非的启发。

吹响统一战争的号角

从秦孝公推行商鞅变法开始，秦国便以强国的姿态傲立于西方，经秦襄王、秦武王、秦昭王等几代明君的开疆拓土，终于赢得对东方诸侯的巨大优势。

周王室的灭亡，拉开了秦国统一中国的序幕。

前面说过，进入战国后，周王室分裂为西周与东周，末代天子周赧王依附西周生存。秦国吞并二周的想法由来已久，秦武王便幻想着“车通三川，以窥周室”，只因武王意外而死，周室幸得苟延残喘。

公元前256年，秦昭王终于在暮年之时，出兵灭掉西周。秦军以泰山压顶之势直抵西周，西周弹丸之地，如何抵挡？西周君已经没有选择了，他只能亲自前往秦国请降，献上三十六座城邑及三万人口。仅仅拥有三万人口的西周，就这样轻而易举地被秦国吞并了。秦昭王放逐西周君，这位西周领主最后郁郁而终。

西周君死后不久，末代天子周赧王也去世了。周赧王名义上是天子，他在位时间很长，总计有五十九年，可只是一名窝囊天子。周赧王不用说号令天下，就是在西周这一小块地盘里，也没有实权，他仅仅是依靠西周君才得以勉强生存。秦灭西周后，老朽的周赧王也一命呜呼，象征周室权力的九鼎落入秦人之手。

西周被秦国吞并后，东周君惶惶不可终日，为了自保，他只能联合东方诸侯对抗秦国。公元前249年，秦庄襄王遣宰相吕不韦率领秦军入侵东周。东周的命运与西周如出一辙，在秦军的打击下，很快瓦解了。东周君被放逐到一个叫阳人聚的地方，东周灭亡。

两周先后亡于秦国之手，宣告了周朝八百年历史的彻底结束。

秦灭二周，政治意义要远远大过军事价值，预示着纷争五百多年的春秋战国乱世已经接近尾声，一个一统天下的庞大帝国已是呼之欲出了。

然而，没有哪个国家愿意束手就擒。东方六国总兵力有两百万之多，秦要统一中国，仍要经历漫长而艰辛的斗争。

秦王政即位的这一年，即公元前247年，执掌朝政的吕不韦开始对东方诸国展开雷霆霹雳般的进攻。名将蒙骜是秦军最重要的统帅，也是继白起之后的一员名将。蒙骜伐赵，取得了令人震惊的战果，一口气连下三十七城。不过，在接下来的伐魏之战中，由于信陵君组织五国合纵，大败蒙骜。可惜的是，不久后，信陵君被魏王罢免，使得东方诸侯丧失了合纵的领袖，最终被秦国各个击破。

公元前244年，蒙骜又一次出手，进攻魏国、韩国，夺取十几座城池。两年后，蒙骜伐魏，又一口气攻下二十城，秦国的领土已经与齐国相邻了。经此打击，魏、韩两国已经一蹶不振了。

秦国统一之路最大的阻碍，仍然是与之同源的赵国。尽管赵国在长平之战后沦为二流国家，但尚武的传统仍然使其保有一支颇具战斗力的武装。在战国晚期，赵国在极其艰难的环境下，仍旧取得令人瞩目的军事成就。包括老将廉颇挫败燕国六十万大军的进攻，以及新生代将领李牧围歼十万匈奴骑兵，都堪称是经典之战。

不过，赵国的战略并不值得称赞。赵国对秦国采取守势，对燕、魏、齐等国则采取攻势，企图挖东墙补西墙。面对强大的秦国，东方诸侯不仅未能联合作战，反而争斗不休。特别是赵国与燕国，更是陷入旷日持久的战争。这种战争，最终大大消耗了东方诸国的实力。

公元前238年，秦王政亲政，平定嫪毐之乱。此后，秦王政大权独揽，秦国的国内政治也渐趋稳定，统一之战进入一个崭新的阶段。

秦王亲政后，以杨端和为统帅，大举伐魏。秦军势如破竹，接连攻下垣、蒲阳、衍氏诸城，进逼魏都大梁城，魏国只得割地投降。一次次的割地，令魏国这个战国初期最强大的诸侯国，在战国末期如同一只死猫，其国土仅仅剩下大梁城及周边一些地方而已。魏国的出局，已成定局。

与此同时，赵国在错误的路上越走越远。公元前236年，赵国又一次发动对燕国的战争，攻城略地。无法承受损失的燕国被迫向秦国求援，秦王政打着救燕的旗帜，大举进攻赵国。此时名将蒙骜已死，但秦国不乏有才干的军事将领，指挥伐赵之战的三员大将分别是王翦、桓齮、杨端和。

在伐赵之战中，王翦光芒四射。王翦是继蒙骜之后的又一位名将，他是频阳东乡人。据史书所载，王翦"少而好兵"，后为秦国统一中国立下赫赫战功，与白起、廉颇、李牧并称为"战国四大名将"。王翦挥师入赵，一战攻克赵国军事重镇阏与城，而后越战越勇，连克橑阳、安阳等八城，尽取漳水流域之地。

这对赵悼襄王是一次致命的打击，心力交瘁的他羞愧难当，竟然一病不起，死了。

两年后，秦军卷土重来。统帅桓齮出兵攻打平阳、武城，赵国政府派扈辄率军前往救援。扈辄只是一个平庸的将领，在桓齮的猛攻之下，赵军大败，十万名赵军将士横尸沙场。

对赵国来说，这无异于灭顶之灾。在国家生死存亡关头，赵国政府起用被闲置的名将李牧。李牧是赵国后期最伟大的将领，在镇守北疆时，一战歼灭匈奴骑兵十余万，从此名扬天下。后来，李牧又指挥对燕作战，也是屡立战功。这样一位良将，怎么会被雪藏呢？主要原因是李牧反对赵悼襄王迎娶歌伎出身的寡妇，即后来赵国太后、赵王迁的母亲。如今国家危难，太后不得不重新起用李牧。

李牧走马上任后，立刻扭转战局。公元前233年，李牧率赵军在赤丽、宜安一带打败桓齮，重创秦军。秦军损失惨重，大将桓齮战败后，不敢返回秦国，只身一人逃到了燕国，改名樊於期（从杨宽的说法）。李牧则因为拯救赵国，被封为“武安君”。

不过，秦王政统一中国的雄心未改。一年后，即公元前232年，秦军再次入侵赵国。秦军兵分两路，一路攻至邺城，另一路直奔太原，取狼孟、番吾。赵国再一次举国震动，能不能击败秦军，就要看李牧的本事了。

从国力上说，赵国已经不是秦国的对手，从军力上来看亦然。但是李牧又一次震惊诸国，在这场硬碰硬的战争中，他又打破了秦军的神话，在正面交锋中击退敌人。关于这场战斗的情形，《战国策》中有一个记载：“秦、赵战于河漳之上，再战而再胜秦；战于番吾之下，再战而再胜秦。四战之后，赵亡卒数十万，邯郸仅存。”李牧与秦军大战四场，艰难取胜，代价巨大，赵军损失数十万人。数十万是多少呢？按最低限度算，也有二十万。这个数字对风雨飘摇中的赵国来说，是完全不堪忍受的。

至于秦国的损失，史书只字未提。可以料想到，秦军的损失也绝对不是小数字，因为秦国不得不暂时放弃对赵国的攻略，转而发动灭韩之战。

实力最弱的韩国成为战国七雄中的第一个牺牲品，并不出人意料。

自宜阳之战及伊阙之战后，韩国屡遭秦国的鲸吞蚕食，土地早已所剩无几。到了战国晚期，韩国基本上靠割地事秦勉强维持生存。为了讨好秦国，韩王安于公元前231年，把南阳之地献给秦国。

然而，诸侯之地有限，而暴秦之欲无限，土地总有割完的一天。割地事秦，与肉包子打狗有何差别？难道一块土地就能喂饱贪得无厌的秦国吗？事实证明，韩王安完全打错了算盘。他想用割地来换取秦国的同情，秦国收了土地，照样要吞并韩国。

公元前230年，秦国将领内史滕对韩国发动最后一击。奄奄一息的韩国再也无法抵挡秦军的攻势，更要命的是，此时已经没有一个东方国家愿意出兵相救了。东方诸国完全陷入各自为战的状态，合纵运动已经破产，各国面临秦国巨大的压力，自顾不暇，谁有空去拯救韩国呢？

韩国首都新郑被攻破，韩王安成为秦军的俘虏，土地悉数被秦国吞并。秦王政在韩故地置颍川郡，直接由秦中央政府管辖。韩国灭亡，是秦灭六国战争的开始。唇亡齿寒，韩国既亡，赵国的日子也不多了。

秦王政挟灭韩之威，于次年（前229）再伐赵国。秦军兵分两路出击，一路由大将王翦统率上党兵团，进攻下井陉；另一路由大将杨端和统率河内兵团，进攻邯郸城。同时秦国还派出一支机动兵团，协助两路大军作战。

面对秦军凶悍的进攻，赵国政府任命李牧、司马尚为大将，分兵御敌。李牧率军抵挡王翦的秦军，司马尚则迎战杨端和的部队。

李牧不是吃素的，他是秦军百年来所遇到的最强对手，以残破之师两度击败如日中天的秦军。试想一下，倘若李牧指挥的是全盛时期的赵军，秦军恐怕要遭遇更大挫折。为了对付李牧，秦国再度祭出反间计的法宝。

对秦国人来说，反间计已经是轻车熟路，而且屡试不爽。当年廉颇将军、信陵君魏无忌都是秦国反间计的受害者，只不过他们的下场不像李牧那么悲惨。为了实施反间计，秦国间谍们携带大量的金银财宝，潜入赵国，游说鼓动那些掌握大权的高层官员。

依据《史记》的说法，李牧是被奸臣郭开害死的。郭开是赵国权臣，自李牧复出后，两次拯救赵国，功劳无人可及，遂被郭开视为威胁。同时，秦军间谍的反间计，更令他下决心铲除李牧。于是，郭开在赵王迁面前大进谗言，称李牧、司马尚有谋反之心。谎言多说几次，就几乎形同事实了。

赵王迁轻而易举地相信了郭开的谗言，下令将李牧、司马尚二人革职，分别派赵葱及颜聚前去接替二人的位置。李牧拒绝接受朝廷的命令，他仍然天真地幻想着“将在外君令有所不受”的古老传统，可是世道变了。赵王迁早已把生杀大权授予传达命令的使者，李牧的拒绝无疑只是印证了“企图谋反”的流言。国王特使毫不客气地当即将李牧拿下，不经审判，即刻处决。

自毁长城后，赵国离灭亡也不远了。

李牧之死扫除了秦军的障碍，秦军对赵国的总攻随之展开。由于李牧无罪获诛，赵军士气低下，新接任的统帅赵葱虽然抱着鱼死网破的决心，终究螳臂当车，无济于事。王翦的秦军兵团大破赵葱兵团，赵国最后一支精锐部队灰飞烟灭，赵葱以死殉国。赵国的生死存亡，就看最后的邯郸保卫战了。

邯郸终究未能再创奇迹。在秦军摧枯拉朽的进攻下，邯郸城几乎没有像样的抵抗就成了秦军的战利品，赵王迁沦为阶下囚。

邯郸城破之际，赵王迁的哥哥赵嘉带着赵氏宗族数百人逃到代郡，自立为王，称为“代王”，仍然高举抗秦的旗帜。尽管赵嘉组织起一个新的流亡政府，但是称为“代”而不称“赵”。因此可以说，作为东方六雄的赵国，实际上在公元前229年被灭亡了，其波澜壮阔的历史最终画上了句号。

功亏一篑：荆轲刺秦王

统一战争的序幕已经开启，车轮已转动，就无法停下来了。赵国灭亡后，秦王政给秦军统帅王翦下达新的命令：将秦军驻屯于中山，兵临易水河，做好进攻燕国的准备。在军事上乏善可陈的燕国，怎么抵挡得住秦国的进攻呢？与其坐以待毙，不如拼死一搏。于是一个惊天密谋悄悄地展开了，这便是：刺杀秦王！

刺杀秦王的阴谋是燕国太子丹一手策划的。

说起太子丹与秦王政，早年都生活在赵国，两人是儿时的玩伴。谁也不曾想过，若干年后，两人会从好朋友成为不共戴天的仇敌。历史有时就是这样无情。秦王政上台后，燕王喜把太子丹送到秦国当人质。秦王政不仅毫不念及昔日的情谊，还百般阻挠太子丹归国，简直把他当作囚徒。太子丹对秦王的冷漠衔恨在心，最后不辞而别，只身潜逃，历经千辛万苦，逃回燕国。从那时起，他就立下誓言，一定要雪耻，杀了秦王政。

然而，秦强燕弱，如何复仇呢？

只能采取非常规的手段：刺杀。秦王政作为一国之君，连接近都不容易，更谈何刺杀呢？这件事，毫无头绪可言。刺杀这种事，得找江湖人士帮忙才行，战国时代是一个慷慨悲歌的时代，也是一个充满游侠精神的时代。太子丹广揽豪杰侠客，其中有一位智勇双全的侠士，名为田光。

太子丹把田光视为心腹，坦言打算刺杀秦王政，并征求田光的意见。田光早年在江湖上颇有名望，如今已经垂垂老矣，刺杀秦王这件事，他肯定干不来，于是便推荐自己的好友荆轲。

荆轲出生于卫国，从小喜欢读书，也喜欢剑术。起初他想在政坛上有所作为，曾游说卫元君，没有得到赏识，便过起游侠的生活。他曾经与名满天下的剑客盖聂论剑，也曾与武学大师鲁句践交流技击术。不过，这两次交流都不欢而散，具体原因不明，但有一点是确定无疑的，盖聂与鲁句践两人都被他激怒了。荆轲没有跟他们决斗，而是逃走了。因此当时武林人士都拿荆轲当笑话，认为他很懦弱。

后来，荆轲到了燕国，浪迹于市井之间，结识了一位乐师，此人名唤高渐离，擅长击筑。他与高渐离还有一个卖狗肉的朋友，三人相当要好，经常一起喝酒。荆轲很喜欢喝酒，每当喝到尽兴时，他便引吭高歌，高渐离击筑伴奏，三人在市场里手舞足蹈，视他人为无物，很有些摇滚味道。荆轲为人深沉，他所结交的朋友多是豪杰贤士，其中便包括一代大侠田光。

田光受太子丹之托，来见荆轲，对他说：太子要我帮他想办法除掉秦王，我老了，力不从心，就推荐了你，希望你能去见太子。

既然好朋友这样说，荆轲就答应了。

刺杀秦王，这属于绝密之事，田光把荆轲推荐给太子丹后，认为自己已经帮不了什么忙了。一个人只要活着，就不一定能守住秘密，万一说漏嘴呢？只有死人才能守秘密。为了向太子丹保证绝对、百分百守秘密，田光竟然拔剑自刎，把刺秦的秘密带到九泉之下。

“燕赵多慷慨悲歌之士”，果然如此。

安葬了田光之后，荆轲便前往宫中，求见太子丹。太子丹惊悉田光的死讯，内心被深深震撼了。既然田光能为守秘密而死，那么他推荐的人，一定是信得过的，于是太子丹便把设想已久的方案和盘托出。

首先是寻觅胆识俱优的勇士，以出使秦国为借口，带上厚重的礼物作为诱饵，秦王是个贪心的人，一定会乐意接见。到时如果能乘机劫持秦王，逼迫他归还所侵占的各国土地，那是最好不过了。倘若劫持不成，就当场刺杀秦王。只要秦王一死，内部必然混乱，而兵权又掌握在外地的大将手中，这么一来，秦国必然大乱。到时各诸侯国可以利用这个时机，摆脱秦国的控制，重新合纵，一定可以击破秦国。

在太子丹的方案里，提到两种可能：其一是劫持秦王为人质，其二是刺杀秦王。不过，我认为太子丹想要的是后者，也就是干掉秦王。干掉秦王，意味着前去行刺的人，根本不可能活着回来。如果是一个必死的任务，恐怕没有几个人愿意接手，因此太子丹才有一个备选方案，即劫持秦王为人质。事实上，劫持秦王，可能可以帮助行刺者脱身，但要秦国归还所占土地，这压根是做梦。

荆轲听完后，当即表示自己无法胜任这个任务。太子丹急了，顾不上尊严，竟然倒头便拜。荆轲终于心软，并非为了太子丹，而是为了自己的朋友田光。如果自己不接受这个任务，田光算是白死了。既然田光把命都豁出去了，他荆轲又岂能贪生怕死呢?

从这一天起，荆轲从一名市井之徒成为太子府的贵宾，住上等的房子，吃各种美味食品。至于车马、美女，更不在话下，只要荆轲喜欢，可以随便挑选。

问题是，荆轲并没有行动，似乎这种生活令他十分满意，他压根就没提到行刺秦王的事情。此时秦国大将王翦已攻破赵国，俘虏赵王，率领大军逼近燕国的南部边界，秦、燕战争随时都可能爆发。

太子丹不能再等了。他又如往常一样来到荆轲的住所，开门见山就说：秦国大军已逼近边界，随时都可能渡过易水进犯燕国。到时我即便想侍奉您，恐怕也办不到了。

荆轲并非无所事事，他在绞尽脑汁想办法如何接近秦王。于是他向太子丹提出需要准备两份献给秦王的见面礼：其一是燕国督亢地区的地图，其二是秦国通缉的要犯樊於期的人头。

要地图，可以提供，可是要樊於期的人头，这个条件让太子丹无法接受。樊於期正是秦国大将桓齮，桓齮在宜安之战被李牧打得大败后，损兵折将，担心遭到秦王责罚，索性改名换姓，逃到燕国。秦王对樊於期的叛逃大为恼怒，张榜通缉，太子丹却冒险收留了他。

樊於期是走投无路前来投靠，太子丹怎么能拿他的人头去献给秦王呢？这个条件，他着实无法答应。

荆轲不想为难太子丹，遂决定亲自去找樊於期。没有樊於期的人头，他就无法获得秦王的信任，就无法接近秦王。荆轲私底下安排与樊於期的见面，开口便说道：秦国对待将军，可谓是太残忍了，您的父亲、宗族都被处死。不仅如此，秦王还以黄金千斤，封户万家求购将军的首级。您打算怎么办呢？

樊於期仰天而叹，禁不住流下眼泪。荆轲趁机声称自己有办法为樊於期报仇。当然，这个方法是很残忍的：先把樊於期的首级呈献给秦王，在秦王接见时，一刀结果暴君的性命。

脑袋是能随便借人的吗？樊於期面无血色，思忖良久后，以平静的语气对荆轲说：我日日夜夜咬牙切齿，愤恨得连心都碎了。今天有幸得先生赐教，后事就拜托您了。

说完后，他挥剑自刎。

这是刺秦行动死的第二个人。太子丹闻讯赶来，抚尸痛哭一番，可事已至此，无可挽回，只得用荆轲之计，将樊於期的脑袋砍下来，装在匣子里封起来。

燕国地图有了，樊於期的首级也有了，但还不够，荆轲还需要一把刺杀用的匕首。

为此，太子丹物色到天下最锋利的一把匕首，此匕首是赵国著名铸剑师徐夫人所铸，故名为“徐夫人匕首”。为了购得这把匕首，太子丹花费了一百金。光锋利还不够，为了一刀致命，匕首还用毒药水反复淬浸，只要轻轻划出一道血丝，人就会立马中毒而死。

此外，太子丹还给荆轲配了一个副手，此人名为秦舞阳，是燕国著名的勇士，在十三岁时就杀过人。不过，荆轲似乎对这个副手并不满意，他迟迟未动身，在等一个朋友到来。这个朋友是谁呢？史书上没有写，或许是那位屠狗的朋友，或许是武林中的高手。

太子丹等不及了，日夜催促荆轲上路。他担心时间一长，荆轲会因胆怯而萌生退意。面对太子丹的催促，荆轲十分不爽，怒道："我之所以还待在这里，是等待一个好朋友一同前往。既然太子认为我故意拖延时间，我这就走，就在这里跟你诀别了。"

说完后，荆轲便打点行装出发，同行的人还有秦舞阳。

谁都明白一件事，入秦国心脏，无论是劫持或是行刺秦王，都是难以脱身的。说白了，荆轲这一去，能生还的机会恐怕连万分之一也没有。

送别的一幕显得十分悲壮。

太子丹等人身着白衣白帽，一路送到易水河畔，并为荆轲、秦舞阳饯行。荆轲喝下几杯酒，放声高歌，他的好友高渐离也前来送别。高渐离以手击筑，荆轲即兴演唱，歌词就两句："风萧萧兮易水寒，壮士一去兮不复还！"这两句词无形中进一步渲染了凄凉的氛围。所有人都被这悲壮的歌声所感染，不知不觉已是泪流满面，哽咽难语。

辞别太子丹后，荆轲与秦舞阳一路西行，终于抵达咸阳。

荆轲入秦，是以燕国使者的身份，献上燕督亢地图以表臣服秦国。不仅如此，他还带来樊於期的人头。如此重的礼，秦王政当然得以隆重的礼仪来欢迎燕国使臣，并把接见地点定在咸阳宫。

这一天终于到来了。

秦王政坐在朝堂上，传令燕国使者进殿。

荆轲走在前面，秦舞阳跟在后面。荆轲手中持着一个匣子，匣盒已打开，里面放的是樊於期的脑袋；秦舞阳手中则捧着燕国地图，地图也用一个长形匣子装着，在地图轴卷里，是一把见血封喉的匕首。

然而，计划赶不上变化，意外还是发生了。

荆轲迈着稳重而有力的步伐走入殿中，献上樊於期的人头，验证无误后，接下来应该是献上燕国地图。这时，站在殿门之外的秦舞阳脸色大变，神情恐慌，浑身发抖。这个异常反应引起秦国大臣们的警惕，但荆轲很巧妙地掩饰过去，称北方粗野鄙人未见过国君而太过紧张。这个解释显然颇为合理，尽管糊弄过去了，刺杀计划却不得不更改了。

如果秦舞阳跟随进殿，与荆轲两人合力刺杀秦王，得手概率很高。现在荆轲只能把秦舞阳留在殿外，自己接过藏有徐夫人匕首的匣子，走进殿堂。根据事先的计划，能劫持秦王当然最好，有秦王当人质，荆轲或许还有一条生路。但秦王是个大活人，血气方刚，单凭荆轲一人要生擒他并不容易。相比之下，刺杀的把握还要大一点，只要划破秦王一点皮肤，就足以致命。

荆轲一步步走向秦王，他还抱着一丝侥幸心理，想生擒秦王。

秦王与荆轲只隔着一张案几，荆轲从匣子取出地图，在案上展开。当地图翻到末尾，突然间露出一把闪闪发光的匕首。秦王大吃一惊，出于本能身子往后一仰，双手缩回来，这是躲避偷袭的下意识动作。

说时迟，那时快，荆轲右手抄起匕首，左手抓住秦王的衣袖。只消狠狠刺下，秦王就要倒毙在案几之上。然而，荆轲似乎并没有使出全力，他还幻想生擒秦王。就在电光石火之间，秦王挣脱了。他与荆轲之间，毕竟还隔着一个案几，就这么个小东西的阻挡，让秦王脱了身，他奋力后退，衣袖被扯断，人却挣脱了。

这一幕太快了，下面的大臣们根本还来不及反应。秦王挣脱荆轲后，就要拔出腰间的宝剑，可是这把剑太长了，秦王边跑边拔，情急之下，竟然拔不出来。这时荆轲跳过案几，猛追过来，秦王只得绕着柱子走，跟荆轲玩捉迷藏。幸亏秦王反应还颇为敏捷，没让荆轲逮住。

呆若木鸡的大臣开始缓过神来，侍医夏无且腰间绑了一个药囊，情急之下拿来当武器，把药囊往荆轲身上扔过去。荆轲没看清飞来的是什么暗器，一闪身躲过去了，但就这工夫，下面有人喊道："王负剑，王负剑。"意思就是从背后把剑拔出来。

这一招果然有效。趁荆轲躲避药囊的片刻时间，秦王把剑推在背后，右手往肩后一抄，抓住剑柄，往上一拉，“唰”的一声，宝剑出鞘了。

秦王长剑在手，荆轲仍然只是小匕首，尽管匕首很锋利，要刺中秦王已经很难了。秦王连砍数剑，其中一剑砍在荆轲的左腿上，荆轲一踉跄，摔倒在地。

荆轲知道无法生擒秦王了，他把匕首奋力掷去，没有击中秦王，只击中铜柱。这时秦王飞身上前，举剑连刺，在荆轲身上戳了八剑。

荆轲知道任务失败了，他倚着柱子，瘫坐在地上，突然大笑起来，冲着秦王说：今天我之所以没有成功，是想将你生擒、劫持，逼迫你签订条约，以回报太子丹的知遇之恩。

从这句话可以得知，刺秦的失败，并非他没有机会结果秦王的性命，而是企图活捉秦王。秦王怒火中烧，令卫兵上前，把荆轲捅得像马蜂窝。也有一些史料称荆轲是被肢解而死，活生生地砍成几大块。

荆轲刺秦王，是中国古代历史上最著名的一起刺杀案。这个计划本身很出色，几乎滴水不漏，但是最后功亏一篑，很遗憾地以失败而告终。

刺杀失败的原因有几点：

其一，秦舞阳过早退出，使得原本两人合刺秦王的计划，临时变更为荆轲一人行刺。我估计第一方案是两人合力生擒秦王，但秦舞阳退出后，荆轲在极短的时间里，拿不定主意，究竟是要劫持还是刺杀，不太明确。

其二，荆轲的武功太差。荆轲是我非常佩服的英雄人物，那种临危之下的镇定沉着实非常人所能及。但我感觉他还是有点吹牛，他曾经找过最顶尖的剑客盖聂与最顶尖的武术家鲁句践比画，给人感觉他武功很高强。其实不然，他与盖聂、鲁句践只是口水战罢了。实际上他的武功很平常，甚至可能比不上秦王。后来陶渊明在《咏荆轲》一诗中写道：“惜哉剑术疏，奇功遂不成。”

其三，荆轲错失最佳行刺机会。从荆轲临死前说的话可知，他是想生擒秦王。图穷匕首见那一刻，是最好的刺杀机会，倘若他要置秦王于死地，拼尽全力一击，得手的概率还是很大的。他拽着秦王的衣袖，心里却想着要生擒，匕首肯定没想刺下去的。一念之差，最终满盘皆输。

后世对荆轲的评价，有褒有贬。贬他的人，认为他不过是太子丹利用的工具罢了，行刺秦王是无意义的冒险，还阻挠统一的历史进程。然而，从文化的意义上说，荆轲刺秦不只是个历史事件，而且还体现了中华文化里的血性，把中国的刺客文化推向高峰，也让后人领略到战国时代视死如归的无畏气概。孟子曾说过一句话："刺万乘之君，若刺褐夫。"能做到的，唯有荆轲。只消一把匕首，就可消弭等级的界限，填平贵贱的差距，万乘之君是人，刺客也是人，从个体上说，每个人都有打倒暴君的潜在能力。这大概就是荆轲刺秦王的意义吧。

行刺秦王的失败，预示太子丹末日的到来。

天下归一：战国的终结

荆轲刺秦王的后果，就是引起秦国疯狂报复。

恼羞成怒的秦王政一定要得到太子丹的人头，他指示王翦、辛胜等将领，立即率领大军进攻燕国。燕国的实力与秦国相去甚远，燕王只得与代王赵嘉联合，企图把秦军阻止于易水以西。然而，燕代联军根本不是王翦精锐秦军的对手，被打得大败，代王赵嘉向北逃窜，燕军则被迫东撤。

公元前226年，王翦渡过易水，向燕国都城蓟城挺进。老迈的燕王把首都蓟城交给太子丹，自己匆匆退往辽东。在王翦的猛攻下，蓟城终于沦陷。城破之前，太子丹带着残兵败将向辽东方向撤退。

王翦派副将李信前去追击太子丹，李信率数千名骑兵，一直追击到衍水。当时燕国高层认为，秦国伐燕都是太子丹惹来的祸，要求燕王杀太子以谢秦国。在巨大的压力面前，燕王不得不屈服，挥泪下达杀太子丹的命令。燕王使节快马驰入太子丹的军营，杀死太子丹，砍下头颅，交给秦将李信。

太子丹的首级传到秦国后，秦王政终于解了一口怒气，不再对燕、代兵团穷追猛打了。在秦王看来，燕、代两国只不过是苟延残喘罢了，根本不能构成任何威胁。现在韩、赵已灭，燕、代、魏都被打残了，齐国也没有什么实力，唯一还要花费血本摆平的，只剩下楚国了。

秦王把王翦、李信二人从燕国前线召回国内，商量发动灭楚之战的事宜。秦王问两位将军，进攻楚国要动用多少兵力。少壮派将领李信信心满满，认为只要二十万就足够了；老成持重的王翦则认为，非要六十万人不可。

在秦王看来，楚国不过就是只病猫罢了，在过去百年里与秦国交战百战百败，何须动用六十万大军呢？显然，秦王认为王翦老矣，决定由李信指挥伐楚之战。

王翦意识到秦王对自己不信任，索性急流勇退。他向秦王提出，自己征战多年，疾病缠身，请求回老家养病。秦王没有异议，当即批准。不久后，李信被任命为伐楚远征军统帅，蒙武（名将蒙骜的儿子）为副统帅，领兵二十万，杀向楚国。

说实话，李信轻视楚国是有道理的。到了战国晚期，楚国政治极为混乱，政变迭发。先是战国四公之一的春申君被权臣李园所杀，后来李园又被楚公子负刍所杀，整个国家陷入大动荡。也正因为如此，秦国君臣普遍对楚国抱有轻视之心，认为打垮楚国是轻而易举之事，李信甚至狂妄地认为，只需要二十万人就可以搞定楚国了。

楚国固然军事力量不强大，但毕竟是大块头，领土辽阔，军队数量庞大，至少有五十万人，在生死存亡之际，还是能爆发出不小的力量。

战争之初，在强大秦军的打击下，楚国人溃不成军。

秦军二十万众进攻楚国，一路横冲直撞，连战连胜。李信进攻平舆，蒙武进攻寝丘，两路大军都大获全胜。李信乘胜又攻击鄢、郢，把楚军打得落花流水。然而，随着战争的推进，秦军的弱点开始暴露，战线越拉越长，对后勤补给构成巨大压力，况且楚国东部水网密布、沼泽丛生，十分不利于行军。

在千里跃进之后，李信开始露出疲态，已成强弩之末，被迫撤退，与蒙武会合。此时，楚国正在酝酿大反击。

楚国大将项燕是一位比较高明的将领，他利用楚国腹地广阔的优势，大步后退，以保全楚军的实力，同时拖垮秦军。这一战术果然收到奇效，李信终于撑不住了。项燕当机立断，下令楚军全线反击。楚国士兵发扬一不怕苦、二不怕死的精神，穷追三天三夜。秦军遭到迎头痛击，李信与蒙武的两处营垒全部被楚军攻入，秦军七名都尉被杀，士卒死伤无数。

李信、蒙武战败后，只能灰头土脸地撤回秦国，这场战争不仅未给李信带来光荣，反倒蒙受了耻辱。

让李信觉得难堪的是，当他灰头土脸回到秦国时，王翦的儿子王贲为老子争光，攻陷了大梁城，完成了灭魏伟业。

秦国在伐楚的同时，还能腾出手来攻打魏国，这也都是托了李信的福。李信只带走了二十万军队，秦王完全有充足的本钱再发动一场战争。秦王为什么要把灭魏战争的指挥权交给王贲呢？

虎父无犬子，王贲长年追随父亲王翦征战，也是秦军的一员虎将。与楚国相比，魏国已经孱弱到了极点。伐魏之战，比起伐楚之战要轻松得多。此时的魏国，在经历一次次的割地后，国土仅剩下大梁城及周边一些地方而已。不过，魏都大梁并非那么容易攻破，这座城池堪称战国防御工事的杰作，城墙厚实，高十仞，相当于十八点五米，比现今保存最完整的西安古城墙还要高出六米。

秦军的进攻确实被高大的城墙阻挡了，战斗一度陷入僵局。王贲并没有不计代价地强攻，而是祭出水淹战术。黄河、大沟的大堤被挖开，奔腾的河水灌入大梁城内。大梁军民在最后的抵抗中，表现得相当英勇，他们坚持了整整三个月。

三个月后，被水长期浸泡的城墙轰然崩塌一角。秦军涌入城内，占领魏国王宫，俘虏并处死了魏王假。继韩、赵之后，魏国也灭亡了，从晋国分裂出来的三个诸侯国，最终为秦国所吞并。

王贲灭魏，为老爹王翦长了脸。与此同时，秦王也意识到，要灭掉楚国，还得老将军王翦亲自出马不可。他放下君主的架子，亲自前往频阳拜访王翦，恳请他出山。然而，王翦明哲保身，不肯复出。倘若秦国最精锐的部队都掌握在自己父子二人之手，难免树大招风，甚至可能遭来杀身之祸。

不过，霸道的秦王没有给王翦任何讨价还价的余地，直接下达命令让王翦复出指挥。不得已之下，王翦只能重申主张：非要伐楚，一定要六十万人不可。

秦王爽快答应了，拨出六十万大军给王翦。手握重兵的王翦忐忑不安，他不是担心伐楚之事，而是担心自己。一个大将手握全国可用的兵力，君主难免会多心，万一有人进谗，扣上一个谋反罪，搞不好秦王就信了。怎么办呢？

王翦毕竟是聪明人，他想了个办法。临出征时，他向秦王提出一个奇葩的请求：自己看中了一些良田大宅，希望能得到赏赐。

对此，秦王不禁哑然失笑，老将军也太俗了，志向也太小了吧。王翦却一本正经地说："我怕是没机会封侯了，趁大王还信任我，先讨些田宅，留给儿孙作为产业。"

大军出发后，王翦又派出五批使者，去向秦王落实那几处田产的封赏事宜。一些部将看不下去：与伐楚伟业相比，区区几处田产算什么呢？老将军也做得太过分了！

此时，王翦才解释说：秦王为人多疑，对谁也不信任。如今，秦国以举国之兵伐楚，国内空虚，精锐甲士都交给了我。我向秦王讨取田宅作为子孙的产业，这是表明我没有别的野心。倘若不这样做，岂不是让秦王猜疑我，提防我吗？

此言一出，诸将领都相当佩服王翦的远见。有人把王翦与白起、廉颇、李牧并列为战国四大名将，这四个人中，只有王翦的结局最好，就因为他善于保全自己。

有六十万大军在手，王翦伐楚底气十足，他不骄不躁，稳扎稳打，步步为营。秦军推进到平舆一线，与楚国大军对峙。

尽管兵力雄厚，王翦的战术却相当保守，他在前线筑起漫长的壁垒，只守不攻。楚军前来叫阵，王翦不理不睬，不肯迎战，传令士兵们轮流休整，以保证旺盛的精力与高昂的士气。老将军还时常到各军营中视察，安抚士卒，跟士兵们一起吃饭。

面对秦军防线的铜墙铁壁，楚军进退两难。要约架吧，王翦不出；要进攻吧，秦军据险而守，以逸待劳，攻坚势必伤亡惨重。《曹刿论战》中说：一鼓作气，再而衰，三而竭。楚军在对峙中士气愈发低落，不得已之下，楚王负刍只得下令后撤，择机再战。

善于捕捉机会的王翦不会平白无故让这种机会溜掉，他果断下达追击令。一支由精壮勇士组成的突击队，向楚军发起猛烈攻击。静如处子，动如脱兔，这就是王翦的作战风格。不打则已，一打必要重创对手。楚军被迫应战，两军在蕲南展开决战，士气凋零的楚军被打得大败，王翦取得了关键性的一场胜利。

更要命的是，楚王负刍在战斗中被秦军俘虏，楚国的指挥中枢几乎瘫痪。

这一战决定了楚国的命运。

楚国大将项燕力挽狂澜，国家不可一日无主，他立昌平君为新的楚王，有人认为昌平君是楚王负刍的弟弟。项燕收拢残兵败将，在淮南继续抗秦。这种斗争勇气可嘉，宁可战斗而死，也不当亡国奴。蕲南决战后，楚国精锐尽丧，秦军以秋风扫落叶之势，占领了楚国大部分土地。项燕与新楚王苟延残喘，处境日益恶化。

公元前223年，王翦、蒙武对楚国流亡政权发动了大规模进攻，新楚王力战而死。项燕的结局，有不同说法。一种说法是项燕被打败后，自杀身亡；另一种说法是被秦军俘虏后处死。至此，楚国灭亡。

值得一提的是，项燕死后，他的儿子项梁、孙子项籍逃走了，浪迹天涯，后来成为反秦战争的重要人物。“楚虽三户，亡秦必楚”，在十几年后，这个预言居然成了现实。

三晋及楚国都灭亡了，东方六国仅剩下燕国与齐国，以及赵国的残余力量代国。秦王政一统天下的梦想已经不远。

此时的燕、代都只据有一隅之地，燕王喜困守辽东，代王赵嘉则盘踞代地。秦王把铲除燕、代政权的重任交给王翦的儿子王贲。可以说，王翦、王贲父子俩，乃是秦国统一六国的最大功臣。

王贲对燕国的残余力量发起了雷霆一击，一举攻陷辽东，俘虏燕王喜，燕国灭亡。紧接着，王贲挥师入代，同样势如破竹，击破残赵兵团，俘虏代王赵嘉。

此时的秦军已是风卷残云之势，根本遇不到有力的抵抗。

战国七雄，除了秦国之外，只剩下孤零零的齐国，它仅仅比燕、代多苟存了一年罢了。

自从五国伐齐后，齐国一蹶不振。为了生存，齐国推行独立自主不结盟的外交方针，对于东方诸侯的合纵，一概不参加，以免惹来秦国的报复。齐国既不是东方五国的盟友，也不是秦国的盟友，故而“四十余年不受兵”，成为乱世中的一片净土。齐国铁了心要当一个“永久中立国”，几乎放弃了必要的军备，“不修攻战之备”，同时也“不助五国攻秦”。齐国眼睁睁看着东方其他五国被一一消灭，完全无动于衷。然而，该来的终究会来。

战国的烽火渐渐平息，中国大地之上，只剩下庞大的秦国与弱小的齐国，齐国的命运已清晰可见。秦王打算不战而屈齐国之兵，派出使者陈驰到临淄城，许诺齐王建若主动投降，将封给五百里之地。齐王建哪有抵抗的决心呢？有五百里之地，也足够安度晚年吧。于是他下令不抵抗，举国投降。东方六国中的最后保垒，也被秦国收入囊中。

秦王把齐王建流放到了一个名为共的地方，这里长满松树与柏树，荒无人烟。最后，齐王建在这片原始丛林中饿死了。

从公元前230年秦灭韩国，到公元前221年秦灭齐国，灭六国之战总共用了十年，可谓摧枯拉朽。

六王毕，四海一。这是中国历史上第一次真正意义上的统一。在此之前，夏、商、周几代，都是诸侯制，底下有数百个诸侯国，上面有一个王。诸侯制下，中央政府对诸侯国的控制力度是有限的。最终导致了春秋战国数百年间的战争，大鱼吃小鱼，小鱼吃虾米。秦国最后扮演了终结者的角色，实现了中央集权制下的大一统。

郡县制还是诸侯制

六国灭亡，意味着战国时代的终结，大秦王朝的帷幕就此拉开。

曾经城头变幻大王旗，如今只剩下秦的旗帜迎风招展。尽管秦王政的伟大事业与先王的奋斗是分不开的，我们仍然必须承认他的丰功伟绩。由分裂走向统一、由战乱走向和平是历史的必然性，但这种必然性的车轮离不开人的推动。秦王政有幸成为最后的推手，看似随手摘取成熟的果子，实则不然。

即便秦王政上台时，秦国已经取得压倒性的优势，但这并不意味着他的人生风平浪静，一路坦途。相反，秦王政的权力之路，充满刀光剑影，前有嫪毐之乱，后有荆轲惊天一刺，稍有闪失，就可能舟覆人亡。如果他没有坚强的意志，没有吞吐天地的雄心，统一的进度表还得往后推移。因此，秦王政既是能干的，也是幸运的。

五百多年的乱世在他手中终结，这个事业太伟大了。从这点看，他便远远超越历代君王。因此，对秦王政来说，“王”的称号显然太小了，不足以彰显其伟大，必须重新选择一个更高大上的尊号。于是，“皇帝”的称号隆重出台了。

起初大臣们咬文嚼字、引经据典一番后，献上“泰皇”的称号。为什么叫泰皇呢？古代有天皇、地皇、泰皇之说，天皇管天，地皇管地，泰皇则是人皇，是人中之最尊贵、最有权势者。不过，秦王政对“泰皇”这个称号不满意，他去掉一个“泰”字，增加一个“帝”，便构成一个新词：“皇帝”。他是第一个皇帝，因而称为“始皇帝”，又称“秦始皇”。

秦始皇有个朴素的想法，自己叫始皇帝，以后的皇帝就叫二世、三世，乃至百世、千世、万世。他似乎毫不怀疑大秦帝国将屹立不倒、万世永存。如果站在当时来看，秦始皇的自信也不无道理，一百多年的战争证明了秦国军事力量无敌于天下，现在连对手都没有了，难不成小民能把大帝国推倒吗？他万万没想到的是，十几年后，真的就是一群小民，把帝国给推倒了。

我们如果以更长远的眼光来看，秦始皇统一六国，只是很短暂的事业。因为他死后天下又一次陷入大乱之中，人们期望的长期和平并未到来。与统一六国相比，大秦王朝在制度上的开拓，更具有深远的历史影响。秦之制度设计，确立了未来两千年政治的基本框架，直到近代才被取代。

在秦之前的夏、商、周三代，是中央政权主导下的诸侯分封制。天子名义上是天下共主，然而在绝大多数时间里，天子对诸侯的掌控力度相当有限。诸侯拥有自己的土地、行政权、财政权及军队，是高度独立的权力主体。夏、商、周之所以采用诸侯分封制，实有不得已的原因。在经济与技术都处于相对落后的时代，中央政权要管理一个广袤国家的每个角落，实力所不能及。然而，经历五百多年的春秋战国乱世，中国之经济、技术、军事都得到长足的发展。以秦国为例，大规模的水利建设及土地开荒，使其经济足以支撑一支超过百万的大军，军队可以对数千公里之外的敌人发动进攻，这在古代是难以想象的。当中央政权有信心对地方进行垂直管理时，一种新的制度就应运而生了。

对于崭新的大秦帝国，在制度选择上，是沿用夏、商、周的分封诸侯制，还是采用新的垂直管理制度呢？这在帝国高层是有争议的。

丞相王绾认为应该保留诸侯制，至少在东方的燕、齐、楚等地，应设诸侯王。理由是这些地方离秦国首都遥远，中央难以直接管理。设立诸侯王，由皇子担任，管理起来就方便了。

然而，王绾的意见遭到李斯的反驳。他列举诸侯制的种种恶果，比如周代的诸侯，最初也是王室子弟，过了几代后，血缘关系就疏远了，诸侯之间就开始互相攻击，最后导致全国混战，天子也无能为力。在李斯看来，分封制必然会导致诸侯混战，这是无法避免的，也是历史所证明的。

既然诸侯制不行，那么要采用什么制度呢？李斯认为应采用郡县制。

实际上，在秦统一中国之前，就一直实行郡县制。当然，那时秦国土地面积还比较小，中央直接管理郡县，是可以做到的。不过，在吞并六国后，秦国土地相当辽阔，中央垂直管理郡县，难度显然要大得多。李斯仍坚持认为，郡县制比分封制优越，这关系到国家的长治久安。至于对诸皇子与功臣的封赏，只要从国家赋税中拿出一部分赏赐就可以。

最后，秦始皇同意李斯的看法，他说："天下初定，又复立国，是树兵也，而求其宁息，岂不难哉！"于是保留郡县制，废除分封制。

郡县制的本质，是高度中央集权制，权力完全集中于中央政府，地方则直接对中央负责。这种制度成为后来两千年中国制度的基础。

中央集权制的权力结构呈金字塔型，皇帝位于权力的顶端。不过，皇帝并没有三头六臂，一个人不可能管理偌大的国家，因而在皇帝之下，设了三公，分别是：丞相、御史大夫、太尉。丞相主政务，御史大夫主监察，太尉主军事，这是皇帝权力伞下的三权分立，三公相互协作，同时相互制约。

在三公之下，还设立九卿，分别是：奉常、郎中令、卫尉、太仆、廷尉、典客、宗正、治粟内史、少府。"三公九卿"位于权力金字塔的次顶层，是皇帝的帮手，也是政治领导核心集体。这个官制安排，对后世同样产生了重大影响。

在地方管理上，秦国将全国分置为三十六郡，后来陆续征服一些新的土地，再置四郡，共四十郡。每郡主要长官有郡守（掌政务）、尉（掌军事）、监（掌监察）。郡以下设县，万户以上的县设县令，万户以下的县设县长。郡、县长官均由皇帝直接任命，不可世袭。

大秦帝国采取中央对地方垂直管理的郡县制，这无疑是制度的一大创新，同时也是对中央政府的一大挑战。

两千多年前的中国，交通、信息都远远不如今天发达。对于遥远的郡县，中央要如何有效管理，这是一个非常大的问题。朝廷要如何把皇帝的诏令下达到地方，地方又如何把最新消息反馈给朝廷呢？古代没有电话、手机、互联网这些通信工具，信息只能靠人来传递，因此帝国必须修建可以快速传递信息的高速道路，即所谓的"驰道"。

驰道就是马车可以高速奔驰的通道，这种通道是政府专用的，因此它跟现代的高速公路有异曲同工之处，都是封闭型的车道。史料对驰道有如下记载："道广五十步，三丈而树，厚筑其外，隐以金椎，树以青松，为驰道之丽至于此。"驰道宽度有五十步，对于马车来说，这个路面是够宽敞的。在驰道两旁，筑有厚厚的墙体，以避免马车快速行进时受到不必要的干扰。

最重要的驰道有两条，一条是通往齐、燕，一条是通往吴、楚。前面不是说过，丞相王绾认为齐、燕、楚等地距离首都遥远，朝廷很难管理，因而建议在这几个地方保留诸侯制。但是秦始皇的确不简单，竟然采用修建驰道的方法，大大缩短了咸阳通往齐、燕和吴、楚的时间。这样一来，朝廷对遥远的区域也能进行有效管理。可以说，大秦帝国的创造力，实是令人惊叹。

除了驰道之外，秦国还在北方修了一条直道。直道的规格应该比驰道要低，如果说驰道类似于高速公路，那么直道大约就类似于一级公路吧。这条直道，从咸阳直达九原郡。自统一六国后，秦国的外患，主要就是北方的游牧民族，特别是匈奴。因此，直道的修建，主要是作为军事用途。这条直道全长一千多公里，一旦北疆有战事，秦军就可以通过直道快速抵达前线。从这点看，两千多年前的秦军，就具备快速机动作战的能力，非常厉害。

秦始皇统一中国后，实施统一的货币、度量衡、文字标准，此举影响深远。

在此之前，由于周室沉沦，诸侯坐大，各自为政，均发行自己的货币。这些货币形形色色，大小、轻重各不相同，秦统一后，只保留两种材质的货币，即黄金与铜，以黄金为上币，铜为下币，其余金银包括白银在内，不再具货币属性。秦的铜钱采用方孔圆钱，每币重半两，又称为半两钱。后来民间把钱称为“孔方兄”，正是源于秦币的造型，后代铜钱基本采用这种样式，使用两千年之久。

战国时代各国的度量衡制也不同，无论是长度单位还是重量单位或容量单位，都有很大差异。以容量单位为例，秦以升、斗、斛为单位，齐国以升、豆、区、釜、钟为单位，赵国以斗、升、分、益为单位，等等。秦国在商鞅变法时，就统一了国内度量衡制。征服六国后，秦政府把度量衡标准推而广之，以形成全国性的标准制。这一变革，极大方便了百姓的日常生活，功德无量。

与货币、度量衡的统一相比，文字的统一有着更深远的意义。

战国时代各国文字差异很大，同一个字往往在不同国家有着不同写法。秦始皇着令李斯等人以秦国文字为基础，制定小篆，并写成范本，向全国推广。小篆是由大篆演化而来，笔画更加简单而均匀，易于识别。

文字是文化的载体，如果文字五花八门，不仅国家之政令难以发布，还会影响学术、教育、经济等方方面面。统一文字，是秦王朝的伟大功绩之一，对中国“大一统”观念的形成有着深刻的影响。即便中国在历史的长河中，反反复复出现分裂，但是每每最终走向统一。因为有统一的文字，地域分裂也不会导致文化的分裂，而文化才是一个国家的灵魂，是历史发展最深层的力量。

大秦帝国的开疆拓土

秦灭六国，中原持续五百年之久的战火终于熄灭。然而，大秦帝国的战争并未停止。统一后的大帝国，还发动了两场大规模的战争，其一是平定百越，其二是北伐匈奴。

先来说说平定百越。

在中国东南及广阔的南方，在当时中原人眼中，是未开化的蛮夷区。据《汉书·地理志》记载，百越的分布“自交趾至会稽七八千里，百越杂处，各有种姓”。也就是说，百越的范围，是从现在的越南北部、广西沿着海岸线一直分布到浙江和江苏南部一带。

对于秦始皇攻打百越的原因，有的史书称是贪图百越的物产。据史载，百越盛产犀角、象牙、翡翠、珠玑等，在秦国的宫殿里就摆设了很多来自岭南的珍宝，秦始皇本人十分喜爱。然而，这着实不能算是攻打百越的理由，以秦的国力，要获得百越的珍奇并不难，根本不必动用武力。真正的原因乃是始皇帝野心勃勃，要把广阔的南方纳入大秦帝国的版图，打造一个史无前例的庞大帝国，成就前无古人的历史伟业。

公元前221年，秦始皇挟灭六国之威，派国尉屠睢统率五十万大军，兵分五路，大举进攻东南与岭南。

此时大秦帝国的军队可以说是天下无敌，以五十万之众进攻军事力量并不强大的百越，真有点杀鸡用牛刀的感觉。然而，谁也没想到，战无不胜的秦军在南方丛林却遭到前所未有的失败。

与中原战场不同，南方多河流，且山深林密，整个自然环境还保留着原始状态。秦军根本不习惯丛林战，很多士兵在原始丛林里莫名其妙就染上疾病。

屠睢带着五十万大军挺进南方山林后，就尴尬地发现，秦军似乎突然变得不会打仗了，他们以前惯用的种种战术手段，都没了用武之地。反观越人，“皆入丛薄中，与禽兽处”，躲在丛林中，躲在飞禽走兽之中，神出鬼没地打击秦军。习惯于自由散漫生活的越人“莫肯为秦虏”，不愿意当秦的臣民，不愿意给自己戴上枷锁。

不过，秦军毕竟训练有素，又人多势众，先后征服了瓯越、闽越等。在征服岭南时，秦军却遇上了大麻烦。随着秦军深入南方，补给线越拉越长，导致前线将士压力巨大。在越人英勇的抵抗下，一向战无不胜的秦军竟然吃了大亏，据《淮南子》一书记：越人“夜攻秦人，大破之”“杀尉屠睢，伏尸流血数十万”。

这个记载有两点值得注意：其一，秦军统帅屠睢战死。在此之前，秦国没有哪个统帅战死沙场。最倒霉的一个是桓齮，被李牧打得大败后，逃亡到了燕国。其二，秦军“伏尸流血数十万”，这个恐怕有点夸大。我一再说过，秦国史书对秦军的伤亡都是讳莫如深，从来没有一个准确的数据。《淮南子》一书虽然给了“数十万”的说法，但这毕竟不是一本严格的史书，数字不一定可靠。不过，秦军第一次岭南之战以失败而告终，这点是无可置疑的。

南征的失利，一定让秦始皇有种强烈的挫折感。伟大的秦军竟然打不赢一群南蛮，岂非成天下人之笑柄吗？当然，秦始皇也认真总结了失败的原因，鉴于南方复杂的山林自然地理环境，走陆路翻山越岭显然不是上策。如果能走水路，就能绕开山林，直插腹地。因为越人的聚居区，一般是分布于水边的。同时，走水路也方便运兵运粮，可以充分保证后勤补给。

然而，大秦帝国控制的长江水系与岭南的珠江水系并不相通，如何把兵员、物资通过船只从长江水系运入珠江水系呢？于是，一个大胆的想法出现在秦始皇的脑海：开挖一条运河，打通两大水系。

这的确是极惊人的想法，即便是今天，要开挖一条类似的运河，也是相当浩大的工程，遑论两千年前的秦国呢？秦始皇能有如此大胆的想法，是因为秦的水利工程技术在当时可算是独步天下。都江堰与郑国渠便是秦国水利工程的代表作，特别是都江堰，直到二千多年后的今天还在造福成都平原上的百姓。

秦始皇把打通两大水系的任务交给史禄。“史禄”其实并非姓名，他的官职是“监御史”，名字是“禄”，后来史书便称他为“史禄”。史禄主持开挖的这条运河，便是“灵渠”，这条运河的开通是中国水利史上一大创举。

灵渠开挖有几大困难。首先，要对长江水系与珠江水系的每一条支流都有详尽的了解，以确定开挖的地点。史禄经过全面考察后，最后选择在长江支流湘江与珠江支流漓水之间开挖运河，这也是两大水系距离较近的一处。其次，由于湘江与漓水的高差是不同的，运河开通后还存在如何分流、如何泄洪等问题，可以说是极其复杂、极其庞大的一项工程。

史禄在修建灵渠时，创造性地使用以河闸调节水位差的方法。“每舟入一陡门，则复闸之，俟水积而舟已渐进，故能循崖而上，建瓴而下，以通南北之舟楫”。灵渠是世界上最早的船闸式运河，很好地解决了两大水系之间的落差问题。

经过三年多的艰苦建设，灵渠终于顺利开通，这是中国水利工程史上的又一杰作，长江水系与珠江水系由是得以通航。

灵渠的开通，为平定百越打下坚实的基础。

公元前214年，秦始皇再次发兵攻打百越。与第一次攻打百越不同，此次秦国出兵，避免从陆地上翻山越岭，而是采用内河运输。先把军队、物资运抵长江，溯支流湘江而上，经过灵渠进入漓水，最后进入珠江主河道，对百越人的据点发动扫荡。面对秦军从水面发动进攻的新战术，擅长山地丛林战的越人优势丧失殆尽，或者被歼灭，或者逃往深山老林。秦军以此战术，基本上控制了珠江流域的沿江地带，通过密密的水网，大秦帝国张开的触手牢牢吸附住南方。

秦军征服南方后，设立了三个郡，分别是桂林、南海、象郡。为了充实人口，秦始皇把五十万罪犯及平民发配到岭南，与南越的蛮夷混居。在新建的三个郡里，以南海郡最为重要，南海郡的军事长官任嚣与龙川县令赵佗都是秦军中的杰出人物。陈胜、吴广起义后，天下动荡，任嚣遂割据一方。任嚣死后，赵佗继之，建立南越王国，与大汉帝国分庭抗礼。直到汉武帝时，朝廷才平定南越，重新统一南方。这是后话，此处略过。

在征服南方的同时，秦始皇还发动对匈奴的北伐。

据史书记载，北伐匈奴的起因，乃是始于一则预言。公元前215年，秦始皇派一个名为卢生的江湖术士出海寻仙，卢生在海上逛了一圈，回来后忽悠皇帝，带回一个神秘的预言："亡秦者胡也。"这句话是什么意思呢？如果联系后来发生的历史事件，这里的"胡"可附会为秦始皇的儿子"胡亥"，秦国就是亡在他手中的。不过，秦始皇当时认为"胡"就是"胡人"。

胡人是中国对北方游牧部落的统称，主要有匈奴、东胡、月氏等，对中原政权威胁最大的当属匈奴。既然预言称"亡秦者胡也"，那么索性先下手为强，把胡人干掉，以除心腹之患。于是，秦始皇派大将蒙恬发兵三十万，攻打匈奴。

不过，笔者认为，把战争的起因归于一句模棱两可的预言，实在有点荒唐。秦始皇之所以发动北伐，显然还有更深层的原因，这便是匈奴的崛起已经影响到北方的安全了。

在秦统一中国之前的半个世纪，匈奴的势力就在北方草原上异军突起，对赵国构成了巨大的威胁。赵国名将李牧镇守北疆时，实施欲擒故纵之计，对匈奴示弱隐忍十数年，在敌人麻痹大意之时，一战而歼敌十余万，令匈奴遭到前所未有的重创。

到秦始皇统一六国后，北方的匈奴已经恢复元气，特别是在杰出首领头曼单于的统治下，匈奴从部落形式向国家形式转变，俨然已是中原的一个大敌。

公元前215年，蒙恬率三十万大军北伐，势如破竹，把匈奴人赶出河南地（河套以南）。次年，蒙恬又夺取河套以北的阴山地区，设四十四县，置九原郡，在黄河沿岸修筑城池要塞。之后，蒙恬渡过黄河，攻取高阙、阳山、北假等地。

蒙恬北伐，重创了匈奴的军事力量。然而，匈奴毕竟是个游牧民族，居无定所，来去如风，很难彻底歼灭。只要有机会，匈奴骑兵就会呼啸南下，抢掠一番，大秦帝国虽然强悍善战，要对付这种骚扰也是十分头疼。

为防匈奴南下，秦始皇征发大批人力，修筑长城防线。秦长城由蒙恬主持修建，是在战国时秦、赵、燕三国长城的基础上扩建而成，西起临洮，东至辽东，蜿蜒万里，故而称为万里长城。不过，今天大家看到的万里长城，主要是明代的长城，秦代的长城由于历史久远，早在风沙的不断侵蚀下损毁殆尽了。

秦与匈奴的战争持续了十余年。为了夺回肥沃的河南地，头曼单于多次反扑，均被蒙恬打败，无奈之下，他只得迁往荒凉的北地。“胡人不敢南下而牧马”，这是秦帝国强大的写照。

蒙恬镇守北疆十余年，威震匈奴。蒙恬出身将门之家，蒙氏家族是秦国最著名的名门望族，他的祖父蒙骜、父亲蒙武均是秦国名将，为秦统一天下立下汗马功劳。蒙恬继承家业，北伐匈奴，开疆拓土，成为秦朝军界一哥。由于功劳赫赫，秦始皇对蒙氏家族皇恩浩荡，蒙恬的弟弟蒙毅也位至上卿。蒙氏兄弟位高权重，荣宠无双，没有人敢与之争风头。

征服百越、驱逐匈奴后，放眼天下，大秦帝国再无敌手了。如果说秦始皇就此高枕无忧，却也不尽然。六国虽然灭亡了，但反叛的星星之火始终未灭。征服六国容易，征服人心却不是那么容易的事。

焚书坑儒：秦之思想专制

东方六国灭亡后，并非所有人都愿意臣服于秦，许多旧贵族秘密策划反秦，其中包括后来大名鼎鼎的张良、项梁等。为了防止六国旧贵族与遗民发动叛乱，秦始皇决定釜底抽薪，收缴民间的所有兵器。

数百年战乱给东方六国留下的遗产，就是数不清的兵器。六国灭亡后，许多兵器散落于民间。大量武器的存在，对大秦帝国的安定是巨大的威胁，如果落入谋反分子手中，则后患无穷。于是秦始皇下令收缴兵器予以销毁，禁止民间私藏。没有兵器，东方六国的百姓就是想造反，也难成气候。这些兵器被熔掉后，铸成十二尊金人。所谓金人，就是铜人，因为当时兵器主要是以青铜为主，每尊铜人重达二十四万斤。没有了武器，那些想造反的人就不足为惧了，手无寸铁岂能撼动大秦江山？

不仅如此，秦始皇还迁六国富豪十二万户于咸阳，实际上是把天下财富汇聚到首都，造就秦都的繁荣。六国的武器也毁了，富人也西迁了，看上去秦国太平了。

然而，秦始皇错了。

战国时代，是中国历史上最富有血性之时代。秦始皇虽然终结了战国的历史，但战国的血性犹存。“真的猛士，敢于直面惨淡的人生，敢于正视淋漓的鲜血。”那是一个“刺万乘之君，若刺褐夫”的时代，真正的勇士，是把生死置之度外，以一人之力对抗一个帝国。“男儿立身惟一剑，不知事败与功成。”对抗暴君的武器，与其说是一把刀、一柄剑，不如说是一颗勇敢的心。

“履至尊而制六合”的秦始皇，采取种种手段压制东方叛乱的可能，却仍遭到两次刺杀，险些丢了性命。

第一次行刺秦始皇的人，是荆轲的好友高渐离。

荆轲在咸阳宫图穷匕首见的那一刺，是秦始皇离死亡最近的一次。即便过去多年，秦始皇仍然心存余悸，这是他内心深处挥之不去的阴影。吞并六国后，秦始皇仍然耿耿于怀，下令全国通缉燕太子丹与荆轲的门客旧识。在通缉的名单中，就有荆轲的好友高渐离。

高渐离被捕后，秦始皇惜其音乐才华，没有杀他，但弄瞎了他的双眼，留在宫中奏乐。高渐离善击筑，他便在筑中安放了一个铅块，打算击杀秦始皇。秦始皇召他奏乐，高渐离双眼失明，只能从声音中大略判断秦始皇的位置，举筑击之。这一砸，没有准头，连秦始皇的衣襟也没碰着。始皇帝大怒，遂杀掉高渐离。

到公元前219年，又有博浪沙行刺事件，谋划者正是后来的一代名臣张良。

张良本是韩国贵族，家族显赫，祖父、父亲都曾担任韩国宰相。韩国灭亡后，张良改名换姓，矢志复国。他散尽家财，招募勇士，密谋刺杀秦始皇。由于秦始皇喜欢出巡，这就给张良提供了刺杀的机会。为了一击干掉秦始皇，张良做了精心的准备。他决定在皇帝东巡必经之地博浪沙伏击，刺杀的武器是一把重达一百二十斤的大铁椎。

刺杀的计划，是在皇帝车队通过时，从高处把大铁椎扔向皇帝的御驾。一百多斤的大铁椎泰山压顶，足以把车辆砸得稀巴烂。当然，要投掷这么一把大铁椎，非常人能为之，故而张良物色到一个大力士，可以轻松且准确地投掷铁椎。

到了行刺那天，看上去一切都很顺利：秦始皇的车队如期出现，大铁椎在空中画出一道漂亮的弧线后，准确砸中了一辆华丽的马车。可是，砸中的这辆车并非秦始皇的御车，秦始皇侥幸又逃过一劫。尽管死里逃生，秦始皇仍被吓出一身冷汗，他马上吩咐卫兵捉拿刺客。当卫兵冲上山顶时，张良等人早已逃得无影无踪了。秦兵大搜十天，仍然一无所获。

这两次刺杀事件，对秦始皇的心理产生了很大的影响。在秦始皇统治后期，对东方六国的遗民十分防范，再也没接近过。他显然意识到，征服六国容易，征服人心却难得多。在战国时代，东方诸国的文明要远高于秦国，对后世产生深远影响的诸子百家，几乎没有一个是秦国人。因此，秦始皇并不喜欢百家争鸣的自由思想氛围，在他看来，除了法家，其他学说都是异端，必须从源头铲除。于是，便有了后来的“焚书”事件。

“焚书”事件的导火索，是公元前213年的一次宫廷辩论。

当时秦始皇置酒于咸阳宫，大会群臣与博士，在酒宴上议及政治问题，焦点仍然是分封制与郡县制。博士淳于越引经据典，认为商、周之所以国运长久，原因就在于分封子弟功臣。他提议恢复分封制，并批评郡县制的不合理之处，并总结说：“事不师古而能长久者，非所闻也。”

淳于越的观点显然不合秦始皇的胃口，丞相李斯乘机反驳说：“五帝不相复，三代不相袭……今陛下创大业，建万世之功，固非愚儒所知，且越言乃三代之事，何足法也。”在国家大政方针上，有不同见解本是正常之事，然而李斯很快把问题扩大化了：“今诸生不师今而学古，以非当世，惑乱黔首……人闻令下，则各以其学议之，入则心非，出则巷议，夸主以为名，异趣以为高，率群下以造谤。如此弗禁，则主势降乎上，党与成乎下，禁之便。”

为了投秦始皇所好，李斯提出“焚书”的主张：“臣请史官非《秦纪》皆烧之，非博士官所职，天下敢有藏诗书百家语者悉诣守尉杂烧之，有敢偶语者弃市，以古非今者族，吏见知不举者与同罪，令下三十日不烧，黥为城旦。所不去者，医药、卜筮、种树之书，若欲有学，以吏为师。”

这是什么腌臜主张？史书只留下秦的官修史，其余各国史书悉数烧掉；《诗》《书》及诸子百家的书都烧掉，敢谈论者杀；允许保留的书只有医书、卜书及农书等实用类的著作。这不仅仅是赤裸裸的愚民主张，而且要把光辉灿烂的华夏文明付之一炬。

作为荀子的学生，李斯为了投皇帝所好，抛弃了一个知识分子的良知底线，竟然提出“焚书”这样荒谬的主张。要知道先秦的书是非常少的，不像后世的印刷品，很多书都只是孤本，烧了就永远消失了。在李斯看来，“百家争鸣”下的自由思想是秦王朝统治万民的障碍，把“载道”的书烧掉，人民的思想简单了，就不会想着造反了。

对于李斯的建议，秦始皇欣然认同，于是轰轰烈烈的“焚书”运动展开了，大量书简被付之一炬。这是中国历史上最大的文化浩劫之一，大量珍贵的书简被焚毁，比如春秋战国时代东方诸国的史书，绝大多数都烧掉了。先秦诸子百家里的许多著作，也化为灰烬。所幸的是，秦王朝不久后便崩溃，使得流传最广、影响最大的一些典籍得以保存下来，否则中国的文明将倒退一千年，这也算是不幸中的万幸。

我们在肯定秦一统中国具有某种时代进步性的同时，也要指出其对学术思想领域的巨大破坏性。秦的统一，结束了“诸子百家”的文化黄金时代，此后两千年一直到清朝，中国没有哪个朝代在学术思想上的成就能超越先秦的巅峰。

在焚书事件后次年，即公元前212年，又发生“坑儒”事件。

坑儒事件的起因，与两个江湖术士有关。秦始皇虽是一代雄主，但一个人的权势再大，也终究是个人，离不开生老病死。拥有天下的秦始皇当然不希望自己像平常人那样死去，他晚年迷恋寻找长生不老的方法，于是一帮江湖术士就粉墨登场了。

在这帮术士中，有两个人，一个唤侯生，一个唤卢生，利用秦始皇求仙人仙药的心理，骗吃骗喝。其实这些术士自己也不信有什么神仙存在，时间长了，免不了骗局会被拆穿。怎么办呢？他们便相约逃跑。为了推卸责任，他们便散布了一则流言，称秦始皇之所以不能长生不老，不是术士水平不够，而是皇帝“天性刚戾自用”“乐以刑杀为威”“不闻过而日骄”，过于迷恋世间的权势，境界太低，成不了仙的。

在秦始皇看来，这两个小子吃了豹子胆，敢公然诋毁皇帝，是可忍，孰不可忍，于是下令捉拿两人，但他们早已逃之夭夭了。尽管两个术士跑了，秦始皇仍然不肯善罢甘休，固执地认为这仅是浮出水面的冰山一角，不知还有多少人背地里妖言惑众呢。谁会妖言惑众呢？不消说就是读书人，看来光焚书不够，还得杀鸡骇猴！

皇帝找来御史，责令调查咸阳城内的读书人有没有发表过反动言论。大批读书人被捕入狱，在严刑逼供之下，为了脱罪，相互检举揭发，结果案子越扯越大。秦始皇亲自圈定四百六十余人，以“诽谤”罪坑杀于咸阳，并通告天下，这就是历史上著名的“坑儒”事件。

近些年来，有不少文章或著作，淡化秦始皇“坑儒”的罪行，认为坑杀的只是几百个江湖骗子罢了。这种说法，我实在不敢苟同，亦有悖史书的记载。在秦始皇坑杀诸生时，长子扶苏曾经进谏说：“天下初定，远方黔首未集，诸生皆诵法孔子，今上皆重法绳之，臣恐天下不安。”这里可以看出，被坑杀的诸生“皆诵法孔子”，显然绝大多数是儒生，而非江湖骗子。

焚书坑儒暴露了秦始皇内心深处对读书人的恐惧，因为知识就是力量，思想就是武器。然而，这一反文明的暴行不仅未能让大秦帝国长治久安，反倒埋下祸根。由于长子扶苏反对迫害儒生，让秦始皇大为不满，便把他调离首都咸阳，打发到北疆监督蒙恬修筑长城。后来秦始皇暴死，心地善良的扶苏由于远离权力中枢，最终失去了继承大统的机会，被胡亥、赵高等人陷害致死，而秦国也由此走上崩溃之路。

唐代诗人章碣写过一首《焚书坑》的诗，有两句十分有名：“坑灰未冷山东乱，刘项原来不读书。”秦始皇搞焚书坑儒，以为把天下书籍烧了，把诸子百家思想毁了，把读书人坑了，就可以天下太平了。然而，最终打倒大秦帝国的是刘邦、项羽这些不爱读书的人，真是莫大的讽刺。

穷奢极欲的秦始皇

六王毕，四海一；蜀山兀，阿房出。覆压三百余里，隔离天日。骊山北构而西折，直走咸阳。二川溶溶，流入宫墙。五步一楼，十步一阁；廊腰缦回，檐牙高啄；各抱地势，钩心斗角。盘盘焉，囷囷焉，蜂房水涡，矗不知乎几千万落！长桥卧波，未云何龙？复道行空，不霁何虹？高低冥迷，不知西东。歌台暖响，春光融融；舞殿冷袖，风雨凄凄。一日之内，一宫之间，而气候不齐。

这是唐代文人杜牧写的著名文章《阿房宫赋》，描绘阿房宫的极致奢华。

这篇赋写的当然不是实景，只是作者的想象，因为真正的阿房宫早已被烧为灰烬了。然而，这座雄伟的宫殿，的确见证了秦始皇在生活上的穷奢极欲。

秦始皇对大兴土木、兴建宫殿的热衷程度，即便不能说后无来者，至少也是前无古人。秦国在历史上曾多次迁都，每次迁都都会兴修宫殿，因而秦国的宫殿数量并不少。然而，秦始皇并不满足。

在统一中国期间，秦国每灭掉一个诸侯国，就会在咸阳郊外仿造一座该国的王宫。东方六国都被灭了，六座仿造的王宫也都建成了。这六座王宫不是孤立的，而是被巧妙地连接为一体，在殿屋之间有天桥和环行长廊相通。这么一来，各个国家不同的建筑风格艺术都齐聚于咸阳。光有王宫还不行，要是没有人住，冷冷清清就没人气了。于是秦始皇又把六国俘虏来的美女安置于宫中，还有缴获来的各种钟鼓乐器，朝歌夜弦，倒也热闹。

光六座仿造的王宫，就足够劳民伤财了，但这只是开始罢了。

不久后，意犹未尽的秦始皇又在渭水南岸兴建了一座信宫，后来把信宫改名为极庙。为什么叫极庙呢？就是象征处于天极的北极星。这还没完，极庙修建完后，又开了一条路直达骊山，修建了一座甘泉前殿。为了方便从咸阳到骊山，秦始皇又修了专用的甬道，也就是封闭的高速马路，两边都是筑墙隔离的。自天下一统后，秦始皇大搞土建，可惜并不是为人民谋福祉，而是为了自己的享受。

秦始皇总共兴建了多少宫殿呢？据史书载："关中计宫三百，关外四百余。"关中与关外的宫殿，总计七百余座。

与阿房宫相比，其他宫殿就是小巫见大巫了。

为什么要建阿房宫呢？在秦始皇统一中国后，把全国各地十二万户富豪迁到咸阳。这个人口迁移政策，导致首都咸阳人口膨胀。到了公元前212年，秦始皇觉得咸阳人太多，随着城市规模的扩大，原先的皇宫显得太小了，不够气派，于是一个庞大的基建计划出笼了，秦始皇选择在渭南上林苑建一座史无前例的朝宫，这就是著名的阿房宫。

在历史上，阿房宫是非常有名的。不过，"阿房宫"并非正式的名称，秦始皇原本是想在宫殿建成后再命名，然而这个规模宏大的宫殿群直至秦帝国灭亡也未能完工，因宫殿主体建于阿房，故而后人便称之为阿房宫。仅从所建的前殿看，阿宫房的规模就大得惊人。

我们来看看数据：东西宽五百步，南北长五十丈，里面可容一万人。四周有阁道，可以驰行，从宫殿可直抵南山。宫殿前立有十二金人，每尊重达二十四万斤，是秦收六国之兵器所铸。宫殿的大门是用磁石做成的，防止有人携带武器入宫。修建宫殿所用的石料是从北山开采的，而木料则来自蜀地与荆楚，可想而知，这将耗费多少人力物力啊。

据现在考古研究，光阿房宫的前殿面积，大约就相当于三分之二的故宫面积。如果整个宫殿群全部建成，毫无疑问将成为人类历史上规模最大的宫殿。阿房宫的建筑，动用了数十万的民力及无数的财力，因而后世常把大秦帝国的迅速灭亡与阿房宫联系在一起，并非没有道理。

除了建生前居住的宫殿外，秦始皇还耗费巨大人力物力修建死后的住所——秦陵。

秦陵修筑时间很早，历时很长。秦始皇把陵址选在骊山，在他统一六国后，征用七十多万人修陵。这七十多万人，绝大多数是被处宫刑、徒刑的人，这也可从一个侧面看出当时秦之法律是何等严苛。

秦始皇陵高五十多丈，周围五里有余，墓基建得很深，且用铜液灌注。墓中建有宫殿，摆满奇珍异宝。为了防止有人盗墓，墓中还设置有机关，遇到盗墓者时，机关会启动，射出利箭。同时还用水银造江河湖海模型，还有天象、地形模型，看来秦始皇活着时是人间至尊，死后仍然要统治另一个世界。传说在陵墓里还有长明烛，以人鱼膏为燃料，企图把黑暗世界变得明如白昼。但学过物理学的朋友都明白，墓室一旦封闭，氧气耗尽烛火便熄灭了，秦始皇注定要永久躺在一个黑暗空间，孤独地腐烂。

直到今天，秦始皇陵的地宫仍静静地躺在地下，充满神秘的色彩。直到二十世纪七十年代，秦陵兵马俑破土而出，世人对秦始皇陵的宏伟工程才有了新的认识。在中国古代史书中，只字未提秦陵兵马俑的存在，正因为如此，它们的出现才令世人震惊不已。兵马俑出土了大量的文物，俑坑规模之大、俑像造型之精美都令人叹为观止。兵马俑坑是秦始皇陵的陪葬坑，秦国那支令人闻风丧胆的兵团，通过兵马俑栩栩如生地展现在世人面前，让我们回到那个金戈铁马的遥远时代。兵马俑只是秦陵浩大工程的冰山一角，但已经足以震撼世界了。

大秦帝国在统一中国后的短短十几年时间里，兴建了许多令人震惊的大工程：万里长城、遍布全国的驰道、灵渠等大型水利工程、阿房宫等数百座宫殿，以及神秘莫测的秦陵。这些大工程有着无数的世界之最，秦国之强盛，远远超乎想象。然而，奢华的背后，是民力的严重透支。刚刚从战国烽火中走出来的百姓并没有迎来幸福的和平生活，跳出一个火坑后，又落入另一个火坑，沦为秦始皇穷奢极欲的工具。

尽管秦始皇不遗余力地大修自己的陵墓，但他更希望自己长生不死，永远统治天下，永远享受人间的荣华富贵。

人生自古谁无死？刚刚统一天下之时，秦始皇还没有长生不死的想法，他为自己寻找墓址，为后世规划。从他开始，大秦帝国二世、三世乃至千秋万世，不过，那是子孙后代的事了。然而，不久后，秦始皇便开始热衷于寻找仙人及不死药方。

事情始于公元前219年。该年秦始皇东巡至琅琊，齐人徐福上书皇帝，称大海之中有三座神山，名叫蓬莱、方丈、瀛洲，这是仙人的居所。徐福自告奋勇，带领童男童女入海寻仙。此时的秦始皇思想还是比较朴素的，不是很相信神仙。不过，万一真有神仙，真能长生不死呢？于是他决定做一笔风险投资，让徐福挑选童男童女数千人，到海上去寻找仙人。

徐福前脚刚走，秦始皇在返回京师途中，乘船到了湘山祠，不料遇到大风，遭遇险情。皇帝问博士说："湘君何神？"博士告诉他，湘君是尧之女、舜之妻，死后成了神。秦始皇认为湘君女神敢跟自己过不去，便派人把湘山的树都给砍光了。从这里可以看到，秦始皇的观念是挡我者死，管你是人是神。

但是神仙有一种本领是秦始皇没有的，就是长生不死。在之后几年，有两件事对秦始皇的心理影响比较大：其一是公元前218年，在博浪沙一记大铁椎从天而降，把秦始皇的副驾给砸烂了；其二是公元前216年，秦始皇便衣出行遭遇强盗，遭到围攻，险些丧命。这两件事让秦始皇意识到，自己再尊贵，也只是血肉之躯，与凡夫无异，于是他开始有了“求仙之志”。

之前徐福带着数千童男童女入海寻仙，鬼影子也没见着。秦始皇抱着宁信其有不信其无的态度，派出更多的术士入海寻仙。求仙的结果可想而知，当然是一无所获。

一向骗吃骗喝的术士们心里明白，什么仙人，什么不死仙丹，都只是忽悠罢了，骗术迟早会露出马脚，怎么办呢？在这群术士中，有一个脑瓜特别灵的人，名叫卢生。他继续忽悠秦始皇说：“今上治天下，未能恬倓。愿上所居宫毋令人知，然后不死之药殆可得也。”就是说，要寻找不死仙丹，你得像得道真人那样，要清静恬淡，要神龙见首不见尾，不要让人知道自己的住处。

秦始皇求长生心切，又一次上当受骗。他也不称“朕”了，改称为“真人”。那么如何隐匿自己的行踪呢？秦始皇索性下令，把咸阳四周两百多座宫殿，全部用天桥与甬道相连，自己不断变换行宫。他还下了一道命令，如果身边的人泄露他的住处，杀无赦。此后，秦始皇就跟大臣们玩起了捉迷藏，没有人知道他究竟在哪儿，真正是神秘莫测。

不过，即便如此，不死仙丹仍然没找到。卢生知道迟早会出事，便与另一名术士侯生相约逃跑了。两人逃走了倒是逍遥，但此事直接导致了“坑儒”事件的发生。

直到这时，秦始皇的“寻仙梦”仍未破灭。但卢生、侯生逃跑后，其他术士的日子就不太好过了。花了国家巨额资金，耗费那么长的时间，不死仙药仍然是镜中花、水中月。对于开启寻仙之旅的先驱徐福来说，更是惶恐不安，担心被皇帝治罪。于是，徐福又编出一个谎言：“蓬莱药可得，然常为大鲛鱼所苦，故不得至，愿望请善射与俱，见则以连弩射之。”

一向精明过人的秦始皇，偏偏在寻仙问药一事上，屡被忽悠还痴心不改。他派人出海捕杀巨鱼，终于射杀一条，史书并没有记载这是什么鱼，我想很可能是巨鲸吧。大鱼射死了，仙人仙药仍然毫无踪迹。徐福当然晓得欺君之罪的严重后果，他又出海了，而且再也没回来。徐福去了哪里，引起后人的兴趣，一般认为他最终去了日本，现在日本还有不少徐福的神社。

不久后，秦始皇死了，他虽然高高在上俯瞰苍生，但终究不是天神。

第六编

崩溃

秦始皇之死

秦始皇统一中国，结束了数百年的诸侯战争，从这一点看，是有历史的进步性。然而，帝国的老百姓很快就发现，国家的统一并没有带来幸福的新生活。秦始皇根本不是一个体恤百姓的皇帝，帝国一项接一项的巨大工程，严重透支了民众的承受力。这种暴政导致了底层百姓的严重不满，看上去坚不可摧的帝国，实际上根基是很脆弱的。

始皇三十六年，即公元前211年的某日，一颗流星划过夜空，陨石坠落在东郡境内。这事本来不足一提，但百姓中有人在石头上面刻了几个字：“始皇帝死而地分”。这让不知内情者倒吸一口凉气，难道这就是传说中的上天启示？难道秦始皇就要死了？大秦帝国要分崩离析了？

在寻仙一事上极为迷信的秦始皇，却不相信陨石上的字是从天而降的。他断定是心怀不轨者刻上去的，这是咒自己早死。此等诛九族、大逆不道之罪，一定要彻查。于是御史前往督办此案，挨家挨户查问，却什么也没查出来。秦始皇大怒，既然查不出来，就来个简单粗暴的处理方法：把陨石周围的所有百姓全部抓起来处死，陨石也烧毁。

不久后，又发生一桩神秘事件。

秋天的某个夜晚，有一位宫中使者正在华阴平舒道赶路，突然有人挡住他的去处，持着一块璧交给使者，并说了一句话：“今年祖龙死。”使者听不懂，想问个明白，此人便莫名其妙地消失在黑暗中。回到咸阳后，使者把玉璧交给秦始皇，并说了来龙去脉。秦始皇听罢脸色大变，为什么呢？“祖”者，始也；

“龙”者，真龙天子也，皇帝也。“今年祖龙死”，不正是说始皇帝会死吗？

更离奇的是，使者带来的这块玉璧，竟然是八年前秦始皇出巡在渡江时掉入江中的那块。这次，秦始皇认为使者遇到的不是人，而是山鬼。他沉默良久后，吐出一句话：“山鬼固不过知一岁事也。”山鬼虽然也是鬼神，但法力有限，也就知道一年的事。这是秦始皇的自我安慰，当时是秋天，一岁将尽，今年不验就不验了，山鬼岂知来年的事？所谓“今年祖龙死”的预言就不足为虑了。

事实似乎印证了秦始皇的判断，这一年剩余的时间里，并没有发生什么大事。转眼已经是始皇三十七年，皇帝显然很开心，对预言的忧虑也一扫而空。为了冲冲晦气，秦始皇打算出门游玩一番，放飞身心。

秦始皇除了热衷于修宫殿、寻找不死仙药之外，还有一个爱好，就是喜欢出巡。一统天下后，秦始皇扬扬自得，从公元前220年至公元前210年，十年时间五次巡行天下。他出行的目的，一则是巡视帝国；二则是旅游，欣赏大好河山；三则是为了夸耀自己的功业。在出巡期间，他都要刻石纪功，吹嘘自己的功德。

但是秦始皇不会想到，最后一次出巡，对他来说竟是一条不归路。跟随秦始皇一同出巡的人，有左丞相李斯、中车府令赵高，还有皇帝身边的大红人、官居上卿的蒙毅。秦始皇的小儿子胡亥已是二十岁的小青年，本性贪玩，也想跟着去。皇帝心情不错，也想让儿子出门见见世面，便答应了。这一看似无足轻重的细节，最终改写了秦国的历史。

出巡的皇家车队浩浩荡荡出发了。秦始皇先是南巡至云梦泽，也就是今天洞庭湖一带，而后上了九嶷山祭拜虞舜。下了九嶷山后，乘船沿长江而下，经丹阳到达钱塘。而后，秦始皇一行人登上会稽山，祭拜大禹王，在这儿又立了一块石碑，吹嘘秦朝的功德。当然，秦始皇还没忘掉寻找仙药，游完会稽山后，他转而北行，到山东琅琊了解了一下海外寻仙事业的进展。

这一路巡游下来，花了七八个月的时间，游山玩水倒也不亦乐乎。秦始皇已经启程返回首都咸阳，然而行至平原津（山东平原）时，他病倒了。此时的秦始皇并不老，他也不过五十岁，放在今天还算正值盛年呢。秦始皇年轻时身体还是很健壮的，大家看他对付荆轲时，单打独斗把刺客给打倒了。秦始皇统一天下后，五次巡视天下，说明他身体状况是不错的。

但而，这次得病的严重程度，远远超出所有人的想象。为什么秦始皇的身体会突然垮掉呢？我想大概有几个因素：其一，秦始皇多年迷恋各种长生不死药，估计吃了不少，是药三分毒，这些乱七八糟的药不仅没让他长生，反而损坏了身子；其二，秦始皇长年勤于政事，事必躬亲，据说每天批阅的文书多到可以用秤来称重；其三，秦始皇长年纵欲过度，古代皇帝的平均寿命不及常人，其中一个重要原因就是纵欲过度，秦始皇盖了那么多宫殿，美女多到不可胜数，风流的代价是最终掏空身子。

总之，秦始皇这次病倒后，就再也没能恢复过来。

陪同出巡的大臣们都感到大事不妙，但是大家都知道秦始皇非常忌讳“死”这个字眼，因此谁也没敢说到死的事。

在疾病面前，即使贵为皇帝的秦始皇也无可奈何，只能求助于神灵。于是秦始皇派亲信蒙毅折回会稽，向山川之神祷告。秦始皇一生多疑，独对蒙氏兄弟极为亲近，特别是蒙毅，据史书记：“出则参乘，入则御前。”出门是与皇帝坐同一辆马车，可谓荣宠无双。祷告神灵以祈求康复，这么重要的事情，秦始皇也只能让最信任的蒙毅去做。这一安排却埋下了隐患，如果蒙毅留下来，估计就没有后来的沙丘之变了。

尽管秦始皇把康复的希望寄托在虚无缥缈的神灵上，他却不能不正视现实，安排好后事。直到这时，秦始皇还没有立太子呢。国不可一日无主，一旦皇帝驾崩，而接班人又没有着落，肯定会引发国家动荡的。

在古代，立储君是一件十分重要的事，秦始皇为什么迟迟未立太子呢？主要原因，还在于他对长生不死抱有不切实际的幻想。如果自己可以长生不死，就可以统治帝国直到永远，何须立太子呢？想法很丰满，现实却很骨感。哪里有什么长生不死呢？在死亡面前，人人平等，死神才不管你是皇帝还是乞丐。

被病魔折磨得奄奄一息的秦始皇躺在华丽的马车上，马车行至沙丘，距离首都咸阳还十分遥远，看来是回不去了。必须准备后事了，秦始皇给长子扶苏写了一封信，由中车府令赵高代笔，信的内容是：“以兵属蒙恬，与丧会咸阳而葬。”要公子扶苏把军队交给蒙恬，赶紧返回咸阳参加自己的葬礼。

赵高帮秦始皇写好了信，用御玺盖了章，封了起来。不过，这封信并没有发出去，心怀鬼胎的赵高把信给扣了下来。私自扣下皇帝的书信，这可是杀头的罪，赵高何来的胆子呢？很显然，他已经看出秦始皇病入膏肓，时日不多了。

果不其然，口述书信后不久，秦始皇病情愈加恶化。到了七月丙寅日，秦始皇在与死神痛苦抗争后失败，驾崩于沙丘平台。讽刺的是，秦始皇人生最后十年热衷于寻仙问药，追求长生不老之术，结果只活了五十岁，非但没有长生，连长寿都算不上。

秦始皇是中国历史上极其重要的一个皇帝，也是极其复杂的历史人物。两千年来，对秦始皇褒扬者有之，贬抑者有之。

贬抑者攻击其残暴无度，刻薄寡恩。比如司马迁在《史记》中认为："秦王怀贪鄙之心，行自奋之智，不信功臣，不亲士民，废王道，立私权，禁文书而酷刑法，先诈力而后仁义，以暴虐为天下始。"贾谊在著名的《过秦论》中批评秦始皇："废先王之道，焚百家之言，以愚黔首。"

批评者常站在道德的角度，而褒扬者则更多从社会历史角度肯定其功绩。秦始皇奠定了中国版图基础，奠定了两千年中央集权制度的基础，从这点上看，确实是极少数能够深刻影响历史的人物之一。汉代名臣主父偃认为秦始皇"功齐三代"，桑弘羊认为"功如丘山，名传后世"，这些都是从功业上论的。明代著名思想家李贽称赞秦始皇是"千古一帝"。

不管喜不喜欢秦始皇这个人，我们必须承认他是个能量巨大的人，是一个能以自己的意志改变中国历史进程的人。这样的人物，放诸世界历史，也是凤毛麟角的。

秦始皇建立了中国历史上的第一个大帝国，他毫不怀疑千秋万世后，大秦帝国仍然会屹立不倒。然而他做梦也不会想到，仅仅三年后，大秦帝国就灰飞烟灭了。这一切改变，正是从秦始皇死亡之地——沙丘开始的。

沙丘的阴谋

皇帝暴死于东巡途中，这件事如果传出去，恐怕会引起天下大乱。秦始皇生前没有公开册立太子，他有二十几个儿子，要是知道父亲的死讯，恐怕要为皇帝宝座而争得头破血流。同时，对皇帝不满的人也可能趁机起事，到时局势就失控了。

面对复杂之局，丞相李斯还是表现得相当镇定，决定在返回首都咸阳之前，秘不发丧，封锁皇帝死亡的消息。只有最接近皇帝的几个人知道出了大事，除李斯外，还有赵高、胡亥，以及五六个太监。为了防止秦始皇的尸体过快腐烂，李斯把棺材放在辒凉车上。所谓辒凉车就是外表闭密实则通风的车，体积比较大，人可以躺在车上。为了营造皇帝还没死的假象，李斯让那几个知情的太监待在车上，每天都按时给车里送菜送饭。随行的文武百官也跟平时一样，在皇帝的车外奏事，躲在车上的宦官们就代皇帝降诏批签，搞得有模有样。

秦始皇的尸体开始腐烂了，发出令人恶心的臭味。大家想想，皇帝的御驾发出尸臭味，还瞒得过人吗？李斯毕竟有点小聪明，搞了个补救的办法，把大量的腌鱼装在车上，这样就分不清是腌鱼散发出的味道还是尸臭。不过，你说堂堂皇帝整天喜欢闻鱼臭味，说出去大家也不一定信，只是就算有人怀疑，也不敢公然说出，否则岂不是人头落地。

此时的赵高怀揣皇帝写给公子扶苏的书信，内心惴惴不安。他为什么担心这封信交到公子扶苏手中呢？这对他的政治前途有什么影响呢？

我们来说说赵高这个人。

关于赵高，有一个争议，他究竟是不是个宦官呢？

在古代，基本上都认定赵高是宦官。《史记》里有这么一段记述："赵高昆弟数人，皆生隐宫，其母被刑僇，世世卑贱。"《史记索隐》认为"隐宫"就是"宦官"之谓。也就是说，赵高小时候就受了宫刑。但这显然是不合史实的，因为赵高至少还有个女儿，他的女婿后来还参与谋杀秦二世，怎么可能从小就受宫刑呢？现代有些历史学家指出，“隐宫”实为“隐官”之误。隐官为官府的手工作坊，收容赦免后身体有残缺的受刑者做工。《史记》称赵高母亲是受了刑的，被安排到隐官做工，这是顺理成章之事。赵高出生在隐官，也就不足为奇。

如果“隐宫”是“隐官”之误，只能排除赵高并非从小就是太监，如果他是成年后再净身入宫的呢？我觉得依然有这种可能性。因为《史记》中有多处提及赵高身份，比如赵高后期权倾朝野时，对李斯说：“臣欲谏，为位贱。”既然权势熏天怎么说自己“贱”呢？除非他是个宦官，因为宦官在时人眼中就是很低贱的。秦二世也曾说：“夫高，故宦人也。”这也表明赵高确实是个宦官。再者，秦二世深居禁宫时，包括丞相李斯在内的大臣都见不到他，只有赵高天天陪着皇帝。试问如果赵高不是宦官，又怎么天天陪着皇帝呢？

因此，赵高是不是宦官，还有待进一步研究。

赵高本是赵国王室的远房亲属，不过到他父亲这一辈时，家道中衰，母亲也被判了罪受了刑，赵高出生时，身份是非常卑贱的。尽管出身卑微，赵高却有一种不服输的精神，硬是以自己的努力闯出一片天地。他有三大长处：其一，身强力壮，孔武有力；其二，精通狱法；其三，写得一手好字，是秦代书法大家，他写的字曾被当作范本向全国推广。正因为如此，赵高得到了秦始皇的欣赏与重用。

不过，赵高虽然有本事，但心术不正，知法犯法，终于阴沟里翻船，差点小命不保。当时秦始皇让蒙毅去审理案件，蒙毅刚正不阿，判他死罪。赵高之所以大难不死，是因为秦始皇爱惜其才华，故而赦免其罪，并官复原职。但秦始皇到死也不会想到，最终掏空大秦帝国地基的人，正是被自己赦免的赵高。

赵高是个睚眦必报的人，对判他死罪的蒙毅恨之入骨。蒙恬、蒙毅兄弟是皇帝身边的大红人，与公子扶苏的私人关系特别好。可以设想，倘若公子扶苏继承皇位，蒙氏兄弟必定大权在握，到时朝堂之上，还有赵高的容身之地吗？自己好不容易才从最卑贱的底层爬到权力的塔顶，难道还要回到卑贱的底层吗？

一向不服输、敢于挑战命运的赵高，决定放手一搏。

秦始皇还没断气之前，心思缜密的赵高便开始策划其阴谋。第一步，就是把秦始皇写给公子扶苏的信件给扣下来。

由于沙丘事变的内幕迷雾重重，我们很难完全弄清历史真相。秦始皇在临死前给大儿子扶苏写了封信，要他赶回首都参加葬礼。可是，他并没有以遗诏的方式指定扶苏为皇位继承人，这着实令人大惑不解。作为雄才大略的帝国统治者，竟然会忽视这个至关重要的问题？秦始皇要打造一个万世帝国，传之二世、三世乃至千世、万世，却连自己的继承人都没有确定，这说得过去吗？因此，我推测秦始皇除了书信之外，想必还留下一份传位遗诏。

如果真的有这份传位遗诏，哪去了呢？最大的可能性，是被赵高扣下并毁掉了。倘若遗诏与书信都是始皇口述而赵高记录，赵高既然敢扣下书信，同样可能隐瞒遗诏。后来赵高向公子胡亥与李斯出示了书信，却没有提及有遗诏，想必是避重就轻。书信仅仅要求扶苏返回京城，并没有明确他就是接班人，这样在皇位继承人选上就有了回旋余地。

赵高的计划，是扶植公子胡亥当皇帝，取代公子扶苏。为什么他会选择胡亥呢？赵高与公子胡亥的关系非同寻常，史书上说，赵高“教胡亥决狱，胡亥幸之”。他是胡亥的法律老师，胡亥也特别信任他。如果胡亥上台，赵高的政治前途便一片光明。

于是赵高找到胡亥，出示始皇留给扶苏的书信，对他说：“上崩，无诏封王诸子而独赐长子书。长子至，即立为皇帝，而子无尺寸之地，为之奈何？”赵高一上来就说皇帝是没有遗诏的，事实是否如此，我们不得而知。然而，就算没有遗诏，公子扶苏作为始皇长子，又有蒙氏兄弟的支持，仍然最有可能继位。

此时的胡亥并没有什么政治野心，没有尝到权力的滋味，从来没想过当皇帝。他认为长兄扶苏继承皇位是理所当然的，有什么大惊小怪的呢？

赵高怂恿道：“不然。方今天下之权，存亡在子与高及丞相耳，愿子图之。且夫臣人与见臣于人，制人与见制于人，岂可同日道哉？”如今始皇驾崩，天下人都尚未知晓，谁来当皇帝，不就是他们几个知情人就能决定的吗？统治别人与被别人统治，那可是大大不同啊。

胡亥天良未泯灭，认为废兄立弟是不义的，不奉父命是不孝的，同时认为自己没有能力统治大帝国。

赵高把赌注都押在公子胡亥身上，不达目的不肯罢休，又说了一大通歪理：以前商汤、周武王诛杀其主，天下称义，不能说不忠；卫君杀父，孔子称赞，不能说不孝。顾小忘大，必有后害；狐疑犹豫，后必有悔；断而敢行，后有成功。

这一番胡说八道，把胡亥那一点点天良给抹掉了。胡亥本是贪图享乐之人，想到当皇帝无尽的奢华，亦不免怦然心动，遂决定与赵高同流合污，干一大票。

搞定公子胡亥后，赵高开始下一步计划：把丞相李斯拉入伙。

赵高见到李斯后，开门见山便说：皇上驾崩，留了一封信给长子扶苏，让他回咸阳主持葬礼。这封信没送出去，信和玉玺都在胡亥那儿，别人都不知道。册立太子一事，由你我两人说了算。您打算怎么办？

李斯虽是政坛的老江湖，听了赵高的话后还是吓了一大跳。皇帝驾崩，长子继承，这是天经地义之事，他不假思索便答道："安得亡国之言，此非人臣所当议也。"

赵高与李斯一样，都是从底层靠个人奋斗上来的，没有显赫的背景，他深知李斯的心理弱点所在。李斯不是一直信守"老鼠哲学"吗？要当米仓的老鼠，不能当茅厕的老鼠。如果扶苏继承皇位，李斯还保得住丞相之位吗？蒙恬北伐匈奴、开疆拓土、修筑长城，与扶苏交情深厚，还有雄厚的家族背景，势必成为丞相的第一人选，李斯如何与之竞争呢？你李斯要是选择了扶苏，就只能去当茅厕的老鼠，不要说丞相之位，恐怕侯爵之印也保不住。

这一番话，准确击中了李斯的弱点。当一个人享受过权力的快感后，要让他割舍的确太难了。李斯是个权力欲极重的人，出行时一长串车马前呼后拥，连秦始皇对他的摆阔都极为不满。李斯得知后大惊，才削减掉车队的规模。他早已习惯了高高在上的生活，一旦权势尽失回到过去，那种落差实是无法承受。

在赵高的忽悠下，李斯与胡亥一样选择了违背自己的良心，三人一起策划了惊天阴谋。在权力面前，什么仁义道德都被无情抛弃了。

李斯与赵高拿死去的秦始皇当幌子，伪称得到皇帝诏令，立公子胡亥为太子。同时，又伪造了一份诏书，加盖玺印，快马送抵北疆。这份诏书斥责扶苏与蒙恬率数十万大军屯兵，无尺寸之功，还屡屡上书直言诽谤皇帝，心怀怨恨。诏书的最后，宣布赐死扶苏与蒙恬："扶苏为人子不孝，其赐剑以自裁！将军蒙恬与扶苏居外，不匡正，宜知其谋。为人臣不忠，其赐死，以兵属裨将王离。"

当所谓的"诏书"送抵上郡，扶苏没有怀疑，上面盖的御玺之印是真实不假的。扶苏为人宽厚，对父皇严刑峻法、焚书坑儒是有不满的，也正因为这个原因，他才被贬到北疆。尽管秦国崇尚法家，扶苏却深受儒家"忠孝"思想的影响，对于父皇在诏书中的严厉指责，他内心充满委屈，不由得泪流满面。然而，君叫臣死，臣不能不死；父叫子亡，子不能不亡。扶苏满脑袋这些忠孝的观念，终于沦为政治的牺牲品，他默默走进内室，打算引剑自裁。

与扶苏不同，蒙恬十分怀疑诏书的真实性。确实，这份诏书的疑点太多了。首先，这么重要的诏书，怎么会在皇帝出行途中发出呢？在皇帝出巡期间，北疆又没发生什么变故，怎么会突然下达这个莫名其妙的诏书呢？其次，蒙恬一直深受皇帝信任，率三十万大军镇守北疆，公子扶苏是皇帝派来的监军，两人担当着天下重任，如何说杀就杀呢？因此，蒙恬严重怀疑诏书有诈，不能光凭使者的一面之词白白送死。他建议扶苏先上书朝廷，等待辨明真伪后，再做决定不迟。

然而，扶苏已陷入绝望不能自拔，只是淡淡地说："父赐子死，尚安复请！"我是老爹生的，老爹要我死，我还能说什么呢？于是拔剑自刭而死。扶苏可以说是一个悲剧人物，他认为自己这样做是尽忠尽孝，岂知这是最大的不孝，父亲打下的江山，就因为他的愚忠愚孝而葬送了。

至于蒙恬，却不肯自杀。使者大怒，当即将他逮捕，投入监狱。有人会问，蒙恬手握三十万重兵，为什么会束手就擒呢？他干吗不起兵反抗呢？蒙恬虽然怀疑诏书的真实性，但是并不知晓秦始皇已经去世，他显然认为可以跟皇帝辩解清白。何况蒙氏家族三代为将，一时荣宠无双，他要是贸然起兵造反，岂非葬送整个家族？如果我们设身处地去想，就会知道蒙恬起兵抗旨的可能性是很小的。

读史经常会令人感慨小人得志，正义往往被摧残，这就是历史的残酷性。扶苏自杀，蒙恬被囚，胡亥皇帝之路的最大障碍已被扫除。

返回咸阳后，李斯、赵高才宣布皇帝死讯，取出假诏书，拥胡亥即位，此即秦二世。众臣岂敢有怀疑，只能接受这样的事实。

回顾沙丘之变的往事，会发现这一政变之所以能成功，实是充满了偶然性。如果扶苏没有被秦始皇贬去北疆，就不会有这次政变；如果胡亥没有跟着秦始皇出巡，赵高的阴谋就无法得逞；如果蒙毅没有被秦始皇派去祷告山神，赵高与李斯就不能一手遮天；如果蒙恬拒绝束手就擒，赵高的计划就会破产。这一连串的偶然性，使得沙丘阴谋竟侥幸成功。然而，历史不容假设，事实毕竟如此。

醉生梦死的秦二世

花花公子胡亥成了秦二世，心满意足。不过，政变最大的赢家，当属赵高。胡亥虽是皇帝，一无本事，二无主见，只是赵高手中操纵的傀儡罢了。在当皇帝之前，胡亥只能算是贪玩的年轻人，并无多少劣行，也还有点良知。然而他一登上皇帝宝座，在老师赵高的影响下，很快就暴露出其邪恶的本性。

秦二世做的第一件事，就是给父亲秦始皇搞了一个隆重的葬礼。秦始皇生前就在骊山营修规模空前的陵宫，死后他的棺椁便葬在此地。为了体现自己的“孝心”，秦二世复活了被废除许久的殉葬制，把后宫没有生育的女人统统拉去陪葬，以免老爹在地下太孤单。秦始皇统一六国后，把六国后宫的女人都纳为己用，陪葬的女人估计不下千人，一时间都香消玉殒了。

不仅如此，秦二世还杀害了大批修建陵墓的工匠。秦始皇担心死后陵墓被盗，故而让许多能工巧匠在地宫里设了许多机关，只要有盗墓者闯进，引发机关后，埋伏在四周的强弩就会自动发射，射杀闯进者。由于修墓的工匠熟悉各处机关，秦二世索性把他们全部抓入地宫，把墓门封死，这些可怜的工匠也成了皇帝的陪葬品。倘若有一天秦陵地宫开启，我们或许看到的不是秦始皇的一具尸骨，而是数以千计的尸骨。大秦帝国伟大的背后，有着多少辛酸之泪呢？

由于哥哥扶苏已经自杀身亡，秦二世胡亥以为大局已定，便打算释放被囚禁的蒙恬。然而，与蒙氏兄弟积怨甚深的赵高，绝不会白白错失报复的机会。他首先要除掉的人，便是曾把自己判死罪的蒙毅。

赵高忽悠秦二世说：先帝很早就想立您为太子，都是因为蒙毅反对才未立。蒙毅这个人可谓不忠，以臣之愚见，不如杀掉他。

秦二世胡亥也是颗猪脑袋，就凭他三脚猫的本领，秦始皇几时想过立他为太子呢？他是个很没主见的人，对老师赵高更是言听计从。既然老师这么说，那肯定是对的，于是秦二世便下令逮捕蒙毅。

蒙毅被捕后，关在代郡。胡亥派使者前往宣布其罪证，讲的就是赵高胡编的那套说辞：先帝要立我为太子，你却从中阻挠。丞相认为你这是不忠，是株连九族之罪。不过朕于心不忍，只赐你一人死，这样你也算幸运了。

这都是些什么乱七八糟的理由。始皇几时想立胡亥为太子？蒙毅又几时阻挠过？正所谓欲加之罪，何患无辞。蒙毅当然不愿意死得不明不白，据理辩白。使者知道蒙毅是蒙冤的，但秦二世就是要置他于死地，申辩何用呢？蒙毅不愿自杀，使者只能命人将他处死，回去向皇帝交差。

蒙毅死后，胡亥派使者去关押蒙恬的监狱，宣布其罪状，根据秦律连坐，蒙毅犯了死罪，蒙恬也得受株连。蒙恬悲愤道："自吾先人，及至子孙，积功信于秦三世矣。今臣将兵三十余万，身虽囚系，其势足以倍畔，然自知必死而守义者，不敢辱先人之教，以不忘先主也。"蒙氏家族自从蒙骜始，经蒙武到蒙恬、蒙毅兄弟，三代为将，为秦王朝立下赫赫之功，谁想到竟落得如此下场。蒙恬虽然不及扶苏那么愚忠愚孝，终究没有起兵造反，因为"不敢辱先人之教""不忘先主"。其实我认为蒙恬境界还是不够，他说的"守义"，守的只是个人之义、家族之义，只是小义。奸人当道，国将不国之际，他守小义而牺牲自己，却毁了国家大义。当他应该挺身而出拯救国家时，他却没有这么做，大秦之亡，难道蒙恬就没点责任吗？

临死前，蒙恬曾叹道："我何罪于天，无过而死乎？"他想给自己一个该死的理由，最终找了一条令人哭笑不得的理由：自己主持修筑万里长城，大概绝了地脉吧。于是吞药自杀。

扶苏、蒙恬都死了，胡亥自以为皇帝宝座无忧。于是他便效仿秦始皇出巡，在李斯的陪同下，东临碣石，南下会稽，花了三个多月时间游山玩水，好不痛快。

回到首都咸阳，他激动地对赵高说："夫人生居世间也，譬犹骋六骥过决隙也。吾既已临天下矣，欲悉耳目之所好，穷心志之所乐，以终吾年寿，可乎？"人生如白驹过隙，胡亥的理想就是"欲悉耳目之所好，穷心志之所乐"，不玩白不玩，要随心所欲地玩，要痛快地玩，要拼命地玩。

赵高听了大喜，高度赞扬秦二世的人生理想，称"此贤主之所能行"。不过，赵高向秦二世汇报了一件令人沮丧的事："沙丘之谋，诸公子及大臣皆疑焉。"对于他们在沙丘搞的阴谋，现在诸公子及大臣都有所察觉。一旦真相被揭露，胡亥的皇位就失去合法性了。赵高警告说："今陛下初立，此其属意怏怏皆不服，恐为变。"要小心反对派联合起来搞政变。

秦二世听了吓出一身冷汗，忙问："为之奈何？"赵高提出一个极为阴险歹毒的计划：通过严刑峻法，搞株连制，诛杀大臣及宗室，尽除先帝的旧臣，更换为自己的亲信。如此一来，方能高枕无忧。二世听完，连连拍手叫好。

于是，一场有预谋的大屠杀开始了。赵高不愧是狱法高手，与其辛辛苦苦寻找诸公子及大臣的犯罪证据，不如利用秦国"连坐法"的空子。只要诸公子及大臣的亲朋好友犯法，就可以用"连坐法"扩大打击面。这一招果然收到奇效，秦二世推出更加严厉的法律，很快大臣及诸公子便纷纷莫名其妙就犯了死罪而被处决。十二位公子在咸阳被处决，十位公主在杜邮被处决，另有三位公子自杀。为了自己的皇帝宝座不受动摇，秦二世把自己的兄弟姐妹都杀光了。公子、公主命运尚且如此，其他大臣更不必说了。一时间，潜在的反对派统统被连根拔起。

这下子世界真的清静了，秦二世的皇位看上去稳若泰山。

现在，秦二世要去实现自己的人生理想了。他的理想就是享乐，他的伟大理想就是过得比老爹秦始皇更阔绰奢华。于是，一度停工的阿房宫又热闹起来，秦二世铁了心要把这座史无前例的大宫殿建成。

同时，秦二世又调五万人马入屯咸阳，教射狗马禽兽，军队不是为御敌，而是陪他玩。不过，皇室豢养的狗、马、禽兽太多了，以致每天需要的饲料太多，无法供应。这难不倒英明的秦二世，他下诏令全国各郡县转输粮草，送往首都。古代长途运送粮食损耗是非常大的，因为运粮的人每天都得吃饭，要消耗掉不少储备。对此，秦二世十分不高兴，下令运输的人必须自带口粮。即便如此，粮食的缺口还是很大。秦二世又下了一道荒唐的诏令：首都咸阳三百里之内的谷物，老百姓都不能吃，一律上缴。

秦二世刚上台几个月，便扰动天下，民不聊生了。

当老百姓没有活路、忍无可忍之时，就只剩下一个选择了：造反。

一场暴雨引发的动乱

秦二世元年（前209）七月，秦始皇去世一周年之时，在中国一个名为“大泽乡”的不起眼的小地方，一群手无寸铁的人起来造反了，他们的领袖名叫陈胜。

大泽乡暴动之前，陈胜的人生简历平淡无奇。他出身贫寒之家，靠着给人家耕地勉强维持生计，属于社会最底层，看上去人生没什么盼头。然而，人与人的差别，并不在于出身，而在于志向。陈胜过着贫贱的生活，内心却憧憬着美好的未来。有一回耕地休息时，他坐在田垄上，惆怅良久，对身边的人说：“苟富贵，无相忘。”哪天谁发迹了，可不要忘了难兄难弟。大家都笑他说：“你就是个人家雇用的耕夫，哪来的富贵？”陈胜看了一眼身边这些庸庸碌碌的人，叹道：“嗟乎！燕雀安知鸿鹄之志哉！”

人生的孤独莫过于此，明明是一只鸿鹄，奈何被困在燕雀巢中呢？我很欣赏这么一句话：“在我们‘做’什么之前，我们必定已经‘是’什么了。我们只能做到我们所‘是’的程度。”在陈胜展翅高飞之前，在其内心深处早已是鸿鹄了。

陈胜的传奇，是从大泽乡开始的。

是年，秦政府征召九百人前往渔阳当戍卒，陈胜就在这批人之中。陈胜由于办事干练，被负责押送的军尉任命为屯长，还有一名屯长就是后来成为陈胜亲密战友的吴广。行至大泽乡时，天降大雨，道路阻断。估算一下行军时间，已经无法准时抵达戍营地。按照当时的法律，戍守误期是死罪当斩，因而所有人心里都惶恐不安。

这里说个题外话。现在有些史家通过《云梦秦简》的记录，认为不存在失期当斩的罪状，这完全是司马迁在《史记》中伪造的故事。对此，我并不认可。为什么呢？因为《云梦秦简》的时间是战国后期及秦始皇时期，而在秦二世时，法律条文有重大更改。据《资治通鉴》，在大泽乡起义前三个月，“乃更为法律，务益刻深”。务益刻深，就是法律条文比以往更加严厉。因此，拿老旧的法律条文来证明不存在“失期当斩”，这是很不严谨，也是不靠谱的。

既然是死路一条，与其坐以待毙，还不如放手一搏。陈胜的脑海里冒出造反的念头，但光他一个人不行，得找个帮手。陈胜找吴广商量，认为去渔阳是死路一条，逃跑也是死路一条，同样是死，还不如起义造反，干一番大事。

陈胜虽是贫苦出身，但他胸怀大志，时时留心政局，对时局有自己独到的见解。大秦帝国何等强大，凭区区几百人要对抗一个大帝国，能成功吗？陈胜对此是有信心的，他对吴广说：“天下苦秦久矣。”自秦始皇以来，无限制地驱使民力，早就超过民众能承受的极限；当老百姓已经没有活路，只能造反。这一点就是起义军能对抗大秦帝国的民众基础。不过，为了让起义队伍迅速在民众中获得号召力，陈胜认为应该打出两个人当招牌，一个是秦国公子扶苏，另一个是以前楚国大将项燕。其实扶苏与项燕都已经死了，但民间传闻他们还活着。不管两人是死是活，借他们的名号发动起义，必定能得到众多响应。

陈胜一番精彩分析，让吴广大为佩服，决定入伙。

吴广足智多谋，是个出色的活动家。如何发动起义呢？总不能逢人就宣传吧，被军尉发现，还不一刀砍了。吴广便想了个办法，决定采用装神弄鬼的方法。在这方面吴广可以说是先驱，后世农民大起义的历史证明，这一招屡试不爽。

为了营造神秘感，吴广先是在一条鱼的肚子里塞了块帛布，上面写着三个字："陈胜王"。大家吃鱼时，自然就发现帛布及上面的文字，于是都偷偷瞟陈胜，这家伙难道是上天派来的救星吗？正当大家议论纷纷时，更离奇的事发生了。到了晚上，大家听到远处有野狐的号叫，在号叫声中，居然还夹杂着几句人话："大楚兴，陈胜王。"大家吓坏了，第二天都窃窃私语，背地里对陈胜指指点点，愈发觉得此人与众不同。其实哪有什么野狐说人语啊，都是吴广搞的鬼。

一番装神弄鬼后，吴广觉得机会成熟了。

要起义，首先要干掉负责押送的三名军尉。正好有名军尉喝高了，吴广故意当着他的面说要逃跑，军尉大怒，拿起竹板便打。吴广是戍卒的小头目，人缘很好，大家看到他被军尉抽打，都很愤怒。吴广继续激怒军尉，军尉大怒，拔剑便刺，吴广乘势夺过剑，结果其性命。另两名军尉大骇，拔剑杀向吴广，陈胜果断出手，也干掉两军尉。

这一幕把众人看呆了，大家不知所措。陈胜站出来，振臂一呼道："公等遇雨，皆已失期，失期当斩。藉第令毋斩，而戍死者固十六七。且壮士不死即已，死即举大名耳，王侯将相宁有种乎！"

这慷慨激昂的一句"王侯将相宁有种乎"，燃爆全场，所有人被压抑许久的激情顿时爆发。中国历史上伟大的陈胜、吴广起义，就此拉开序幕。谁也不会想到，这点星星之火，最后竟成燎原之势，摧毁了不可一世的大秦帝国。

陈胜颇有战略头脑，他自立为将军，吴广为都尉，打出公子扶苏、项燕的招牌，立起"大楚"的旗帜，斩木为兵，揭竿为旗。九百人的队伍先攻占大泽乡，又占领蕲县。大泽乡之火迅速蔓延，天下苦秦久矣，早就盼着有这么一支反抗朝廷的起义军。人心所向则无敌，陈胜连下铚、酂、苦、柘、谯等地，势如破竹。

起义军的队伍如滚雪球般壮大，攻至陈县时，陈胜的部队已有战车六七百辆，骑兵一千多，士兵好几万。陈县的郡守及县令早就闻风而逃，起义军轻松破城。陈胜召集父老、豪杰前来议事，大家纷纷说："将军身被坚执锐，伐无道，诛暴秦，复立楚国之社稷，功宜为王。"于是陈胜正式称王，定国号为张楚。

陈胜、吴广起义的消息传到首都咸阳，一份份告急的文书快马加鞭送到皇帝手中。秦二世很不开心，老子的理想是享乐，你们为什么偏偏要拿这些破事来烦朕呢？不就是一小撮农民暴动吗，蚍蜉撼树，有什么大惊小怪的。于是皇帝下令，把前来送坏消息的人抓捕入狱。这么一来，谁也不敢吭声了，皇帝不急，大家急啥呢？过了段时间，秦二世突然有点奇怪，怎么最近没有东方叛乱的消息了，便召大臣前来询问。大臣们也都变乖了，异口同声说：哪有什么叛乱啊，不过就是些强盗偷鸡摸狗罢了，如今地方郡守、县尉四处搜捕，抓得差不多了，不值得担忧。

皇帝一听，大为开心，遂放心去追逐其人生理想了。

然而，事实是秦国在东方的统治已几近崩溃。

陈胜的起义军攻城略地如砍瓜切菜，车轮滚滚，一往无前。在大好形势之下，陈胜做了一个重要决定：五路出击，发动对秦国的全面进攻，以最快的速度推翻大秦政权。

这个决定后来证明是十分武断的，陈胜起义的第一阶段发展得太顺利了，几乎没有遭遇到强有力的抵抗。在胜利面前，陈胜对时局产生重大误判，认为大秦政权已经不堪一击。其实，瘦死的骆驼比马大，此时距离大秦帝国统一中国不过短短十余年，那支强大而又令人望而生畏的秦军依然存在。那么，为什么在陈胜起义之初，秦军会一败涂地呢？这是跟秦军兵力的配置有关系的。

在秦始皇统一中国后，秦政权发动过两次重大战争，一是南征，一是北伐。大秦帝国最精锐的力量集中于北疆，共计有三十万人，而且都是能征惯战之部队；另外，在广阔的岭南，秦军也有相当数量的驻军。现在有一种说法，称秦在南方的驻军有五十万，这个数据是不恰当的。秦在征服岭南时，曾动用五十万大军，并没有证据表明这些军队都留在南方，但是至少有相当一部分驻扎南方，这点是无疑的。此外，秦军主要集中于秦国故地，特别是关中地区，以捍卫首都。

相比之下，秦在东方的兵力则相对较少。秦始皇生前并不担心东方的叛乱，因为秦国修建有四通八达的驰道，一旦东方有变，秦军可以在最短的时间开赴东方平定叛乱。然而，为什么陈胜起义后，秦军没能迅速平定暴动呢？原因还是出在秦二世身上。秦二世本来有机会在第一时间把精锐秦军投入东方战场，但他自欺欺人，大臣们为了投皇帝所好，异口同声称不存在叛乱。既然不存在叛乱，秦二世当然没必要派兵镇压了。因此，陈胜起义的胜利及义军的壮大，实有侥幸之因素。

可惜的是，陈胜自己并没有意识到这点。直到现在，真正的较量还未开始哩。但陈胜已经迫不及待，做出了五路出击、全面进攻的错误决定。这个决定，最终导致陈胜的失败。

五路进攻的失败与陈胜之死

我们来看看陈胜下的大棋。

大泽乡起义后不到两个月，陈胜就被胜利冲昏了头脑，做出五路出击的激进战略。这五路人马分别是：

第一路以吴广为假王，督诸将西击荥阳；第二路以武臣为将，张耳、陈余辅之，攻略赵地；第三路以邓宗为将，攻略九江；第四路以周市为将，攻略魏地；第五路以周文为将，挺进关中。

五路出击，以武臣、周文两路战果最大。

武臣是陈胜的老朋友，本领一般，但是手下有两个人才，一个是张耳，一个是陈余。张耳与陈余本是魏人，都是坚定的反秦派，曾被秦始皇下令悬赏通缉，张耳赏金千金，陈余赏金五百。他们隐姓埋名，藏身于陈县，直到陈胜义军到来，才有了出头之日。在张耳、陈余的协助下，武臣攻略赵地，连下四十余城，队伍从三千扩大到数万人。

不过，与周文相比，武臣的战绩就相形见绌了。

周文又称周章，颇晓兵法，曾在春申君、项燕手下做过事。他是陈胜麾下少数极有军事才干的将领，被授将军印，进攻大秦帝国的心脏关中。陈胜起义后，东方各地义军蜂起，纷纷扯起反秦的旗帜。周文颇有本事，沿途收罗各地义军，军队一下子增加到几十万，号称“百万”，有战车千乘。周文越过函谷关，向关中挺进，咸阳为之震动。

秦国自秦孝公后，东方军队曾五次伐秦，从未能越过函谷关一步。函崤之固并非浪得虚名，不想如今一个名不见经传的周文，居然轻而易举越过函谷关。这下子纸包不住火了，秦国大臣们没法再瞒了，只得上报给秦二世。秦二世吓得六神无主，向来无主见的他赶忙召集大臣，连问：“奈何？”作为一个最高统治者，除了玩，他真的什么都不会。

还好秦国尚有人才，少府章邯挺身而出。他认为义军人多势众，近在咫尺，已经来不及从其他地方调兵了，而首都的兵力又不足，最好的办法是召集骊山的劳工，赦免其罪，编入军队。由于秦代严刑峻法，很多人违法犯罪就被拉去服苦役，光是骊山的苦役就有数十万之多。

就这样，凭借章邯的机智，秦政府很快拼凑起一支数十万的大军，开赴前线。不过，苦役犯只是充数的，秦军的核心力量还是正规军。咸阳的正规军虽然不及义军数量多，至少也有十万人以上。在此之前，陈胜的起义军遭遇的都不是秦军主力部队，这次他们将见识真正令人胆战心惊、名震天下的大秦雄狮。

周文的部队虽有数十万之多，实际上都是没有经过军事训练的农民罢了，与大秦正规军相比，简直就是乌合之众。章邯是秦国末期最优秀的将领，在他的指挥下，秦军大破起义军，周文被迫撤退。

在周文战败的同时，陈胜的“张楚”政权内部也危机四伏。

陈胜是一位伟大的英雄，但他有致命弱点。在过去几个月，陈胜的人生在长久低迷后突然爆发，一口气冲上巅峰。在权力面前，陈胜开始失去农民质朴的本性。

革命政权的内部危机，是从杀葛婴开始的。葛婴是大泽乡起义的参与者之一，起义后不久，陈胜派他率部向东发展。葛婴颇有才能，接连攻下数城。收复东城后，葛婴尚未知陈胜已称王，擅自立了个楚王。此举被陈胜视为背叛，尽管葛婴后来废掉这个楚王，仍被愤怒的陈胜处死。

杀葛婴开了一个坏头。陈胜为人多疑，稍有不称其意者，往往被诛杀。史书称："诸将为陈王徇地，多以谗毁得罪诛。"革命尚未成功，陈胜就开始滥杀功臣，这点令人寒心。

带兵攻略赵地的武臣内心惶恐不安，张耳、陈余两人便怂恿他自立为王，脱离陈胜的张楚政权。于是武臣自立为"赵王"，与陈胜分道扬镳。陈胜闻讯大怒，打算杀光武臣的家人，并出兵攻打赵国。幸好担任柱国的房君及时劝阻，认为秦国未灭，义军不宜自相残杀，不如承认武臣的赵国，让他带兵西进攻打秦国。陈胜觉得有理，派使者到邯郸，承认武臣的王位，要求他发兵西进，攻打关中。

武臣又不是傻瓜，知道陈胜想让他与秦军主力拼命，拒绝西进，派部将韩广攻略秦军力量薄弱的燕地。然而，韩广北略燕地后，也自立门户，自称燕王。

张楚政权的分裂还没结束。不久后，被陈胜派去攻略魏地的周市也自作主张，立前魏国宁陵君魏咎为魏王。如此一来，陈胜的部将们纷纷单飞，内部权力的斗争严重削弱了起义军的实力。

张楚政权之所以如此迅速裂变，有几个原因：其一，陈胜虽是首义元勋，根基却不深。从陈胜起义到政权裂变，不过短短几个月时间而已。陈胜出身贫贱，在起义之前根本就是个无足轻重的小人物，虽有首义之功，一时间威信尚难建立。其二，陈胜过于心急，未能搞好政权建设。他虽然创建张楚政权，但政权基础很弱，在这种情况下，他又急于对秦国发动全面进攻，秦国没打垮，内部却分裂了。其三，陈胜称王后，诛杀有功之将领，令部将寒心，索性自立门户。

在义军首领争权夺利之时，战场形势已然发生根本逆转。

章邯大败周文的西征军后，紧咬不放，一路追击至渑池。咸阳危局解除后，秦国政府得以把越来越多的生力军投入战场。此时义军才猛然发现，秦国的力量根本没有他们想象的那么弱。在渑池一战中，章邯霸气尽显，大破张楚兵团，周文战败自杀而死。陈胜本以为几个月就可以灭掉秦国，事实上，真正的较量才刚刚开始。

秦军主力不断涌向关东，正在攻打荥阳城的吴广顿时压力山大。在张楚政权中，吴广的地位仅次于陈胜，然而他的军事才能着实一般，以假王的名义督诸将进攻荥阳，久战无功。同时，吴广仗着"首义元勋"的光环，也开始变得骄横霸道。荥阳之战持续四个月，诸将对吴广意见很大，认为"假王骄，不知兵权"，决定发动兵变，干掉吴广。将军田臧与诸将联合，假称得到陈胜的诏令，诛杀吴广。

然而，田臧的打仗水平也高明不到哪去。在章邯大军及荥阳守军的夹击下，田臧大败，战死沙场。

自章邯领军以来，连战连捷，成为名副其实的义军克星。解荥阳之围后，章邯马不停蹄，又进攻郯县，击破张楚将领邓说，邓说逃回陈县，被陈胜斩首示众。

至此，陈胜派出的五路人马，要么被消灭，要么自立门户。张楚政权已经是风雨飘摇，而陈胜也独木难支了。

章邯攻势如潮，再次击破张楚将领伍徐的部队，兵锋已杀抵陈胜的老巢陈县。张楚柱国房君领兵迎战，又被杀得大败，房君战死。为了鼓舞士气，陈胜亲自出城督战，然而没有用，张楚军根本抵挡不住章邯的攻势，将领张贺被击毙。

这时，秦二世又派遣长史司马欣、董翳率一支生力军驰援章邯，章邯的力量更强大了。不得已之下，陈胜被迫战略转移，他先前往汝阴，后又到下城父。不料这里竟成为陈胜的死难地。马车夫庄贾卖主求荣，竟然丧心病狂地刺死陈胜，跑去向秦军投降领赏。

伟大的陈胜起义，就这样以悲剧的方式失败了，前后只有半年的时间。不过，陈胜点燃的革命火焰并没有熄灭，在陈胜之后，更多的人揭竿而起，前仆后继，直到推翻大秦帝国。

陈胜起义失败的原因很多。从外部因素来说，尽管天下苦秦久矣，人心思变，但是大秦帝国数百年注重军事的传统未断，政府仍然拥有一支战斗力超级强大的武装。与久经沙场的秦军相比，义军的军事水平显然不在一个层次，还有待提高。从内部因素来说，陈胜独断专行、擅杀有功之人导致人心背离，部将纷纷自立门户，大大削弱了张楚政权的实力。

年轻时的陈胜曾跟友人说："苟富贵，无相忘。"在他称王后，自己却背弃了诺言。当时有很多亲朋好友前来投奔陈胜，大家在一起时难免说些陈年旧事。不想此时的陈胜却很忌讳这个话题，怕人知道自己过去贫贱的窘况，索性把故交旧友都杀掉。于是老朋友纷纷远离，没人与他亲近，他也真的成了孤家寡人。正是薄情寡恩，最终导致其失败。

随着陈胜之死，东方反秦运动陷入低谷。在此危急时刻，谁能力挽狂澜呢?

楚政权的重建与项梁之死

尽管陈胜众叛亲离，但不可否定张楚政权在反秦起义中起到了主导作用。陈胜死后，反秦义军群龙无首，人数虽多，却各自为战，甚至窝里斗，内耗极大。比如赵王武臣的部将李良发动兵变，杀死武臣后向章邯投降，给义军造成极大的伤害。

面对章邯咄咄逼人的攻势，起义军队伍必须结束各自为战的局面，需要一个政权来领导全国反秦战争。这个领导者，非楚政权莫属。陈胜虽然死了，他创立的楚政权仍得以延续。在陈胜兵败之际，部将召平希望有个强有力的人物出来主持大局，他相中一个人，此人便是义军首领之一的项梁。

说到项梁，可不是一般人，他是楚国大将项燕的儿子。当年王翦以六十万大军伐楚，项燕战死，楚国灭亡。项梁带着自己的侄子项羽逃往吴中，过起隐姓埋名的生活。项羽从小身强体壮，力大无比，项梁对这位侄子寄予厚望，教他剑法与兵法，希望有朝一日复兴楚国。

大泽乡起义如一声惊雷，引发天下暴动。暴动的烈火烧到吴中，项梁遂起事，杀掉会稽太守殷通，自立为太守，以项羽为裨将，招募八千精兵。在反秦义军首领中，项梁出身将门之家，军事修养最高，因而他的这支军队从一开始便走正规化路线，设有校尉、候、司马等军职，纪律严明，操练有素，乃是义军中之精锐。

正当项梁招兵买马时，陈胜的部将召平亲自登门拜访，假称得到陈胜的命令，任命项梁为张楚政权的上柱国。

召平为什么找项梁出来主持政局呢？当年陈胜起义，打的就是扶苏与项燕的旗号，项梁就是项燕的儿子，真是再合适不过了。项梁接受上柱国的头衔，率领八千子弟兵渡过长江，打算与秦军决一死战。

如今项梁有双重身份：其一是前楚国贵族、名将项燕之子；其二是张楚政权的上柱国。身份意味着号召力，很快，很多零零散散的义军部队纷纷归附项梁，其中最重要的有两支力量：其一是陈婴的义军，其二是英布的义军。

陈婴本是东阳的一名官吏，为官清廉，名望很高。在时代风暴的席卷下，东阳也爆发起义，县令被杀，起义军有两万人之众，推举陈婴为首领，并打算立他为王。陈婴拒绝称王，他认为项梁、项羽叔侄乃出自楚国将门之家，只有他们才能领导推翻秦帝国的大业。大家认为陈婴所言有理，这支义军便前往投奔项梁。

英布也是秦末起义的风云人物，他曾犯法被判黥刑，并被押到骊山服苦役。然而，英布不甘心命运的安排，他暗中与囚犯中的豪杰结交，找了个机会逃走了，逃到长江一带，落草为寇，并发展到数千人。秦末大起义爆发后，番阳县令吴芮也想干一番事业，英布便带着几千人前往求见。吴芮十分欣赏英布的勇武，把女儿嫁给他，并让他率部众抗击秦军。英布作战勇猛，多次打败秦军，这时他听说项梁已渡过长江，便率部前去归附。

这几支生力军的加入，让项梁的兵力急剧膨胀，发展到了六七万人。项梁与秦国有国恨家仇，故而在抗秦斗争中远比诸义军积极进取，其他义军都极力避开章邯，项梁则知难而进。双方在栗县大战，事实证明章邯的秦军更胜一筹，项梁部将余樊君战死沙场。

不过，在另一个战场上，项梁扳回一局。他派项羽进攻襄城，初出茅庐的项羽展现出过人的军事天赋，一战就攻陷城池。同时，他也展现出野蛮残忍的一面，破城后把城内军民全都坑杀了。

正当项梁以上柱国身份努力支撑楚政权时，又一个重量级人物前来投奔，此人便是后来成为大汉开国皇帝的刘邦。

由于本书写的是秦史，故而不详述刘邦早年的生活，单说他的起义之事。

刘邦早年当过亭长，后来曾押送一批苦力去骊山服役，半途把他们都给放跑了，因此便落草为寇。他的人生命运也因陈胜大泽乡起义而改变，当革命成为一种潮流时，沛县县令也打算当造反者，这时他的手下萧何、曹参等人就提议把刘邦召回来，共图大事。当刘邦回到沛县时，县令却反悔了，不想革命了。然而，开弓没有回头箭，大家索性把县令干掉，拥刘邦为首领，走上反秦之路。

在刘邦崛起的过程中，有一个人起到了重要作用，此人就是在博浪沙策划以大铁椎刺杀秦始皇的张良。陈胜起义后，张良聚众百余人，跟着闹事。在留县张良遇到刘邦，两人一见投缘。张良是第一个意识到刘邦有过人天赋的人，这是他愿意跟随刘邦的原因。张良本人谋略过人，对兵法也很有研究，曾悉心钻研《太公兵法》。他跟别人谈论兵略时，没人能听懂。刘邦虽没读过什么书，但张良所说的，他一听就懂。对此，张良佩服得五体投地，认为刘邦的才能乃是上天所授，非常人所能及。

在张良的协助下，刘邦取得了一系列的胜利。在砀县之战中，刘邦以寡击众，不仅攻破城池，还收编了六千名秦军，使得自己的兵力达到九千人。陈胜牺牲后，全国反秦形势陷入低潮，刘邦却逆风飞扬，着实不易。

不过，刘邦心里也明白，就凭自己区区几千人，如何能与整个大秦帝国对抗呢?于是他决定投奔项梁，因为在所有义军首领中，项梁无疑是最有号召力的一个。

刘邦来得正是时候，因为项梁正召集各路义军首领开会，商议新楚王的人选。陈胜死后，楚政权实际上处于“无君”状态，对古代人来说，没有君王还算什么政权呢？因此，重建楚政权便成为当务之急。

已经七十岁的谋士范增指出，陈胜之所以失败，原因在于“不立楚后而自立”。他劝项梁吸取教训，立楚国王室的后人。项梁采纳其言，从民间寻来楚怀王的孙子熊心，立为楚王。新楚王熊心与祖父一样，也被称为楚怀王。新的楚政权定都盱眙，以陈婴为上柱国，项梁自号武信君。这个新的政权是陈胜的张楚政权的历史延伸，同样肩负着领导反秦运动的重任，成为义军的中流砥柱。

楚政权能成为诸义军政权中的领导者，并非偶然。随着反秦运动的发展，东方六国全都复国，这些政权有的与战国时代的六国有关系，有的则一点关系也没有，只是借用其国号罢了。赵、燕、魏三个政权是从陈胜的张楚政权中分裂出去的；韩国则是楚怀王上台后，在张良的请求下，项梁批准韩国复国。只有一个政权的复兴与楚政权没关系，这就是齐政权。齐王田儋本是齐国旧贵族，在风起云涌的时代，他不甘寂寞，在狄县发动起义，杀死县令，收其众自立为齐王。

六国与秦国对峙的历史重演，似乎又回到了战国时代。章邯显然对新六国不屑一顾，在他看来，陈胜之死就是义军兴衰的转折点，剩下来的不过是乌合之众罢了，何足挂齿。接下来，他就要发动疾风骤雨般的进攻，直到把所有敌人铲除，实现第二次一统天下。

章邯首攻目标选择魏国，挥师北上，以泰山压顶之势，把魏王魏咎包围于临济。魏王派周市紧急向齐、楚求援。唇亡则齿寒，齐、楚对援魏一事都极为重视，项梁派遣大将项它率楚军驰援，齐王田儋更是亲自操刀上阵。

齐、楚大军出动，章邯心里窃喜，正好可以一网打尽。他乘援军尚未站稳脚跟之际，在黑夜发动奇袭，秦军衔枚出击，体现出高超的作战水平。临济一战，联军大败，齐王田儋战死，魏将周市战死，魏王魏咎自焚身亡，临济沦于秦军之手。这一战，东方六个国王，死了两个，反秦运动又一次遭到沉重打击。

临济之战后，齐王田儋的堂弟田荣收罗残兵败将，退守东阿。章邯在击破魏国后，杀入齐国，包围东阿。项梁得知田荣被包围的消息后，亲自带兵前往救援。章邯虽然骁勇异常，怎奈秦军一路作战，没有充分休整，早已疲惫不堪，怎么敌得过项梁的生力军呢？经过一番大战，章邯终于败退，东阿城也因此解围。

东阿之战，进一步确立了楚政权在诸义军中的领袖地位，也证明项梁是章邯所遇到的最强敌手。挫败章邯对东阿的进攻后，项梁派项羽、刘邦反客为主，攻略城阳。项羽再现魔王本色，又一次上演屠城血案。项羽的残暴与凶悍作风，的确让秦军闻风丧胆。

在项羽、刘邦取得城阳之战胜利的同时，项梁率主力部队进逼濮阳，再次大败秦军。为了阻止项梁部队深入，章邯下令决河水以阻挡楚军。项梁与章邯两个兵团相持不下，但形势对楚军越发不利，因为秦国的援兵源源不断到来，章邯很快就恢复元气了。项梁也需要更多的兵力，他派人前往齐国，向田荣要求派出援兵。

按理说，项梁是田荣的救命恩人，帮他解了东阿之围，如今项梁有所求，田荣理应全力以赴才对。然而令人跌破眼镜的是，田荣竟然不肯出兵！这是为什么呢？原来齐王田儋战死后，齐国一些贵族擅自拥立齐王建（战国时代最后一位齐王）的弟弟田假为齐王。田荣闻讯大怒，遂以武力手段把田假赶下台，拥立田儋的儿子田市为齐王。田假垮台后，成了田荣追杀的对象，只得逃到楚国避难。田荣要求楚国杀掉田假，自己才会出兵。对于这个要求，项梁着实无法同意，最终齐国竟一个援兵都没派出。

此时，突然传来一个好消息，项羽与刘邦在雍丘之战大获全胜，斩杀李斯之子、三川郡守李由。这个消息让项梁大为振奋，技痒难忍，明明兵力比秦军要弱很多，他却决意亲自督师，攻打定陶。

很明显，项梁被胜利冲昏了头脑，对时局做出了严重误判。在这一点上，项梁与陈胜犯了同样的错误。实际上，人在很多时候都不是理智的，取得点成绩就骄傲。项梁无视自己的对手是“义军克星”章邯，也无视敌强我弱的事实。

部将宋义是个头脑冷静的人，对项梁的轻率决定很担心，多次进谏，项梁不以为然，根本听不进去。项梁并不知道一件事，章邯的援军还在源源不断地开赴前线。秦二世虽是个贪图享乐的皇帝，但为了迅速平定东方之乱，他也是不惜血本，把各州郡的军队陆续调往前线，交到章邯手中，其中包括驻守北疆的最精锐的部队。

项梁终究为自己的大意而丢了性命。章邯的兵力得到补充后，故伎重演，衔枚发动夜袭。此役楚军大败，项梁本人战死沙场。项梁之死引起的震动，不亚于陈胜之死，他不仅是新楚政权的核心人物，也是继陈胜之后反秦的一面旗帜。

此时项羽与刘邦正领兵进攻陈留郡，惊悉项梁死讯，军心动摇，遂不敢恋战，匆匆撤退。为了避开章邯的锋芒，楚政权被迫迁都，从盱眙迁往彭城。刘邦驻兵砀县，项羽驻兵彭城西，吕臣驻兵彭城东，做好与章邯大决战的准备。

然而，令人大惑不解的是，章邯的大斧迟迟没有劈下。在章邯看来，项梁一死，楚政权已是强弩之末，不足为患。章邯严重低估了楚政权的实力，没把项羽、刘邦放在眼里，认为他们不配成为对手。那么谁才是秦帝国的心腹之患呢？章邯认为是北方的赵政权，因为赵政权的灵魂人物张耳与陈余，都是反秦的死硬分子。于是，章邯在胜利唾手可得的情况下，竟然放弃进攻彭城，转而挥师北上，这也让楚政权得以死里逃生，并最终成功翻盘。

力拔山兮气盖世

章邯把赵政权列为大秦帝国的心腹之患，不是没道理的。

赵政权是从陈胜的张楚政权分裂出来的，也是反秦义军建立的第二个政权。赵国的灵魂人物是张耳与陈余，早在秦统一六国时，两人就成了秦国政府通缉的对象，他们成名的时间要远早于刘邦与项羽。张耳与陈余才干非凡，正是他们拥立武臣为赵王，并为赵政权的发展壮大立下汗马功劳。后来，赵国部将李良发动兵变，袭杀武臣，张耳、陈余侥幸逃走，收拢数万人马，打败李良叛军，李良最终向章邯投降。随后，两人又拥立赵歇为赵王，重建赵政权。

在东方六国中，魏、齐、楚先后遭到重创，魏咎、田儋、项梁三大巨头战死，燕、韩两国实力较弱，赵国的重要性日益突显。因此，章邯把刀锋对准赵国，虽然失策，但也不失合理性。

此时秦军精锐几乎都掌握在章邯手中，总兵力达四十万之众。这位救火队长挥师北上，进攻邯郸。张耳、陈余见秦军来势汹汹，不敢硬拼，带着赵王赵歇逃往巨鹿，婴城固守。然而，秦军很快就尾随而至，兵临巨鹿城下。

指挥攻城的秦军将领王离乃名将之后，他是王翦之孙、王贲之子。王离曾作为蒙恬的副手，镇守北疆。后来，蒙恬被陷害，王离接管兵权，成为大秦帝国北疆最高军事长官，手握三十万大军。在陈胜起义之初，秦二世认为东方叛乱不值一提，迟迟未把北方精锐部队用于镇压起义军。直到陈胜的军队威胁到秦都咸阳时，秦二世才如梦初醒，把王离的部队调到前线，由章邯统一指挥。

为了一战扑灭赵国，秦国名将悉数登场，且秦军拥有绝对的兵力优势，看上去巨鹿之战没有悬念可言。张耳与陈余的确不是泛泛之辈，采取积极的防御策略。张耳负责守城，凭借巨鹿坚固的城墙与敌周旋；陈余则率数万人驻扎于城北，称为河北军，与张耳互为犄角，相互策应。这个布局果然收到奇效，王离几度强攻，都未能破城。统帅章邯并不着急，他认为巨鹿已是孤城，只要围困几个月，等到城内粮食耗光，秦军可不战而胜。

围城的另一个好处，是可以坐等各路义军前来救援，到时章邯正好可以一揽子把义军解决掉，省却不少麻烦。不过，章邯最大的失误是低估了楚国的力量，他显然还没意识到，项羽与刘邦比张耳、陈余更难对付。

由于章邯突然掉头北上，楚国严重危机得以解除，获得喘息之机，得以重整旗鼓。如今秦军主力集中于巨鹿，楚国无后顾之忧，遂从容筹划下一步作战计划。楚怀王决定双管齐下：一面派出援军解巨鹿之围，一面派一支奇兵奔袭关中地区。由于巨鹿之战关系到赵国的生死存亡，作为反秦义军的领袖，楚国不能坐视不管，袖手旁观，必须全力救援。同时，秦军主力集中于东部，关中空虚，是发动奇袭的良机，这个机会也不能错过。

应该说，楚国的大战略相当高明，但是实施的难度很大。项梁刚死，楚军刚遭重创，分兵后无论救援巨鹿还是出击关中，都面临兵力不足的尴尬局面。不过，救援巨鹿的义军不止楚国部队，还有其他各国的援军，可以弥补楚军兵力之不足。因此，楚怀王决定以主力部队救援巨鹿，另派一支偏师进取关中。

救援巨鹿的部队很快组建完毕，那么，派谁担任统帅呢？

楚怀王最终确定的人选是宋义。当初项梁被胜利冲昏脑袋，发动定陶之战，宋义曾多次劝谏，项梁不听，后来竟丢了性命。应该说，宋义是一位头脑冷静，有分析判断力的将领。楚怀王召见宋义，谈论军国大事，宋义能说会道，令楚怀王打心底佩服。不过，我认为楚怀王还是有私心的。他虽然被立为楚王，却没实权，项梁才是楚国的太上皇。如今项梁战死，他的侄子项羽桀骜不驯，难以约束。要摆脱项氏的影响，就必须削弱项羽的势力。于是，楚怀王拜宋义为上将军，项羽屈居次将，范增任末将。

项羽对这个决定显然十分不满意，他提出要领兵攻略关中。

在项羽看来，攻略关中不仅不必受制于人，还有一个诱人的奖励。楚怀王与诸将约定："先入定关中者王之。"只要扫平关中，便可以称王。然而，重赏之下，敢挺身而出的勇夫寥寥无几，为什么呢？要知道秦国经营关中已经数百年，可谓根深蒂固，难以撼动。在过去几百年里，关中从未失守，周文以数十万大军进攻关中，最后都兵败身死。如今要以一支兵力微弱的偏师去远征关中，无异于送死，所以大家都不愿去。但是天不怕地不怕的项羽眼中无"困难"二字，别人不敢，他偏要去。

不过，许多人反对派项羽西征。因为项羽太残暴了，大军所至，动辄屠城。关中是秦之心脏，要推翻暴秦，就得树立义军仁义之师的形象。诸将既不愿入关作战，又反对项羽去，便推荐由刘邦率军西征。

这样，楚怀王拒绝了项羽的要求，仍派他前去救援巨鹿。

楚国援军出发了。上将军宋义春风得意，自从预言项梁骄兵必败，他声名鹊起，颇自诩知兵善谋，还给自己起了个外号"卿子冠军"。冠军者，全军之冠也，可见宋义并不把项羽等一众武夫放在眼里。

此时巨鹿城的形势已是危若累卵，随时可能沦陷。在秦军的严密封锁下，巨鹿城与外隔绝，粮草物资中断，军民处境日益恶化。与守军相比，秦军强大的后勤能力保证了前线四十万大军的物资供给。章邯修筑了一条甬道，即封闭的高速车道，辎重车辆源源不断地开抵前线。

此时巨鹿城已被秦军团团包围，粮食将尽，士兵减员严重。原本赵军分工明确，张耳守城，陈余在外线策应。然而，随着秦军包围圈越发严密，陈余慑于敌人之强大，裹足不前，迟迟不敢发动突击。张耳大为不满，派人潜出城外，指责陈余无所作为。陈余认为敌人太强，贸然出击只是以卵击石，徒劳无益。在张耳使者的坚持下，陈余不得已拨出五千人马，进攻秦军，结果全军覆没。现在，张耳只能把希望寄托在各路援军身上了。

除了楚国援军外，各路援军也陆续出发。齐将田都、燕将臧荼各率一支人马驰援，另外还有张耳的儿子张敖招募的一万余人，以及田安的独立义军等。然而，这些援军战斗力都比较弱，根本无法与秦军抗衡。真正能与秦军一较高低的，只有宋义指挥的楚军。

谁知楚军开抵安阳后，宋义就按兵不动了。这一趴，趴了整整四十六天。项羽正一腔热血，欲报叔父项梁之仇，恨不得与秦军决一死战，屡屡催促宋义发动进攻。宋义却气定神闲，他有自己的如意算盘：先让赵军与秦军斗个你死我活，秦军就算打胜了，也已疲惫不堪，到时我以逸击劳必可大获全胜；如果秦军打了败仗，我则乘势直捣关中，一举捣破秦都。

宋义对自己这套战略显然很得意，他带着傲气对项羽说："夫被坚执锐，义不如公；坐而运策，公不如义。"砍砍杀杀的本领，我不如你项羽，但论运筹帷幄，你小子差得远呢。鹬蚌相争，渔翁得利，宋义就是要当捡胜利果实的渔翁。为了显示自己无上的权威，他还发了道军令：凡敢不听军令者，斩。

项羽怒火中烧，他认为宋义的战略断不可行。当时不仅赵军缺粮，楚军同样粮食紧张。这一年楚地闹饥荒，粮食歉收，供应困难，若是断了粮，军队将不战自溃，谈何坐收渔翁之利呢？再者，如果章邯攻破巨鹿，灭掉赵国政权，秦军将更加强大，到时风卷残云，义军更难抵挡。宋义的战略，完全是空想。

早看宋义不顺眼的项羽决定发动兵变，夺取兵权！

其实，对宋义不满的将领大有人在。宋义虽然有点小聪明，但他自视甚高，看不起其他人，又不体恤将士疾苦。逗留四十天后，楚军士兵已在挨饿，而宋义依然在营帐中大吃大喝。不仅如此，他还利用自己楚军统帅的身份，把儿子塞到齐国去当丞相。

在儿子赴齐国上任那天，宋义搞了个盛大的酒宴饯行。酒宴上觥筹交错，热气腾腾，一派热闹的场面。帐外却是另一个世界，时值冬季，天下起雨，寒风刮过刺骨的冷，士兵们都饥寒交迫。不满的情绪正在兵营中蔓延，项羽看在眼里，开始鼓动一部分将士造反。

项羽对众人说：我们来这里的目的，是为了救援巨鹿，上将军却逗留不前；士兵挨饿，军无余粮，上将军却仍大张筵席、饮酒作乐；本应该迅速过河，与赵军合力抗秦，上将军却想投机取巧，坐等秦军疲敝；楚王把兵权都交给上将军，国家安危全系于一人之手，上将军却不体恤士兵，以权谋私，非社稷之臣。

次日清晨，项羽全副武装闯进宋义的大帐。谁也不知里面发生了什么，只见项羽大踏步走了出来，手里拎着一颗人头，人头上的鲜血还在滴个不停。众人定睛一看，是宋义的人头。

项羽召集全体将士，当众宣布宋义与齐国勾结，密谋背叛楚国，并假称自己是得到楚王的密令处决宋义。项羽说自己得到了楚王的密令，这当然是胡说八道。不过他指责宋义与齐国勾结，似乎不无道理。当初齐国执掌大权的田荣因楚国收留政敌，不愿派兵协助项梁，导致项梁兵败身死；后来义军纷纷出兵救援赵国，田荣却拒不出兵，齐国将领田都是背着田荣，私自带着军队救援巨鹿的。既然齐国与楚国关系紧张，田荣怎么会让宋义的儿子来当丞相呢？想必是有私下的交易。正因为如此，项羽宣布宋义与齐国勾结，大家并不怀疑，纷纷推项羽为统帅。

兵变夺权后，项羽派人报告楚怀王。尽管楚怀王并不想让项羽坐大，但木已成舟，只能接受现实，遂任命项羽为上将军。

在很多人的印象里，项羽打仗靠的是骁勇与拼命三郎的精神，其实不然。早年项梁教项羽武功时，项羽曾说："剑一人敌，不足学，学万人敌。"项梁便把祖传的兵法传授给侄子。按《史记》的说法，项羽学兵法学一半又不肯学了，于是乎只有半桶水。这个说法我不太同意，我认为项羽的兵法韬略水平是非常高明的。

项羽接管军队后，立即发动对秦军的进攻。他在进攻方向上的选择非常高明，攻击敌人最薄弱之处：后勤补给线。章邯拥有四十万大军，兵力雄厚，单靠硬拼是不容易得手的。兵力多有多的好处，也有多的难处。难处在于人多需要的粮食多，一旦粮食供应不上就很麻烦。楚军同样面临缺粮的险境，争夺粮食便成为楚、秦之战胜负的关键所在。

作为名将，章邯当然明白补给线对秦军的重要性，他特地修了一条甬道以输送粮草。据史书载，"项羽兵数绝章邯甬道"，双方围绕着粮草运输线展开激烈的交锋，秦军的粮草辎重多次被项羽截击，损失惨重。抢粮的结果，楚军的粮食够吃了，秦军则开始断粮。

此时巨鹿之战已持续数月，秦军久攻不破，师老兵疲，再加上断粮，士气低落。反观楚军，自项羽接管后，士气大振，欲一雪定陶之败、项梁被杀之耻。项羽认为大举进击的时机已成熟，派悍将英布、蒲将军率前锋部队两万人渡过漳河，进攻秦军包围圈。章邯闻讯，急派军前来阻击，英布与蒲将军奋力击败秦军。

在项羽发动进攻时，巨鹿城外的几路义军仍然不敢出手，只有陈余开始行动。陈余毕竟是赵国将领，楚军都行动了，自己若还按兵不动就说不过去。但陈余很快就陷入险境，紧急向项羽求援。项羽为人耿直，不像宋义那么多小算盘，他马上下令楚军悉数渡河，与秦军决一死战。

大军过河后，项羽下令凿沉所有船只，砸掉所有锅碗，烧毁所有帐篷，所有将士只是随身携带三天口粮。前面是虎狼秦军，后面是滔滔江水，没有退路，要活下来只有向前杀出一条血路。不是胜利，就是死亡，这就叫"置之死地而后生"。就三天时间，不生火做饭，不睡觉，要么让敌人长眠，要么就自己长眠。

这是秦军与义军的生死对决，是秦、楚兴亡的关键一战。项羽如果输了，义军将被章邯扑灭，人民又将回到被暴秦奴役的时代。

沧海横流，方显英雄本色。这是惊天地、泣鬼神的一战，把躲在一旁观战的诸侯联军看得胆战心惊。“楚战士无不一以当十，楚兵呼声动天，诸侯军无不人人惴恐。”项羽率部猛攻王离的围城秦军，双方短兵相接，连续九战，大破秦军。楚军的英勇表现，令百战名将章邯亦为之胆寒，这位义军克星终于在意志的较量中败北，被迫引兵撤退。此时，各路义军见项羽已占上风，都蜂拥而上，巨鹿守军也杀出城外投入战斗。一时间，秦军兵败如山倒，秦军将领王离被擒，苏角被杀，涉间自杀。

此役项羽向世人展示了其“力拔山兮气盖世”的英雄气概，也奠定了他在诸侯中的领袖地位。战役结束后，项羽以楚国上将军之名义召见各路义军首领，所有人惶恐不安，跪倒在地，不敢直视项羽逼人的目光。不必选举，不必投票，项羽理所当然地坐上诸侯联军的第一把交椅，试问谁敢不服呢？这一年，项羽只有二十六岁，他已经不是凡人，而是战神！

指鹿为马：赵高最后的疯狂

巨鹿之战，令章邯跌落神坛。

章邯是秦国历史上最后一位军事天才，在巨鹿之战前，他几乎百战百胜，剿灭无数的起义军，在他冷酷无情的打击下，周文、陈胜、魏咎、田儋、项梁等义军著名首领先后败亡。然而他为之效命的朝廷，已经烂得无可救药，这注定他的一切努力，都将化为泡影。

从沙丘之变的那一刻起，秦国就走上了一条不归路，滑向无底的深渊。在沙丘之变的三个主角中，赵高翻手为云，覆手为雨，是阴险狡诈的权谋家，秦二世是赵高操纵下的傀儡，昏庸而残暴。相比之下，丞相李斯虽然贪恋权力而与赵高同流合污，但毕竟是有理想的政治家，与赵高并非同一类人。这就注定李斯与赵高的矛盾，终将会浮出水面。

对于秦二世的残暴，李斯也看不下去，只能不时进谏。秦二世听得烦了，斥责李斯："居三公位，如何令盗如此？"李斯无言可对。此时，李斯估计悔青了肠子，自己当时怎么选了这么个皇帝呢？秦二世的斥责意味着李斯的失宠，倘若他有自知之明，急流勇退，从此淡出政坛，倒不失为一条退路。可惜的是，李斯官瘾太重，迷恋权力而无法割舍。为了保住权势，他也只能对皇帝曲意奉承。

自东方暴动后，秦二世的统治更加残暴。谁从百姓那儿盘剥的税多，谁就是"明吏"；谁杀的人多，谁就是"忠臣"，这就是秦二世的荒诞逻辑。一时间，"刑者相半于道，而死人日成积于市"。

再来说说赵高。赵高是忽悠高手，把秦二世玩弄于股掌之间，皇帝对他言听计从。我在前文中说过，赵高是个非常记仇的人，睚眦必报，当他大权在握时，更是公报私仇。只要与之敌对的人，赵高必想方设法杀之。由于手中沾满鲜血，赵高也会心虚，怕人在皇帝面前揭发其罪行，便忽悠秦二世说：天子应该少抛头露面，要是每天都上朝，说了什么不恰当的话，就暴露自己的短处了。他建议皇帝应该深居禁宫，神龙见首不见尾，这才显得尊贵。

秦二世本来就没什么才能，可以不上朝自然求之不得，从此便深居简出，除了赵高外，别的大臣想见皇帝一面都难。这样，赵高实际上就把朝廷的权柄捏在手中，随意挥舞。

尽管赵高一手遮天，对丞相李斯还是有所忌惮的。李斯在秦始皇统一中国之前，就已经是秦之重臣，资历之深无人可比。况且李斯在秦国制度建设上的重大贡献，更是有目共睹，当了这么多年丞相，根基不可谓不深。有李斯在，赵高就感到威胁的存在。挡我者死，赵高动了念头，决心扳倒李斯。

于是赵高布了一个陷阱，让李斯掉进去。他假意对李斯说：关东盗匪越来越猖獗，但是皇上还忙着修阿房宫，又沉迷于犬马之类没用的东西。您作为丞相，为什么不多进谏呢？

李斯叹道：我不是不进谏，只是皇帝不上朝，常居深宫，我连人都见不着，怎么进谏呢？

赵高说：这容易，等皇上有空闲时，我就告诉您。

李斯还以为赵高也忧国忧民，其实这是他设的一个局。每当秦二世与美女饮酒作乐时，赵高就通知李斯前来，把皇帝的雅兴都搅没了。秦二世对赵高抱怨说：“吾常多闲日，丞相不来；吾方燕私，丞相辄来请事。”

赵高乘机诬陷说：当初沙丘之谋，丞相是参与的。如今陛下成了皇帝，丞相依然只是丞相，没有加官晋爵。想必丞相心怀不满，想裂土称王吧。

不仅如此，赵高还诬陷李斯的儿子李由与义军私通，称“丞相居外，权重于陛下”。秦二世听罢大怒，决定以李由为突破口，下令调查李由与义军私通之事。

这下李斯总算看清赵高的真实嘴脸，决定反击。他上书攻击赵高“有邪佚之志，危反之行”“贪欲无厌，求利不止”，认为“陛下不图，臣恐其必为变也”。李斯也不是善辈，同样攻击赵高有谋反的可能。

不过，此时的秦二世对赵高的忠诚毫不怀疑，甚至亲自为赵高辩护：“不为安肆志，不以危易心，洁行修善，自使至此，以忠得进，以信守信，朕实贤之，而君疑之，何也？”在皇帝看来，不信任赵高要信任谁呢？

赵高与李斯终于撕破脸皮，互相攻讦。然而，赵高有皇帝当保护伞，李斯注定是失败者。

不久后，鉴于时局危恶，李斯忧心忡忡，遂联合右丞相冯去疾、将军冯劫进谏皇帝，请求减轻赋役，停修阿房宫。

秦二世大怒，认为李斯等人是挑战自己的权威。赵高又乘机煽风点火，秦二世遂下旨将李斯、冯去疾、冯劫三人下狱问罪。冯去疾、冯劫认为将相不能被凌辱，在狱中自杀而亡。李斯是连权力都不肯抛弃的人，又怎么肯自杀呢？然而，这次秦二世是下了杀心，派赵高审理此案，指控李斯与儿子李由谋反。

落到赵高之手，还有好果子吃吗？赵高严刑逼供，把李斯打得体无完肤，还逮捕其宗族及宾客。李斯几时受过此等刑罚，痛苦难忍，被迫承认谋反的罪状。

如果李斯选择自杀，倒能省去许多痛楚。但他自认为还有机会逆转局面，当年他不也是通过一篇《谏逐客书》而逆转局面，赢得未来的吗？只要自己能再来这么一篇文章，还是可以为自己申冤的。他在狱中写下一篇自白书，实际上是罗列自己为秦国所做的贡献。皇帝若能看到这折上书，事情必能有转机。然而，这折奏书落到赵高手中，他毫不犹豫地撕毁了，冷笑道："囚安得上书！"

这个时候，传来李由在前线战死的消息。既然李由战死沙场，所谓与盗匪勾结的罪名自然就洗清了。但赵高既然要置李斯于死地，哪里理会所谓的事实，他能把白的说成黑的，把黑的说成白的，大秦帝国还有"公理"二字可言吗？

李斯最终被判死刑，腰斩于市，夷三族。临刑前一刻，他对次子说：我想跟你牵着小黄狗，出上蔡东门去追逐野兔，已经不可能了。

说实话，李斯死得很冤。但是，我对李斯之死并不很同情。为了个人权力不受动摇，李斯极力吹捧专制，迎合皇帝，甚至不惜提出焚书主张以禁锢自由思想。在沙丘之谋中，又与赵高、胡亥沆瀣一气，谋害公子扶苏，陷害蒙恬。及至秦二世上台，倒行逆施，李斯为保官帽，曲意奉承。秦国搞得乌烟瘴气，难道他没责任吗？

李斯当丞相时，多少还能约束赵高，他一死，赵高更加无法无天了。秦二世让赵高出任丞相，事无巨细，都交由赵高处理。大秦帝国的末日，已清晰可见了。

再来说说章邯。

巨鹿之战，章邯遭到史无前例的重创。章邯是义军最凶恶的敌人，也是最可怕的对手。项羽的出现，让章邯遇到神一般的对手，顿时黯然失色。在此之前，章邯百战百胜，固然与他的军事天才有关，也与义军各自为战、联盟松散有关。经过巨鹿一战，项羽以无可争议的实力成为义军的首领，反秦统一阵线才得以真正建立。

章邯败退至巨鹿以南的棘原，项羽率联军进抵漳南，由于刚刚经历一场恶战，双方都精疲力竭，遂成相持之局。

朝廷对巨鹿惨败大为震惊，派使者前往责备章邯。章邯惶恐不安，派长史司马欣回咸阳以求朝廷谅解。岂料司马欣回了咸阳后，在宫外待了三天，赵高理都不理他。司马欣慌了，担心赵高加害，便逃回棘原。见到章邯后，司马欣心有余悸，认为赵高独揽朝政，若将军们在前线打了胜仗，则功高受忌；若吃了败仗，则难免一死。

内有奸相，外有强敌，一向自信的章邯进退两难，一时间竟也没了主意。就在此时，赵国大将陈余写来一封劝降书。在这封劝降书中，陈余罗列白起、蒙恬等名将的例子，说明功高获诛的道理。陈余指出，“将军居外久，多内隙，有功亦诛，无功亦诛”，如今秦朝灭亡已指日可待，“将军何不还兵与诸侯为从，约共攻秦，分王其地，南面称孤？”

与其当腐朽帝国的陪葬品，不如投降义军。章邯读信后怦然心动，便派人秘密与项羽谈判。

第一次谈判未能达成共识，项羽决定极限施压。他派蒲将军率军进攻，大破秦师。蒲将军得手后，项羽亲自出马，在汙水再度大破章邯。章邯走投无路，只能再度提出投降的请求。由于联军粮食不足，难以继续作战，项羽与将领们商量后，同意接受章邯投降。

章邯与项羽在洹水南殷虚立盟，秦军放下武器投降。项羽立章邯为雍王，司马欣为上将军，率领投降的秦军部队作为先锋，向关中挺进。

应该说，项羽还是有雅量的。其叔父就是死于章邯之手，项梁与项羽名为叔侄，实则情同父子，杀叔之仇犹如杀父之仇。但是，项羽从大局出发，能抛开个人恩怨，不仅接受章邯投降，还立他为雍王，算是给足了面子。因此，项羽虽然残暴，还是很有领袖风范的。

不过，不久后项羽又制造了一桩暴行。

投降的秦军被收编后，遭到严重歧视。义军士兵有许多兄弟都死在秦军手中，如今对这些降兵自然没好脸色，总是伺机报复。同时，秦国降兵也担心朝廷报复自己的家人，秦国是实行连坐法的，你当了叛徒，朝廷就会处决全家。因此，降兵们对前途悲观失望，有不少人想着逃跑。

项羽得悉情况后，与英布、蒲将军等心腹密议，认为秦国降兵是不稳定因素，到了前线万一逃跑或倒戈，将给义军造成重大损失。最后，项羽决定将降兵集体处决，以绝后患，只留下章邯、司马欣、董翳等少数几人的性命。当大军行至新安城南时，项羽一声令下，发动突袭，把二十万秦兵都坑杀了。

章邯是大秦帝国最后的顶梁柱，他一投降，秦国灭亡就指日可待了。

此时在大秦朝堂之上，赵高正在上演最后的疯狂。为了测试官员们的听话程度，赵高在朝堂上演了一出闹剧。

他把一头鹿拉到朝堂之上，对秦二世说：臣献上一匹马。

秦二世笑道：丞相搞错了吧，怎么把鹿说成马呢？

赵高故作惊讶状，说这明明是马，怎么会是鹿呢？便问左右文武官员。大家都知道赵高在搞鬼，有些人沉默不语，有些人拍马屁说是马，也有些人实在看不下去说实话了。

赵高把说实话的人都记下来，不久后，这些人全部被抓了起来，扣上各种各样的罪名，绳之以法。

“指鹿为马”可以说是最最拙劣的表演，只要不是傻蛋，都可以看出赵高这个人是何等阴险。对此秦二世是怎么看的呢？史书上并没有明言。我想秦二世虽然是个低能的皇帝，也不至于傻到看不出赵高在搞鬼，难道会真的相信自己看到的是一匹马而非一头鹿吗？

也许到这个时候，秦二世才真正明白，自己原来一直被赵高玩弄于股掌之间。从史书的记载来看，“指鹿为马”后，秦二世显然对赵高的态度发生了显著的变化，不再像以前那样言听计从了。

首先，秦二世自称做了个梦，梦到一只白虎咬死了左骖马。皇帝的御驾有四匹马，最左边的一匹就叫左骖马。从梦中惊醒后，秦二世郁郁不乐。这个梦是什么意思呢？按照弗洛伊德对梦的解释，梦是内心真实想法的体现，但会经过包装与变形。白虎咬死御马，很明显秦二世内心惶恐不安，有种强烈的不安全感，巨大的威胁正悄悄逼近他。这个威胁，不用说就是赵高。

其次，秦二世破天荒地派出使者斥责赵高在剿匪一事上不力，这是从没有过的。以前赵高还可以拿丞相李斯当挡箭牌，如今自己当了丞相，东方之战火非但没熄灭，反而越烧越旺，都快烧到咸阳城了。显然，秦二世对赵高开始有了怀疑与戒心。赵高内心大恐，尽管秦二世能力不怎么样，却是杀人不眨眼的暴君。赵高的命，在秦二世眼中又能值几钱呢？

赵高岂是那种坐以待毙的人，他决定发动政变，干掉秦二世。

正当大秦帝国宫廷政变悄然酝酿时，刘邦的义军也正马不停蹄向秦都咸阳挺进。

刘邦西征与大秦帝国的灭亡

项羽在巨鹿之战大破秦军的同时，刘邦正率领一支并不太起眼的义军向西进军，目标直指秦国心脏地带——关中。

这是楚政权下的一着妙棋，乘秦军主力集中于巨鹿之际，开辟第二战场，直捣秦都咸阳。西征战略看上去很美，实则困难重重。楚国主力要用于拯救巨鹿，能派去西征的兵力只有几千人。关中秦军再空虚，兵力也要超过义军十几倍，加上拥有山河之险，要成功谈何容易！因此，即便楚怀王与诸将约定"先入定关中者王之"，大家都望而却步，谁也不吭声。楚怀王考虑再三，最终敲定西征人选——刘邦。

首先刘邦会打仗，战功卓著。自刘邦归属楚政权后，先后与项梁、项羽叔侄联手，在东阿之战、城阳之战、濮阳之战中大败秦军，特别在雍丘一战中，斩杀李斯的儿子李由。论战功，刘邦仅次于项羽，是西征的合适人选。其次，刘邦有"宽厚长者"之名。诸将认为项羽残暴，不适合西征。不过，后来的事实证明刘邦也宽厚不到哪去，在西征途中多次屠城。

此次西征，前景并不那么光明，刘邦的兵力着实有点可怜，只有区区几千人。仅靠几千人的队伍，要拿下秦国几百年未沦陷过的关中，简直是天方夜谭，能不能挺进到关中，都是问题。楚怀王囊中羞涩，实在派不出更多的兵力，只是让刘邦"西收陈王、项梁散卒"，沿途收罗以前陈胜、项梁被打散的散兵游勇。

刘邦非但兵力严重不足，粮食也得靠自己筹集。一句话，出了根据地后，一切只能靠自己了。

由于秦军主力悉数北上攻赵，很多城池守备空虚，刘邦抓住机会，接连打了几个小胜仗。但兵力太少一直是刘邦的心病，越往西行，秦军的抵抗会越来越强，怎么办呢？表面宽仁的刘邦其实颇为厚黑，途经栗县时，正好遇上刚武侯领导的一支义军，总计四千多人。刘邦乘其不备，解除其武装，吞并其部众。即便如此，西征军的总兵力也还不到一万人。

西征军途经高阳，一位不速之客突然来访。

此人名为郦食其，陈留高阳人，他是个穷光蛋，却学富五车，恃才自傲，人称“狂生”。郦食其学的就是战国时代的纵横术，有趣的是，纵横派大师似乎都得经历穷困潦倒的阶段，苏秦如此，张仪如此，范雎如此，郦食其亦是如此。秦始皇统一中国后，诸侯混战结束，纵横家就失业了。正当郦食其以为将穷老一生时，秦末大起义爆发了，他终于有了纵横的舞台。

当时高阳一带有不少义军，诸首领多是没见识的粗人，心胸狭隘且刚愎自用。郦食其对这些人统统看不上眼，便耐心蛰伏，以待时机。直到西征军途经高阳，郦食其听闻刘邦为人豁达大度，决定前往拜见。有人告诉郦食其，刘邦很讨厌知识分子，有一次有个儒生来见他，他就拿儒生的帽子撒尿。但郦食其不以为然，相信自己不会看错人。

郦食其前去拜见刘邦，刘邦听说来了个知识分子，果然没给好脸色，故意坐在床上，让两名女子给他洗脚。面对刘邦的怠慢，郦食其只是冷冷地说：“足下欲助秦攻诸侯乎？且欲率诸侯破秦也？”

刘邦一听大怒，破口骂道：“竖儒！”臭知识分子！“天下同苦秦久矣，故诸侯相率而攻秦，何谓助秦攻诸侯乎？”郦食其仍冷冷地说：既然是率义军诛伐无道之暴秦，见到长者不应当如此傲慢。

如果换作别人，恐怕早就要跳起来了。刘邦果然豁达大度，听郦食其这样说，知道此人有点本事。他马上撤了洗脚水，穿好衣服，向郦食其道歉并请他上坐。从这点看，还真不能不佩服刘邦，他是草莽英雄，看不起读书人实在正常，但只要对方说得有理，他还是知错能改。后来刘邦能得到天下，并非没有理由。

郦食其坐定后，侃侃而谈：足下率乌合之众，收散兵游勇，人数不足万人，凭这点兵力要杀到秦国，无异于虎口送食。陈留郡地处天下要冲，城内多积粟，不如我前往劝降。能归附您最好，如不归附，您再发兵攻打，我在城内策应。

这就是孙子兵法说的：不战而屈人之兵，善之善者也。

刘邦大喜，派郦食其游说陈留郡守。郦食其终于有机会实践其纵横之学，凭着三寸不烂之舌，就劝降了陈留郡守。郦食其有个弟弟叫郦商，当时也聚众反秦，在哥哥的劝说下，率四千人前来归附刘邦。

收编陈留郡的秦军与郦商的义军后，西征军实力大增。

刘邦西征采取一个策略，沿途经过的城池，能攻下的就攻，不能攻下的就绕过。他的目标很明确，是进军关中，不在乎一城一地的得失。在进攻开封城受阻后，刘邦转而攻略白马，大破秦将杨熊。杨熊逃到荥阳后，被秦二世问罪处斩。

不过，刘邦虽有“宽厚长者”的美誉，其实屠城的事也没少干。在攻下颍川时，他就搞了大屠杀。同时，他还刻意阻止其他义军入关中。楚怀王不是与诸将约定“先入定关中者王之”吗？刘邦可不想把“关中王”的头衔白白让人。当时巨鹿之围已解，赵王赵歇派部将司马卬领兵西征，打算渡黄河入关。刘邦得知情况后，北攻平阴，把黄河渡口占了，阻止赵兵入关。

越接近关中，西征军遭遇到的抵抗越强。进攻洛阳时，刘邦再次受挫，不得不改变方向，转而攻略南阳。南阳郡守率兵阻击，被刘邦击败，只得退守宛城。刘邦入关心切，置宛城于不顾，绕道继续前行。张良提醒说，越往前秦军越强，且地形越险恶，如果不攻克宛城，一旦进攻受阻，退路将有被切断的危险。

刘邦认同张良的分析，连夜又杀回宛城。宛城守军哪里料得到刘邦会杀个回马枪，招架不住，南阳郡守大恐，打算自杀。门人陈恢自告奋勇出城谈判，建议刘邦接受守军投降，保留南阳郡守头衔，这么一来，其他郡县的官员就会争相投降。

这的确是个好建议。如果投降还能保住官帽，肯定能吸引更多的秦国官吏自动归降。刘邦接受南阳郡守投降，官职原封不动。邻近郡县一听，投降官照做，何乐不为呢？很快，各郡县改旗易帜，纷纷投诚。刘邦把投诚的秦军编入西征军，兵力已达数万之多。

自西征以来，刘邦的西征军从几千人扩大到数万人，增长十倍以上。如果说当初进取关中的设想近乎天方夜谭，如今这个梦真要成为现实了。

刘邦一鼓作气，攻破武关，又一次屠城。武关是关中之门户，与秦都咸阳的直线距离只有两百公里。数百年未曾沦陷的关中之地，这一次能保住不破金身吗？

秦军在战场上的节节败退，成了赵高与秦二世反目的导火索。

自沙丘之变后，秦二世对赵高的信任无以复加，在赵高与李斯的冲突中，他坚定地站在赵高一边。赵高极尽权谋手段控制秦二世，甚至玩了一出指鹿为马的闹剧。然而，秦二世毕竟是皇帝，还是个残暴的皇帝。眼看大秦江山不保，他可管不了那么多了，严厉斥责赵高在剿匪上的无所作为。

赵高脊背发凉，怕秦二世会杀了自己。他甚至不敢上朝，装病闭门不出。怎么办呢？与其担惊受怕，不如把皇帝干掉。满朝文武，敢反对赵高的人早就死光了，自己大权在握，怕什么呢？

于是赵高招来女婿咸阳令阎乐、弟弟赵成，商量对策。赵高一开口就说："上不听谏，今事急，欲归祸于吾。"现在刘邦打到眼皮底下了，皇上要归罪于我。赵高提出自己的计划：废掉皇帝，改立公子子婴。

为什么要立公子子婴呢？在秦国宗室里，子婴的口碑是比较好的，受到百姓的爱戴。赵高居然要立一个贤明之君，是不是良心发现了呢？当然不是了，他有自己的算盘。现在刘邦已经入关中，而项羽正统领四十万大军西进，要凭武力抗拒义军，那是做梦。最好的办法，是与义军谈和。义军反的不是暴秦吗？现在我立一个贤明的君主，你们还有什么理由反呢？

阎乐、赵成知道一荣俱荣、一损俱损的道理，只能一条路走到黑。阎乐借口皇宫中有强盗，带着一千多人闯进望夷宫，见人便杀。这个时候，皇宫里的卫士谁也不愿意为皇帝卖命，大家一哄而散。秦二世真的成了孤家寡人，身边只剩下一个小宦官。

直到这时，秦二世才真正看清赵高的本来面目，为时晚矣。在生死面前，秦二世暴露其怯弱之本质，低头向阎乐求饶，一点点自尊心也抛诸九霄。自己情愿让出皇位，哪怕当个郡王、万户侯甚至老百姓都行，只要能保住小命。所有的请求全被拒绝，秦二世最终绝望选择自杀。当年秦二世逼着公子扶苏、蒙恬自杀，现在被赵高逼着自杀，真是死有余辜。

赵高弑杀秦二世后，立子婴为秦王。大家注意一点，子婴并没有称皇帝，而是称秦王。关于子婴的身世，说法不一，有认为是公子扶苏之子，有认为是秦始皇之弟，有认为是秦二世之兄，也有认为是秦始皇之侄子。不过，在秦宗室中，子婴素有贤名，这点是无可置疑的。

秦国主动取消皇帝的尊号，降为“王”的称号，是把自己放在与东方六国平等的地位。这是一种态度，委婉地表明秦政府承认东方六国的独立，希望能回到战国时代诸侯割据的状态。这种想法显然是一厢情愿的，开弓没有回头箭，胜券在握的东方诸侯为什么要放弃唾手可得的果实呢?

深谙权谋的赵高也明白，光是撤掉皇帝尊号，不可能让东方义军停止前进的步伐。他又策划另一个方案，暗中与刘邦联络，打算做个交易，把秦宗族灭了，与刘邦共同瓜分关中。赵高对自己的权谋颇为自诩，管什么风吹浪打、天翻地覆，自己都闲庭信步，岿然不倒。他把秦王子婴当作另一个秦二世，不过是手中的木偶罢了。但不要忘了，人毕竟不是木偶，人是有思想与行动力的。

子婴风闻赵高的歹毒计划，决定先下手为强。他设下一个陷阱，把猎杀赵高的地点选择在斋宫。依照秦例，登基之前，要先斋戒五日。五日已满，应前往太庙接受玉玺，子婴却称病不去。赵高派人来催了几次，子婴总推托不往。赵高很不高兴，亲自到斋宫，见到子婴便说：“宗庙重事，王奈何不行？”不想埋伏在两旁的卫兵突然杀出，把赵高拿下，当场格杀。

赵高一生算计别人无数，最终也被算计了一回，结束了其罪恶的一生。但是，奸臣伏诛并未能拯救风雨飘摇的大秦帝国。经过秦二世与赵高几年的折腾，秦国早已朽烂不堪，只需再踢上一脚，帝国大厦便会轰然倒塌。

刘邦不失时机地踢了一脚，扮演了大秦帝国终结者的角色。

西征军入武关后，发动了强大的政治攻势，刘邦派郦食其、陆贾等名嘴游说秦军将领，阐明利害得失。刘邦开出的价码很令人动心，只要投降，官照当，俸照领，一切如故。如此优厚的条件，秦军将领们不能不动心。

但是，动心归动心，真要投降并没那么容易。关中毕竟是大秦发迹之地，秦国有过数百年光荣的历史，秦人之尚武精神冠绝天下。自秦孝公改革以来，秦人与东方诸侯的战争，无往而不胜，因而对东方诸侯不免有轻视之心。虽说秦二世与赵高搅乱了帝国，但毕竟距离统一六国才短短十五年，秦人的自豪感还是满满的。现在秦二世死了，赵高也死了，贤明的子婴继位，秦人又看到了希望。

因此，在刘邦的利诱之下，秦军将领想投降，绝大多数士兵却不想投降，这就是矛盾所在，便形成不战亦不降的尴尬局面。

张良认为僵持时间太久对西征军相当不利，一旦秦王子婴的地位巩固了，秦军叛降的可能性就更小了。他建议刘邦乘敌人疏于防备，发动突袭。刘邦果然厚黑，一边劝降秦军，一边出其不意发动突袭。秦军备战不足，一战则溃，蓝田失守，咸阳的南大门已洞开。

公元前206年初，刘邦大军挺进到霸上。秦王子婴已经无力抵抗，只能献城投降。子婴打开城门，素车白马，用绳子绑住自己的脖子，这是古代延续下来的投降仪式。刘邦接受子婴的投降，收缴大秦皇帝的玉玺、符节。这是秦孝公迁都咸阳以来，秦都第一次陷落，也是最后一次。大秦帝国从此灰飞烟灭，永远成为历史的记忆。

非子受封于秦，在公元前900年前后；咸阳沦陷、大秦灭亡，是在公元前206年。从开国到覆亡，秦国的历史前后大约七百年。

与许多封建帝国不同，秦国的衰亡并非一个漫长的过程，而是在极短的时间里呈断崖式下跌。大秦经历数百年的艰辛奋斗，最终统一中国，登上巅峰，而从巅峰坠落，仅仅三年时间罢了。战国中期，秦国异军突起，疯狂扩张，东方诸侯闻风而色变，临阵而胆寒。自秦孝公始百余年，秦国作为超级强国之地位始终未被撼动过。及至始皇，振长策而御宇内，吞二周而亡诸侯，一鼓作气统一六国，平南越而伐匈奴，举目四望，无有对手。大秦帝国改制郡县，书同文，车同轨，统一货币、度量衡，功过三代，影响后世制度二千年之久。不仅如此，秦始皇在短短十余年里，筑长城、修驰道、通灵渠，无一不是伟大之工程，直到今日亦不免令人惊叹。

如斯强大之帝国，何以在三年时间里便土崩瓦解呢？

从秦始皇统一中国的那刻始，大秦帝国灭亡的种子就已经种下了。

以武力统一天下的秦始皇显然是唯武力论者，当他取消诸侯制后，想当然地认为再没有可以对抗中央之力量。难不成秦之铁血兵团还对付不了手无寸铁的小民吗？遂无限制地役使民力，以为牛马，大兴土木，广造宫殿，穷奢极欲。“民为邦本，本固邦宁。”夏商周三代以来推崇的仁义传统、民本传统，在秦始皇统治的短短十数年里被抛之脑后。中国人有一种“天命观”，然而天地不语，什么是“天命”呢？一代明君周武王曾这样说：“天视自我民视，天听自我民听。”所谓天命，说到底就是人民的意志。秦始皇对人民残暴，视之为工具，但历史终将证明，人民有移山倒海的力量。

如果秦始皇的继承者能及时纠正政治的偏差，休生养民，重回民本、仁政的路线，秦王朝的潜在危机还是可以化解的。若非到忍无可忍的地步，谁愿意以生命为代价去武装抗争呢？可惜的是，沙丘之变葬送了大秦帝国最后的机会。始皇帝的继任者是更残暴的秦二世，大权又落在赵高这样的阴谋家手中，整个帝国陷入黑暗，滑入深渊。

或许我们可把大秦覆灭的直接原因，归于赵高与秦二世之倒行逆施。然而这只是表象，并非本质。秦国七百年历史，并非只有秦二世昏庸残暴，并非只有赵高玩弄权术。何以他们二人独能倾覆大秦，而别人不能呢？因此，秦之崩溃实有更底层的原因。此原因，实在高度独裁之政治制度上。

人类的历史，是一部人性交锋史，善与恶的力量此消彼长。作恶之人，每个时代都有，并非赵高与秦二世之本性较他人邪恶。能作多大的恶，并不取决于本性，而取决于有无外部力量约束恶的膨胀。如果没有任何力量约束，那么恶的力量就会不断膨胀。尽管我们肯定秦始皇的高度中央集权制有某种历史进步性，但也必须看到这种新制度是不完善的，在某些方面相较诸侯制是历史之倒退。

纵观春秋战国五百多年历史，为什么暴君、暴政并不多呢？难道仅仅是因为当时君主的道德修养高吗？当然不是了。最重要的原因，在于外部因素约束了恶的极端化。先秦时代的政权，无论是天子还是诸侯，都没有绝对的权力。天子受制于诸侯，诸侯受制于卿家。诸侯有自己的武装，卿家有自己的武装，谁也无法做到专权独裁，纵然想作恶，又能恶到哪里去呢？因此，诸侯制有诸侯制的优越之处。除了内部有权力制约外，春秋战国时期诸侯与诸侯之间竞争异常激烈，外部敌人的存在，也容不得自己懈怠，稍有松懈，别国就超越你了。

秦始皇统一中国后，权力结构最大的变化是皇权超越一切权力。东方六国被消灭后，外部的敌人不存在了；诸侯制被郡县制所取代，朝廷以垂直管理的方式统治全国，没了地方诸侯的制衡。朝廷之权力，集中于皇帝一人手中，故而皇帝之权力，实是无限。这种无限的权力，倘若与恶结合，就将是无限的恶。

因此，秦国毁在赵高与秦二世之手，既可以说是历史之偶然，又带有某种必然。这种必然，就是因为权力高度集中的皇权制度在设计上存在严重缺陷，正因为权力集中于皇帝一人之手，就无可避免会遇上一个恶的皇帝，或一个像赵高这样利用皇帝作恶之奸臣，将国家推向万劫不复的深渊。

汉代著名论政家贾谊曾总结大秦灭亡的原因：“仁义不施而攻守之势异也。”这个说法是有道理的。不过，我们应该看到，仅把希望寄托于统治者“仁义”的道德基础之上是不够的，也是不可靠的，更重要的应该是有限制君主作恶的机制，把恶的发生约束在一个最小的范围内。

秦国七百年历史，就浓缩在这么一本小书里。其成功的经验，值得后世借鉴；其失败的教训，亦值得后世反思。